징검다리

김 용 대 지음

사회와 연대

추천의 말

미사가 끝나면 "미사가 끝났으니 가서 복음을 전합시다."하고 말합니다.

그런데 복음을 전하는 방법은 말로만 하라는 것이 아닐 것입니다.

미사가 끝나고 일상생활로 돌아가면 모든 언동이 다른 사람의 본보기가 되어 믿음이 없는 사람에게 신앙을 가져야겠다는 마음을 불러일으키도록 하라는 뜻일 것입니다.

이는 곧 사제보다도 평신도들의 언동이 믿음이 없는 사람들의 눈높이에 맞는다는 말이기도 합니다.

하느님을 따라 산다는 것은 허리띠를 매고 자신이 원하지 않는 곳으로 끌려가는 것인데 원고를 읽어보니 자신과의 싸움을 처절하게 하고 있는 형제님의 모습이 눈에 선했습니다.

왜 믿는가, 왜 믿어야만 하는가 하는 화두를 잡고 무척 고심한 흔적이 역력했습니다.

자신의 신앙과 인생관에 대해 누군가에게 말한다는 것은 대단한 용기인 것 같습니다.

세례를 받고 하느님의 자녀로서 거룩하고 바르게 의로운 삶을 살기로 약속했지만 주님 앞에서 우리의 삶은 언제나 부족하고 아쉽고 부끄럽기만 한 것이 누구든지 똑 같은 심정일 것입니다.

있는 그대로의 자신의 삶과 신앙, 체험 등을 꾸밈없이 진솔하게 써 내려간 글들이 세상을 향한 따뜻한 시선으로 더 감동을 주었습니다.

소중한 신앙체험을 나누어주신 김용대 후고님에게 사제의 한 사람으로서 감사와 격려의 마음을 전하며 이 책이 신자들에게 신앙이라는 은총을 일깨워 줄 수 있는 디딤돌이 되길 바랍니다.

특히 아직 하느님을 알지 못하는 이들의 삶에 위로와 희망과 용기를 주고 주님의 풍성한 빛과 사랑을 알게 해주는 좋은 기회가 되기를 기도합니다.

박준영 루도비꼬(몬시뇰) 신부

박준영 Pak

머리말

『그대 음성에 내 마음 열리고』를 출판한 후 2년이 지났습니다. 책을 세상에 내어놓고 난 후 후회한 적이 많았습니다. 나는 비록 이 책을 묵상 일기처럼 써나간 것이었지만 가톨릭의 참 의미를 모르고 기복신앙에 빠져 있는 사람들에게 조금이라도 도움을 줄 수 있을 것 같아서 출판했던 것입니다. 그러나 대다수의 사람들이 너무 진지하고 어렵다고 말했지만 성경을 많이 읽은 사람들은 신앙의 어려운 부분을 쉽게 설명하고 "왜 사는가?"하는 삶의 의미를 되돌아 보게 해주었다고 격려했습니다.

이번 책은 "왜 믿는가?"에 대한 치열한 묵상의 과정을 함께 나누고 싶었습니다.

괴테의 시 **〈거룩한 갈망〉**이 생각이 났습니다.

"지혜로운 사람에게만 말하라, 아니면 침묵을 지켜라.
그렇게 하지 않으면 사람들은 금방 비웃을 것이다.
나는 삶으로 살아있는 것을 찬양한다.
죽을 때까지 불타오르는 것을 좋아하기 때문이다.

죽어서 충만함을 스스로 겪어보지 않는다면
그대는 암흑의 지상地上에 머무는 근심스런 나그네에 불과할 뿐이다."

진리는 지혜 있는 사람에게만 들린다는 것을 뼈저리게 느끼게 되었습니다.

그리고 행동하지 않는 진리는 진리가 아니라는 것도 깨달았습니다.

심한 외로움을 느꼈습니다. 또 외로움도 가난이라는 것을 느꼈습니다.

영국의 시인이자 성직자였던 존 던John Donne, 1572~1631이 적절히 표현했습니다.

"혼자이지 않은 사람은 아무도 없다No man is an island."

실제로 대도시나 심지어는 시골에서도 작은 섬들이 된 수많은 사람들이 걸어가면서 떠돌아 다니면서 잠시 만났다가 다시 헤어지곤 발걸음을 재촉합니다.

방황하고 있는 것입니다. 많은 사람들이 군중 속에서 고독을 느끼고 있지만 반드시 그것은 지혜가 있는 사람들이 느끼는 그런 고독만은 아닌 것 같았습니다.

울고 싶을 때가 많았습니다.

바오로 성인이 "나는 믿기 때문에 말합니다."하고 말했습니다. 오순절에 마치 다른 사도들이 '말씀의 은총'을 받은 것처럼 사람들은 바오로 성인의 말을 쉽게 알아들었습니다. 사람들이 서로 사랑하거나 사랑하기 시작했기 때문에 쉽게 알아들었던 것입니다.

사랑은 사랑을 만들고 믿음을 만듭니다.

성인 반열에 올라 있는 캐서린 도허티 여사가 말했습니다.

"기도 중에 하느님의 말씀을 듣고 뜻을 깊이 이해하고 나면 그 말씀을 다른 사람에게 전해야 합니다. 하지만 말을 해야 한다는 것을 깊이 깨달았지만 '말하기 싫어!'하고 말하지 않으려고 합니다. 그러나 여러분이 들은 하느님의 말씀을 전하지 않으면 잠을 못 자게 되고 먹을 수도 없게 되고 아무 일도 못 하게 됩니다. 그리하여 마치 죽은 사람처럼 됩니다. 그러나 말씀을 전하고 나면 쉴 수 있게 됩니다. 말씀을 전할 때에는 저절로 말씀이 터져 나오게 마련입니다. 내 생각으로는 이는 예언입니다."

하느님의 영광을 말할 때에는 알 수 없는 신비가 생깁니다. 하느님께서 말씀하시기 때문입니다. 그래서 계속하여 무슨 말이든지 해야겠다는 생각이 들었습니다. 여러 가지로 부족하지만 조금이라도 외로움이라는 가난을 모면하신다면 더 이상 바랄 것이 없습니다.

그리고 묵상집 출판을 위해 추천사를 흔쾌히 써주신 박순영루도비꼬신부님께 깊은 감사를 드립니다. 기꺼이 두 번이나 책 표지 그림을 그려주신 팽영희크리스티나 화가에게 감사드리며 성심으로 교정을 봐준 반려자 최동숙엘리사벳에게도 고마움을 전하고 싶습니다.

2011년 4월 24일

김용대 후고(Hugo, 後考)

차 례

1

새해가 열리는 문턱에서

해스킨스(Minnie Louise Haskins, 1876~1957)

나는 새해를 열려고 문 앞에 서있는 사람에게 말했다.
"저에게 빛을 주시어 저를 미지의 세계로 안전하게 인도하소서."
그는 대답하였다.
"어둠 속으로 들어가 하느님의 손 안으로 너의 손을 넣어라.
그러면 네가 알고 있던 방법보다 더 많은 빛을 너에게 내려주시고
더 안전하게 너를 지켜주실 것이다."

그래서 나는 어둠 속으로 들어가 하느님의 손을 발견하였다.
캄캄한 밤 속으로 기쁘게 걸어 들어가니
주님은 나를 언덕으로 이끄셨다.
외로운 동녘에서는 날이 밝고 있었다.

얼마나 내 마음이 평온한지!
하느님이 모든 것을 이해하시고 계신데
우리 인간들이 무엇을 더 알기를 바라랴.

우리들의 모든 크고 작은 아찔한 다툼 안에
하느님의 깊은 뜻이 숨겨져 있는데…

2
누구나 외로운 길을 걸어가고 있다

네덜란드의 타이터스 브랜스마St. Titus Brandsma 가르멜회 신부는 체포되어 나치 수용소에 감금되었다. 수용소에서는 그를 오래된 개 집에 집어넣고는 경비병들이 지나갈 때마다 개가 짖는 흉내를 내게 하면서 즐거워하였다. 타이터스 신부는 그런 가운데서도 나치 몰래 오래된 기도서의 행간行間에 고통스러운 날들을 기록해두었다. 한 페이지에는 다음과 같은 시詩가 적혀있었다.

나의 감옥에 있는 예수님의 성화聖畵 앞에서

저는 당신의 사랑을 새로이 알게 되었습니다.
인자하신 예수님, 이제는 당신 안에서 또 제 안에서 저는 당신을 떠나지 않을 것입니다.

어떤 슬픔도 저의 길을 가로 막지 못합니다만 저는 당신의 슬픔에 찬 눈을 보게 됩니다.
당신께서 한 때 외롭게 걸었던 그 길이 저를 슬프게 만들었기 때문입니다.

모든 고난은 저의 가장 어두운 날을 비춰주는 하얀 기쁨입니다.
당신의 사랑이 이 어두운 길을 가장 밝은 빛으로 밝혀주었기 때문입니다.

제가 당신을 혼자 내버려두게 되면
언제나 저에게 지독한 고독이 몰려오고
모든 시간은 소리 없는 당신의 차가운 손으로 축복하게 됩니다.

예수님, 저와 함께 머물러만 주옵소서.
그러면 저가 손을 뻗쳐서 당신께서 가까이 계신 것을 못 느껴도
저는 두려워하지 않을 것이옵니다.

같은 가르멜회 신부인 킬리안 힐리Kilian J. Healy는 그의 책 『Walking with God』에서 "우리는 그리스도인의 삶에 대하여 듣고 읽을 때가 많지만 사람들은 막연하게 느끼고 실감을 하지 못합니다. 그러나 **그리스도인의 삶이란 실제로는 하느님의 사랑이 우리들의 모든 생각과 말과 행동을 온통 지배하는 그런 삶을 말합니다.**

그 사랑을 크게 느낄수록 더욱 더 진정한 그리스도인의 삶이 됩니다.

우리들이 무엇을 먹든 무엇을 마시든, 무엇을 말하고 쓰고 행하든, 그 영혼은 하느님과 하나가 되어 하느님과 조용히 대화하는 삶의 가운데서 와야 합니다.

모든 삶이 하느님과 하나가 되어야 진정한 그리스도인이 되게 됩니다." 하고 말하고 있다.

작은 형제회의 이 보나벤뚜라 수사님도 하느님의 현존을 다음과 같이 느꼈다.

"흔히 사람들은 자신들이 남다른 고민과 어려움을 가지고 있다는 사실을 누군가가 알아주기를 바라는 단순한 마음에서, 그것들을 털어놓을 대상들을 찾는다.

털어놓는다고 해서 자신들의 문제가 해결되는 것이 아님을 잘 알고 있으면서도 말이다. 그러나 털어놓을 대상을 찾았다고 해도, 사실 자신의 깊숙한 내면의 모습까지 내보이지는 않는다. 자신의 남다른 고민과 어려움의 원인이 따지고 보면 기실 누구에게도 드러내기 싫은 바로 그 자신의

깊숙한 내면임에도 불구하고 말이다.

그 내면으로 인하여 나에게 창피를 주거나 모욕을 가하거나 하지 않을 그 누군가가 있고, 또 벌써부터 알고 있으면서도 늘 묵묵한 자가 있다면, 그러한 누군가가 이미 있다는 사실만으로도 하나의 크나큰 위로가 될 것이다.

나를 속속들이 다 알고 있는 바로 그 어떤 자를 우리는 하느님이라고 부른다. 절제를 못하는 나를 잘 알고 있는 자, 시도 때도 없이 활화산처럼 분노를 일으키는 나를 잘 알고 있는 자, 욕망에 외롭게 몸부림치는 나를 훤히 알고 있는 자가 있다는 사실만으로도 나는 봄날의 눈처럼 스르르 녹는다. 이 순수하고 자비 가득하신 하느님을 관상한다."

누구나 외로운 길을 가고 있다는 것을 말하고 있다. 말 못할 고민은 하느님께만 털어 놓게 된다는 것을 얘기하고 있다. 자기 자신에게 솔직하지 못하면 하느님께로 갈 수 없고 하느님의 현존을 느끼게 되면 평화롭고 기쁘게 살게 된다는 것을 말하고 있다.

성령의 열매이기 때문이다.

"사랑하는 여러분, 시련의 불길이 여러분 가운데에 일어나더라도 무슨 이상한 일이나 생긴 것처럼 놀라지 마십시오. 오히려 그리스도의 고난에 동참하는 것이니 기뻐하십시오.

그러면 그분의 영광이 나타날 때에도 여러분은 기뻐하며 즐거워하게 될 것입니다." (1베드로 4:12-13)

3
누구에게도 고민을 털어놓지 못한다

허심탄회란 **'품은 생각을 터놓고 말할 만큼 아무 거리낌이 없고 솔직함'**을 말한다. 우리는 무엇보다도 무의식적으로 허심탄회하게 우리의 마음을 완전히 비우고 고민을 털어놓고 자신의 죄를 스스럼없이 고백할 사람을 간절히 찾고 있다. 고민을 모두 털어놓을 수 있는, 이른바 영혼이 통하고 마음이 통하는 사람soulmate을 찾고 있는 것이다.

그러나 그런 사람을 찾기란 쉽지 않다. 또 찾았다고 해도 쉽게 털어놓지 못한다. 아일랜드 작가 컬름 토이빈Colm Tóibín의 최근 작품인 『Brooklyn』에서 그 이유 중의 하나를 말하고 있다.

더블린 출신의 젊은 여자인 주인공 에일리스Eilis가 뉴욕에서 토니Tony라는 사람과 사랑에 빠진다. 그러나 그와 몇 달 교제하던 에일리스는 언니 로즈Rose가 죽어서 아일랜드로 돌아가야 했다. 토니는 에일리스가 돌아오지 않을까봐 겁이 나서 떠나기 전에 정중하게 청혼하여 결혼을 하게 되었다. 에일리스는 더블린으로 돌아가 언니의 죽음을 슬퍼하는 어머니와 함께 지내면서 친구의 결혼식 때문에 뉴욕에 돌아가는 것을 늦출 수밖에 없었다.

그러나 에일리스를 쫓아다니던 짐 파렐Jim Farrell에게 미국에 남편이 있다는 말을 하지 못한 채 여러 차례 데이트를 하였다. 그녀는 솔직히 털어놓지 못해 몹시 괴로워하고 어찌할 바를 몰랐다. 그녀는 짐 파렐에게 비밀을 털어놓고 그의 도움을 받고 싶었으나 너무나 때묻지 않은 사람이라

충격을 줄 것 같아서 망설이고 있었다.

저자인 토이빈은 "얼마 전에 브룩클린에서 있었던 일을 그녀가 짐에게 말할 수 있었을까요? **같은 도시에 사는 이혼한 사람만이 엘리자베스 테일러나 다른 영화 스타들이 이혼했다는 사실을 알게 마련입니다.** 그녀가 짐에게 결혼하게 된 자초지종을 설명할 수도 있었지만 그가 너무나 순진하고 예의가 발랐기 때문에 두 사람 다 놓치고 싶지 않은 이기적인 마음을 도무지 이해할 것 같지 않았습니다. 그러나 그녀가 할 수 있는 최선의 일은 자신의 마음을 모두 털어놓는 것이라고 생각했습니다."하고 말했다.

도리스 레싱Doris Lessing이 영국의 여류 작가 조지 엘리엇George Eliot에 대하여, 그녀가 생전에 그렇게 도덕적인 사람을 보지 못했으며 엘리엇이 **그렇게 도덕적이 아니었다면 더 훌륭한 작가가 되었을 것이라고 평하였다.** 에일리스와 도리스 레싱처럼 **순진하기 때문에 공감하지 못하고 이해하지 못할 것이라는 생각이 과연 옳을까?**

그러나 일반적으로 많은 사람들이 그렇게 생각하는 것 같다. **순진성과 미성숙未成熟을 동일시하는 우리의 문화에 문제가 있는 것 같다. 많은 사람들이 실제로 성性 경험이 없는 젊은이를 순진하다고 생각한다. 우리 사회에는 경험해보지 않으면 알 수 없다고 생각하는 풍조가 만연해 있는 것이다. 이른바 산전수전山戰水戰 다 겪어야 비로소 이야기가 통할 것이라고 생각한다.** 옛날의 교리에서는 아담과 하와가 금단의 열매를 따먹자마자 그들의 마음이 어두워졌다고 가르쳤다. **악을 저지르고 난 후에야 악을 알게 되었다고 가르쳤던 것이다. 현대인들도 시행착오를 먼저 범하지 않으면 진리를 깨달을 수 없다고 생각하는 것 같다. 죄를 지어봐야 죄를 안다고 생각하는 것이다.**

그러나 우리는 정작 이를 믿지 않고 있다. 우리들이 무의식적으로 자신의 마음을 모두 털어놓으려고 하는 사람은 자신처럼 혼돈 속에 살고 있는 술 친구나 공범共犯이 결코 아니기 때문이다. **우리들이 의식적이거나 무의식적으로 찾는 사람은 자신을 충분히 이해하여 바른 길로 인도해줄 수**

있는 사람이다. 우리는 죄인이 아니라 보다 순진하고, 보다 하느님과 같**고, 보다 탕자의 아버지 같은, 사랑이 충만한 사람을 찾고 있는 것이다.**

하지만 이런 사람은 드물다. 에일리스가 순진한 짐에게 사실을 털어놓지 못한 것은 옳은 판단이었는지도 모른다.

세상에는 너무나 단순하여 사리분별을 바르게 하지 못하는 순진함이 있고 그렇지 않은 순진함이 있기 때문이다.

성性 문제로 고민하던 한 젊은 신학생神學生이 리지외의 데레사Therese of Lisieux에게 상담을 바라며 편지를 썼다. 그는 그의 고민을 솔직히 털어놓지 못하고 "제가 지금 고민하고 있는 것을 다 털어놓으면 충격을 받아 저에게 답장을 보내주시지 않을 것 같습니다."하고 편지를 보내자 데레사가 "당신이 그렇게 생각한다면 저를 진실로 알지 못하는 것입니다."하고 답장을 보냈다.

아르스의 본당 신부 성 요한 마리아 비안네St. John Mary Vianney는 너무나 단순하고 순진하였다. 아르스에 도착한 비안네 신부는 가진 것이라곤 아무 것도 없었다. 그에겐 마을사람들을 위한 기도와 참회뿐이었다. 수년간 감자만 먹으면서 금욕적인 생활을 통해 사랑을 실천했던 비안네 신부로 인하여 사람들은 변해갔다. **비안네 신부는 하느님의 특별한 은총의 빛으로 사람의 마음속까지 꿰뚫어 보는 은혜를 받고 있었던 것이다.**

그리하여 사람들이 어려워서 말을 못하는 것까지 들여다보며 그는 매일 오랜 시간 동안 고해성사를 주지 않으면 안 되었다. 그는 밤낮없이 고해소告解所에 앉아 고해성사를 베풀었다. 어떤 날은 15시간, 17시간씩 고해 성사를 주는 일도 있었으며 그에게 성사를 보는 사람은 1년에 평균 2만 명에 달했다. 다른 지방의 사람들도 아르스에 몰려와 그의 영적 설교를 듣고 참회하며 고해성사를 받았다. 요한 비안네 신부는 이렇게 부단한 고행과 활동의 생활을 41년이나 했다.

우리는 자신의 속 마음을 털어놓을 사람을 찾아 그 사람 앞에서 모든 것을 털어 놓고 싶어하지만 우리가 지은 죄를 공감할 사람을 찾는 것은

아니다.

롤하이저 신부님의 컬럼에서 편집

누구나 연인을 만나거나 자식을 가지면서 하느님의 사랑을 배운다.

하느님께서는 분명히 연인이나 자기 핏줄만 사랑하라고 사랑을 주신 것이 아니다.

그러나 그 사랑이 이기적인 사랑으로 변하여 이들 외에는 제대로 사랑하지 못하고 이웃은 더더욱 사랑하지 못한다. 육욕이 앞선 사랑을 하고 자식은 이기심만 배우고 자기밖에 모르기 때문이다. 사랑이 없는 사람에게는 아무도 자신의 속 마음을 모두 털어놓으려 하지 않는다. 인연이 되고 싶어도 의심스러운 눈초리로 바라본다. 사랑이 없는 사람은 사랑할 줄도 사랑을 받을 줄도 모르기 때문이다. 그래서 사랑이 없는 사람은 사자가 상처 입은 어린 들소를 공격하듯 상대방의 상처 받은 곳을 공격하려고 든다. 극심한 외로움에도 마음 달래줄 사람이 없는 삭막한 세상이 되었다. 고통이 심해도 찾아갈 곳은 하느님밖에 없다. 그렇다. **하느님을 만나는 것 이상 더 기막힌 인연은 없다.**

"누군가에게 힘이 되는 인연은 건강합니다.
누군가에게 의미가 되는 인연은 아름답습니다.
누군가에게 꿈을 갖게 하는 인연은 더욱 아름답습니다.
누군가에게 성장이 되게 하는 인연은 행복합니다.
당신은 내게 건강한 인연입니다.
갈증을 목 축이는 한 방울 이슬 같은 인연
생각하면 눈물이 납니다."

천숙녀의 〈풀꽃 느낌 10〉 중에서

4

여명 루비 귀고리

그때에 예수님께서 베드로와 요한과 야고보를 데리고 기도하시러 산에 오르셨다. 예수님께서 기도하시는데 그 얼굴 모습이 달라지고 의복은 하얗게 번쩍였다.

그리고 두 사람이 예수님과 이야기를 나누고 있었다. 그들은 모세와 엘리야였다.

영광에 싸여 나타난 그들은 예수님께서 예루살렘에서 이루실 일, 곧 세상을 떠나실 일을 말하고 있었다. 베드로와 그 동료들은 잠에 빠졌다가 깨어나 예수님의 영광을 보고, 그분과 함께 서 있는 두 사람도 보았다.

그 두 사람이 예수님에게서 떠나려고 할 때에 베드로가 예수님께 말하였다. "스승님, 저희가 여기에서 지내면 좋겠습니다. 저희가 초막 셋을 지어 하나는 스승님께, 하나는 모세께, 또 하나는 엘리야께 드리겠습니다." 베드로는 자기가 무슨 말을 하는지도 몰랐다. 베드로가 이렇게 말하는데 구름이 일더니 그들을 덮었다.

그들이 구름 속으로 들어가자 제자들은 그만 겁이 났다.

이어 구름 속에서 "이는 내가 선택한 아들이니, 너희는 그의 말을 들어라."하는 소리가 났다. 이러한 소리가 울린 뒤에는 예수님만 보였다.

제자들은 침묵을 지켜 자기들이 본 것을 그때에는 아무에게도 알리지 않았다. (루카 9:28-36)

변모變貌는 그리스도교의 모든 신비와 같이 예수님뿐만 아니라 우리들에게도 발생한다. 몰라볼 정도로 모습이 바뀌는 것이다. 예수님께서는 매일 당신의 친구들과 함께 계셨지만 그들은 예수님의 너무나 바뀌신 모습을 보고 거의 알아보지 못했다. 하느님께서 예수님에게 빛을 비추시어 예수님께서는 그들이 상상할 수도 없는 깊이를 드러내 보이셨다.

이러한 일이 예수님에게만 일어날까?

한 소녀에게 성인聖人이란 어떤 사람이냐고 질문하자 그 소녀는 교회의 스테인드 글래스stained glass 창문을 가리키면서 **'투명 인간'**이라고 답했다.

아마 이보다 더 잘 설명할 수는 없을 것이다. 그런데 투명인간은 있을 수 없다. 그러나 우리 모두 너무나 우매하여 소녀와 같은 생각을 하지 못한다. 바오로 사도에 의하면 스테인드글래스의 창문들은 **'우리의 더러운 몸'**이다.

수피즘Sufism, 수피교은 이슬람교도의 일부가 신봉하는 일종의 신비주의 신념 또는 사상이다. **수피즘의 특징은 일종의 도취 상태에서 지상至上의 경지를 느끼는 것**으로, 타와클信賴, 마리파恩寵, 파나忘我와 같은 특유의 용어가 그런 경향을 나타내고 있다.

이 사상은 특히 시詩 형식으로 많이 전해져 내려 오고 있는데 알아라비, 이븐, 파리도 같은 사람들은 아랍어로, 루미, 하피즈, 자미 같은 사람들은 페르시아어로, 네시미, 니자지 등은 터키어로 시詩로써 표현하였다. 수피교의 뿌리는 이슬람이 처음 시작되고 전파된 중근동 지방으로 거슬러 올라 간다. 이슬람이 아라비아에서 세계 곳곳으로 뻗어나가게 되자 새로운 문화와 철학의 영향을 받게 되었다. 이슬람은 광야의 그리스도교 수도자들과 만났고, 여러 종파의 영지주의자들과 만났으며 신 플라톤주의 철학과 만났고, 인도의 불교, 힌두교와 만나면서 특히 중앙 아시아 지역에 영향을 미치며 깊숙이 잠입했다.

수피들은 그리스도교적인 신비주의의 영향으로 하느님의 사랑을 강조하였다.

루미Jalal Al-Din Rumi, 1207~1273는 현재의 아프가니스탄에서 태어나서 몽

고족의 침범으로 가족과 함께 터키로 피난을 갔다. 거기서 주술사 샴즈 타브리즈Shams Tabriz를 만나 개종을 하게 되고 많은 시련을 겪지만 타브리즈를 만나고 나서는 신비스러운 환각상태에 빠지게 되고 많은 유명한 시를 쓰게 되었다.

렘브란트를 빛의 화가라고 한다면 루미는 빛의 시인이라고 할 수 있다. 그의 대표작인 『마스나비The Masnavi』 중 **〈여명 루비 귀고리**The sunrise ruby〉가 특히 유명한데 한 소녀가 사랑하는 사람과 정답게 이야기하는 모습을 그리고 있다.

이른 아침 시간,
동이 트기 바로 직전에
사랑하는 연인들이 잠에서 깨어 물을 마신다.
소녀가 물었다.
"당신은 나를 더 사랑합니까 당신 자신을 더 사랑합니까?
진심을 솔직히 말씀해주세요"
소년이 말했다.
"저에게는 아무것도 남아 있는 게 없습니다.
저는 햇빛에 비춰지는 루비와 같습니다.
그것을 빨갛게 물든 세상이라고 불러야 합니까? 아니면 돌이라고 불러야 합니까?
루비는 햇빛이 지나가는 것을 결코 막지 않습니다."
이 때문에 알라가 '나는 신이다!'하고 말하며 진리를 말했던 것입니다.
루비와 여명黎明은 하나입니다.
용기를 갖고 정진精進하십시오.
하나도 빠뜨리지 말고 들으십시오.
그리고 이 여명 루비를 귀고리로 하십시오.
계속하여 당신의 우물을 파십시오.
게을리할 생각일랑 아예 마십시오.

물은 거기에 분명히 있습니다.
매일 우물을 파십시오.
당신의 헌신적인 행동은 문에 달린 고리와 같습니다.
계속 문을 두드리십시오.
그러면 그 안에 있는 기쁨이 드디어
창문을 열고 문 앞에 서있는 사람을 보게 될 것입니다.

세상에는 루비라는 돌만 보는 사람이 있는가 하면 빨갛게 물든 세상만 보는 사람이 있다. 이것이 예수님의 변모變貌의 의미이다. 우리가 바다를 바라보면서 또는 밤하늘이나 친구를 바라보면서 몰입하여 자신을 잃어버려도 자기 자신은 여전히 존재한다.

그러나 우리 자신을 초월하여 어떤 것을 보게 된다. 우리 모두 말을 하고 돈을 세고 자신의 이익만을 추구하는 존재만은 아닌 것은 사실이다. 그리하여 그리스도인들은 신비주의자들이 말하는 것을 듣고 싶어 한다.

독일의 신비주의자 타울러Johann Tauler, 1300~1361는 다음과 같이 말했다. "하느님께서는 신성한 심연의 불꽃을 이용하시어 우리들의 영혼을 불태우십니다. 이 초자연적인 힘으로 우리들의 영혼을 계도하시고 정화시키신 다음, 말로는 표현할 수 없는 이 독특하고 청정한 마음을 하느님께로 향하게 만듭니다. 이렇게 완전히 달라진 마음으로 하느님을 향하는 것은 이해하기도 어렵지만 느끼기도 어렵습니다.

즉 무척 경이로운 일이며 상상하기도 어렵습니다. 이러한 상태에서 빛을 받아 정화된 우리들의 영혼은 신성한 칠흑 같은 어둠으로, 태고의 고요 속으로 빠져들어 하느님과 일치를 이루게 된 것을 모릅니다. 하느님께로 빨려 들어가 이제는 모든 것이 대등하게 되며 대등하지 않은 것은 아무 것도 없게 됩니다. 이 심연深淵에서 우리들의 영혼은 길을 잃고 하느님에 대하여 아무것도 모르게 되거나 심지어는 자신도 모르게 되며, 하느님과 닮은 것과 닮지 않은 것도 모르거나, 아무것도 모르게 됩니다.

하느님과 하나가 되어 버려 모든 분별심分別心이 사라지게 됩니다."

그리스도인이면 당연히 이런 경지를 경험해야 하지만 안타깝게도 믿음이 약해서 이런 경지를 맛보는 그리스도인이 드문 것 같다. 우리 모두 작아짐으로써 마음을 다스리는 법을 배웠다. 그러나 불행하게도 대부분의 사람들은 작아지게 되면 마음에 평화가 온다는 것을 믿지 않고 있다. 우리 모두 빛을 받아 하느님과 하나가 되도록 부르심을 받았다.

이는 결코 우리들이 비현실적인 사람이 된다는 것을 의미하지 않는다. 타울러와 그 시대 사람들은 정말로 열심히 믿어 많은 사람들이 '빨갛게 물든 세상'을 보았다. 그러나 다행히 그가 한 말은 시간을 초월하여 수세기 동안 살아 움직이고 있다.

다울리가 우리의 살아있는 믿음의 마음을 어루만지고 있기 때문이다. 타울러와 그와 같은 사람들이 우리들을 하느님의 가슴으로 이끌어 줄 것이다.

5
거룩한 수줍음

이스라엘아 들어라! 그때에 너희는 내가 나의 거룩한 산 시온에 사는, 주 너희 하느님임을 알게 되리라. 예루살렘은 거룩한 곳이 되고, 다시는 이방인들이 이곳을 지나가지 못하리라. (요엘 4:17)

성녀같이 사는 한 여인이 마귀로부터 심한 유혹을 받았다. 그녀는 하느님의 도움을 청하기 위해 열심히 기도했지만 하느님께서는 그녀의 기도를 들어주시는 것 같지 않았다. 어렵게 유혹을 물리치고 난 후에 하느님께 "저가 유혹을 받고 있을 때 하느님께서는 어디 계셨습니까?"하고 물었다. 하느님께서 대답하셨다. "지금처럼 네 곁에 있었다."

이스라엘이 적들에게 마구 짓밟힐 때도 이스라엘 백성들은 하느님께서 이스라엘을 버리신 것으로 생각했다. 그리하여 이스라엘 백성들은 "하느님, 우리가 당신을 필요로 할 때 어디에 계셨습니까?"하고 물었다. 요엘 예언자가 "우리들 사이보다 더 가까운 곳에 항상 하느님께서 계신다"고 안심을 시켰다.

"나 너와 함께 있으니 두려워하지 마라. 내가 너의 하느님이니 겁내지 마라. 내가 너의 힘을 북돋우고 너를 도와주리라. 내 의로운 오른팔로 너를 붙들어 주리라." (이사야 41:10)

빛의 천사의 얼굴로 위장하는데 명수인 마귀는 성령聖靈의 얼굴도 모방한다. 그리고 믿음이 깊은 사제나 평신도들을 더욱 더 집요하게 공격한다.

그러나 사람들은 세상에 악령惡靈이 있다는 것을 잘 믿지 않는다.

성령을 받은 것을 눈치채지 못하듯 그림자처럼 몰래 다가온 악령도 눈치채지 못한다.

그러나 선한 사람은 하느님 아버지밖에 안 계시다고 예수님께서 말씀하신 것처럼 우리 모두 악령에 씌워있을 수 있다. 의롭지 못한 생각이나 행동은 모두 악령에 씌인 것이다.

누가 하느님 앞에 떳떳할 수 있겠는가?

그러나 성령을 받으면 사람이 달라진다.

성령으로 충만하면 거룩한 수줍음이 가득한 사람으로 바뀐다.

성령은 '얼굴 없는 인격person without face**'이라는 말이 있다.**

성령은 자신의 얼굴을 감추는 신비한 인격이다.

그래서 성령을 받은 사람일지라도 자신이 성령을 받았다고 말하지 못한다. 그러기에 성령을 받는 것과 성령의 역사役事를 알기가 쉽지 않다.

어떤 사람이 자신이 도인道人이라고 하자 그 말을 들은 한 불자佛者가 도인은 절대로 그런 말을 하지 않는다고 했다. 마찬가지로 성령을 받은 사람은 절대로 자신이 성령을 받았다고 말하지 않는다. 성부聖父나 성자聖子에 비하여 아직도 멀었다고 생각하기 때문이다. 성자는 인간의 비천한 종이 되셨다. 더 이상 당신을 낮출 수는 없었다. 그런데 어떻게 자신이 성령을 받아 성인聖人이 되었다고 감히 말할 수 있겠는가?

성인은 거룩한holy 사람이다.

'Holy'는 '하느님에게 몸을 바친', '성자 같은', '외경한'의 뜻을 갖고 있다.

『Affirming the Apostles' Creed』등 수십 권의 책을 쓴 캐나다 성공회 유명한 신학자인 패커J. I. Packer, 1926~ 주교는 성령의 가장 중요한 특성 중의 하나를 **'거룩한 수줍음**holy shyness'이라고 했다. 이 수줍음은 인간에게서 볼 수 있는 병든 자의식自意識의 산물, 즉 자신감이 결여되거나 지나치게 자신을 의식하는 데서 비롯된 것이 아니다. 오히려 이 수줍음은 자신을 잊어버리고 상대에게 모든 관심을 쏟는 사랑의 특성이다. 성령은 자신을 드러내지 않고 온전히 예수님만 드러내는 수줍음을 갖고 있다. 성령은 자신의 영광을 베일로 감추고 자신을 통해 예수님의 영광만 드러나게 한다. (요한 16:14)

이 거룩한 수줍음은 예수님의 특성이기도 하다. 예수님은 스스로 영광을 취하지 않고 하느님 아버지에게 모든 영광을 돌리셨다. 이른바 번데기 앞에서 주름을 잡지 않으셨다. 아버지의 그림자도 밟지 않으려고 하셨다. 그런데 마귀는 성령을 받은 사람을 귀신 같이(?) 알고 괴롭힌다. 마귀는 마귀를 좋아하기 때문이다.

마태오 복음12:43-45에 분명히 인류의 역사를 단편적으로 기록하고 있다. "더러운 영이 사람에게서 나가면, 쉴 데를 찾아 물 없는 곳을 돌아다니지만 찾지 못한다.

그때에 그는 '내가 나온 집으로 돌아가야지.'하고 말한다. 그러고는 가서 그 집이 비어 있을 뿐만 아니라 말끔히 치워지고 정돈되어 있는 것을 보게 된다.

그러면 다시 나와, 자기보다 더 악한 영靈 일곱을 데리고 그 집에 들어가 자리를 잡는다. 그리하여 그 사람의 끝이 처음보다 더 나빠진다. 이 악한 세대도 그렇게 될 것이다."

즉 예수님께서는 이전 세대의 유다인들은 '더러운 영'에 들린 사람과 같았지만, 당시 유다인들은 더 악하여 더러운 일곱 영에 들린 것 같다고 말씀하시면서 그들의 영적靈的 상태를 날카롭게 지적하셨다.

다시 말하면 이전의 이스라엘 백성들이 바빌론 포로생활에서 해방됐을 때 그들은 우상 숭배라는 더러운 영靈에 붙들려 있었지만 에즈라와 느헤미야 같은 예언자들의 영적靈的 각성覺醒 운동으로 인하여 그 '더러운 영'이 그들에게서 떠나갔다.

그러나 그 후 바리사이들의 율법주의로 인하여 예수님 당시의 유다인들은 그 이전보다 "훨씬 더 악하고 더러운 일곱 영에 들린 사람처럼 참혹

한 상태에 있었다"는 것을 지적하신 것이다.

우리들의 못된 악습과 잘못된 가정교육은 모두 마귀가 된다.

우리가 세례를 받을 때 "마귀를 끊습니까?"하는 질문을 받고 "끊습니다."하고 아무 뜻도 모르고(?) 답했지만 "과거의 마귀를 모두 끊고 앞으로도 마귀를 끊겠습니까?"하고 묻는 것이 옳을 것 같다. 악령이 곧 마귀이기 때문이다.

예수님께서는 당신의 죽음을 알고 계셨지만 죽음의 길을 택하셨다.

패배주의자였기 때문일까?

아니면 약하셨기 때문일까?

아니면 내가 죽는 꼴을 봐야 정신을 차리겠느냐 하시면서 돌아가셨을까?

6

기복 신앙의 벌

잘라루딘 루미Jalal Al-Din Rumi의 『마스나비The Masnavi』 중 〈하느님께서 자신의 죄를 벌하지 않으셨다는 것을 자랑하는 사람〉은 기복신앙을 믿고 있는 우리의 모습을 너무나 잘 표현하고 있다.

모세의 장인 이트로Jethro 시대에 살던 한 사람이 말했다.

"하느님께서는 내가 저지른 많은 잘못을 보아오셨다.

그런데 내가 지은 수많은 죄와 잘못을 보고도 당신의 자비로 나를 벌하지 않으신다." 전능하신 하느님께서 이트로의 귀에 대고 다음과 같은 답이 나오도록 영혼의 소리로 말해주라고 이르셨다.

"저가 그렇게 죄를 많이 지었는데 자비의 하느님께서 왜 저를 벌하지 않으셨습니까?"

"오, 바보 같은 이여! 그대는 사막에서 길을 잃고 헤매면서 진리에 어긋나는 말만 했느니라. 내가 그대를 그렇게 많이 혼내어주었는데도 그것을 알아차리지 못했느냐?

그대는 머리부터 발끝까지 나의 사슬로 묶여 있다.

오, 검은 주전자여! 녹이 더덕더덕 붙어 내면을 부식腐蝕시키고 있구나!

녹이 겹겹이 붙어 그대 마음을 더럽게 만들어

영성靈性을 모르는 검은 숯 덩어리처럼 되었구나!

그 검은 연기가 새 주전자를 덮으면 아무리 연기가 약해도 검게 된다.

흰 것이 있으므로 검은 것이 있는 것이다.

선善이 먼저 생기고 난 후 악惡에 이름이 붙여졌다. 거죽은 진실을 숨기

고 있다.

진실만 있어 거죽이 없는 것은 찾아보기 어렵다.

검은 얼룩이 흰 것을 검게 보이게 할 뿐이다.

주전자가 검게 되고 난 후에는 연기가 그렇게 만들었다는 것을 누가 알겠는가?

대장장이가 에티오피아 사람이면 그의 얼굴은 검은 연기 색깔과 같을 것이다. 만약 대장장이가 그리스 인이면 그의 얼굴이 검은 연기로 까맣게 될 것이다. 그러면 그는 그의 죄를 재빨리 알아차리고 '오, 주님!'하고 울부짖을 것이다.

그가 회개하지 않고 악행을 계속하는 것은 그의 안식眼識에 흙먼지를 던지고 있기 때문이다. 회개하지 않는 사람과 죄를 못 느끼고 있는 사람은 자신의 마음을 존중하여 믿음이 없는 사람이 되고 늙어서는 죄를 부끄러워하면서 이미 그를 떠나버린 하느님을 찾는다.

그의 마음의 동경銅鏡에 녹이 다섯 겹으로 쌓이고 녹이 구리를 갉아먹기 시작하면 그의 보석은 점점 빛을 잃게 된다. 백지 위에 쓰인 글은 금방 읽을 수 있지만 이미 글이 쓰여져 있는 종이 위에 글을 쓰면 제대로 보이지 않아 잘못 읽을 수 있다.

검은 글씨가 다른 검은 글씨 위에 쓰이게 되면 두 글을 모두 읽을 수 없게 된다. 만약 그 위에 다시 글을 쓰면 더욱 더 검어져서 신앙이 없는 사람의 영혼 같이 되며 '치유자Remedier'의 도움을 받지 않으면 치유할 수 없게 된다.

설방은 구리 녹이지만 동경銅鏡을 보면 모든 병이 낫게 된다.

하느님 앞에 그대의 모든 절망을 내려 놓으라.

그러면 그대는 약을 먹지 않아도 고통에서 벗어나게 될 것이다."*

---

* 모고해(冒告解)를 일삼고 있는 우리들을 말하고 있다. 모고해란 고해성사를 모독하는 것으로 고해자가 고해소에 들어가 부끄러움을 이기지 못하여 혹은 일부러 죄를 고백하지 않고 숨김으로써 하느님과 교회를 속이는 행위를 가리킨다. 모고해를 하게 되면 고해자의 죄의 고백과 고해신부의 사죄(赦罪)는 모두 효력이 없으며 고해자는 독성죄(瀆聖罪)를 범하게 된다. 따라서 고해자는 다시 온전한 고해를 해야 할 뿐 아니라 독성죄까지 통회하고 고백해야 한다.

이트로가 그에게 많은 금언들을 말해주자 그는 영혼이 장미의 숨을 쉬게 되면서 그의 마음이 활짝 열려 그의 영혼이 하늘의 계시를 들을 수 있게 되었다.

그가 말했다. "그런데 하느님께서 나를 벌했다면 그 증거가 어디 있습니까?"

이트로가 대답했다. "오, 주님! 아직도 그는 나의 말을 알아 듣지 못하고 있습니다. 그는 그가 묶여 있는 사슬의 증거를 찾고 있습니다."

그러자 하느님께서 말씀하셨다.

"나는 '죄의 장막The Veiler of sins'이다.

나는 그에게 그의 죄를 밝히지 않을 것이다. 그러나 몇 가지만 말하여 그가 다시 노력하는지 보겠다.

내가 그를 사슬로 묶어 놓고 있는 한 증거는 그가 계속하여 봉헌하고 금식하고 기도해왔다는 것이다.

또 전례 기도를 드리고 자선을 베풀었지만 **그가 회개했다는** 기미를 조**금도 보이지 않고 기쁨을 조금도 느끼지 않고 있다는 것이다.**

열심히 교회에 나가고 경건한 행동을 많이 했지만 **아직도 신앙의 맛을 모르고 있다는 것이다.**

그가 다른 사람보다도 많은 봉헌을 했지만 **영성靈性이 부족하다는 것이다.**

그 안에는 많은 호두열매가 있지만 알맹이는 없고 껍질뿐이다. 따라서 신앙의 맛을 알고 열심히 믿으면 반드시 열매를 얻을 수 있을 것이다.

열매가 필요하다. 그래야 그 씨앗이 나무가 되지 않겠느냐?

알맹이 없는 씨앗은 절대로 싹트지 않는다.

영성이 없으면 헛것만 보게 될 것이다."

7

기복신앙을 믿는 것은 길을 잃었다는 증거이다

어떤 종교를 믿든 기복신앙에 빠져 있는 사람들을 많이 본다.

기복신앙을 믿는 사람은 자신의 욕심을 채우려고만 하고 하느님께 자신을 맡기려고 하지 않는다. 즉 '하느님의 뜻' 대로가 아니라 '자기의 뜻'대로만 살려고 하면서 그만 길을 잃어버리고 만다. 어둠 속을 헤매고 있는 것이다.

그런데 어둠을 만나면 빛이 되어 주기는커녕 오히려 더 우울하게 만드는 것 같다. 어둠은 블랙홀처럼 모든 빛을 흡수해버린다. 그리스도께서도 죽으심으로써 어둠을 이기셨다. 어둠은 정말로 무서운 것 같다. 어둠 속에 있는 사람이 좀처럼 그곳에서 빠져 나오기 어려운 것은 이 때문이리라. 마귀의 소굴에 빠져 있는 것인지도 모른다. **그 많은 목자들은 어디로 가고 길 잃은 양들만 우글거리고 있는가?**

『수행의 길Way of the Ascetics』은 거룩한 교부敎父들의 가르침을 토대로 하여 수사修士 및 수녀들뿐 아니라 평신도까지 스스로 정진하면서 진정으로 하느님께 다가서기 위한 지침을 주로 담고 있다.

저자인 티토 콜리안데르Tito Colliander, 1904~1989는 핀란드 출신의 문학가로 인생의 전반기에 주로 문학과 예술을 공부하고 많은 작품을 남겼으나, 2차 세계대전을 통하여 많은 회의와 절망을 경험한 뒤 40대 후반에 동방정교東方正敎에 기초한 신학을 다시 공부하여 많은 신학적 작품들을 남겼는데 『수행의 길』도 이들 중 하나이다.

인간이 얼마나 나약한 존재인가를 깨닫고 금욕에 가까운 생활과 마음 자세를 통하여 하느님께 다가서는 방법을 동방정교회의 여러 교부들의 가르침에 기초하여 서술하고 있다.

설령 우리가 『수행의 길』에서 가르치는 엄격한 지침들을 모두 따르지는 못하더라도 가능하면 자주 읽으면서 스스로를 되돌아보고 반성하는 지침서로서는 참 좋다는 생각이 든다.

자기 부정과 복종에 대하여 강조하고 있다. 자기부정의 핵심은 육肉의 행복이나 영靈의 행복에 집착하지 않으면 저절로 우리들에게 평화가 찾아온다는 것이다. 즉 우리가 하느님께로 다가서기 힘든 것은 자신의 의지로 무엇을 이루겠다는 마음에서 비롯되고, 이러한 의지를 하느님께 의탁하지 않으면 하느님께 다가서는 데 오히려 장애물이 된다고 말하고 있다.

앞 부분을 전재한다.

네가 만일 네 영혼을 구하여 영원한 생명을 얻고자 하면
잠에서 깨어나 십자 성호를 긋고 이렇게 말하여라.
"성부와 성자와 성령의 이름으로 아멘!"

믿음은 생각을 많이 한다고 생기는 것이 아니라 실천을 통해서 생기므로 우리는 숱한 말과 잡다한 사색思索이 아니라 체험을 통해서 비로소 하느님을 알 수 있게 된다.

시원한 공기를 마시려면 창문을 열어야 하고 살갗을 태우려면 밖에 나가 햇볕을 쪼여야 하듯 믿음을 성취하는 것도 이와 다르지 않기에 거룩한 교부들은 편히 앉아 기다리기만 해서는 도무지 뜻하는 곳에 이를 수 없다고 말했다.

그러므로 우리는 돌아온 탕자인 둘째 아들을 타산지석他山之石으로 삼아야 한다. 그는 거기를 '떠나', 제 아버지 집으로 '발길'을 돌렸다. (루카15:20)

너는 세속에 빠져 무거운 마음 때문에 심란하기조차 할지 모른다.

하지만 그렇다고 더 지체해서는 안 된다.

아브라함이 길을 떠날 때 나이 일흔 다섯이었다는 이야기는 까닭 없이 써 있는 게 아니며, 가장 나중에 와서 일하고도 가장 먼저 온 사람과 똑같은 품삯을 받은 일꾼의 이야기도 괜히 하신 이야기가 아니다.

아직은 너무 일러 여유가 있다고 생각하지 말아라. 산불은 늦으면 끄지 못하는 법이다.

너는 네 영혼이 불에 타 시커먼 숯덩이로 폐허가 되는 것을 볼 셈이냐?

거룩한 세례를 받을 때, 이미 너는 네 영혼의 원수를 맞아 눈에 보이지 않는 싸움에 나설 것을 명령 받았으니, 지금 곧 결행하여라. 너는 너무 오랫동안 빈둥거리다가 냉담과 나태로 허약해졌으며 너무도 많은 시간을 쓸데없이 허비해 버렸다. 따라서 너는 세례 때 이미 온전히 정화淨化되었기 때문에 악습惡習으로 흉하게 된 네 모습으로부터 초심初心으로 돌아가 다시 시작해야 한다.

그러므로 박차고 일어나라. 지체하지 말고 지금 즉시 결행하여라. '오늘밤부터는', '내일은 꼭', '다음에, 지금 하고 있는 이 일만 끝내고'하면서 네 목표를 미루지 말아라.

그런 틈새로 돌이킬 수 없는 파멸이 끼어드는 법이다.

지금 이 순간 네가 굳게 결심하는 바로 지금, 새로운 목적을 가지고 새 생명의 길을 향해 네 옛 자아自我를 떨쳐버리고 즉각 새 삶을 시작했던 그 행동을 다시금 보여라.

그러므로 겁내지 말고 일어나 '주님, 저를 도우시어 지금 곧 시작하게 하소서!'하고 기도해야 한다. **네게 필요한 것은 하느님의 도움밖에 없기 때문이다. 그러니 이시 속히 네 목표를 향하여 가고, 뒤를 돌아보지 말아라.** 우리는 롯의 아내에게서 경고의 실례實例를 보았다.

그녀는 뒤를 돌아보다가 소금 기둥이 되어 버렸지 않았던가?

네 옛 인간성을 벗어버리고 하찮은 쓰레기들을 내버려라.

아브라함처럼 너는 주님의 음성을 들었으니,

"네 고향과 친족과 아버지의 집을 떠나, 내가 너에게 보여 줄 땅으로

가거라.” (창세기 12:1)

그 땅을 향하여, 지금부터 너는 네 모든 주의를 집중시켜야만 하리라.

거룩한 교부들의 한결같은 말씀은, 마음을 지킴에 있어 가장 중요한 것은 자신을 낮추는 일이라 하셨다. 지금 네가 벌이고 있는 이 싸움은 너무나 어려워서 네 자신의 인간적 능력만으로는 도무지 감당할 수가 없다. 가령 네가 네 자신의 능력에만 의존한다면 얼마 못 가 땅에 엎어져 더는 싸워볼 마음도 없어지고 말게 되니, 오직 하느님께 의지하여라.

그러면 오로지 하느님만이 네가 바라는 승리를 주실 것이다.

대부분의 사람들에게는 자기 자신에게 의지하지 않는다는 것이 무척 어렵겠지만 그것은 기어이 극복해야만 한다. 그렇지 않고서는 앞으로 나아갈 가망이 전혀 없기 때문이다.

가령 자신이 모든 걸 안다고 굳게 믿고 모든 걸 해낼 수 있다고 자신하면서 아무런 가르침도 바라지 않는다면 그런 자가 어떻게 충고를 받아들이고 지도를 받겠으며 도움을 청할 수 있겠느냐? 그 같은 자의 두터운 벽을 뚫고 들어갈 빛은 애당초 없다.

“불행하여라, 스스로 지혜롭다 하는 자들, 자신을 슬기롭다 여기는 자들!” 이사야 예언자는 이렇게 부르짖었고(이사야 5:21), 바오로 사도도 경고하기를 “서로 뜻을 같이하십시오. 오만한 생각을 버리고 비천한 이들과 어울리십시오. 스스로 슬기롭다고 여기지 마십시오.”하셨으니(로마 12:16), 하늘 나라는 철부지 같은 어린이들에게 계시되었고, 슬기롭고 똑똑하다는 사람들에게는 감추어져 있다. (마태오 11:25)

그러므로 우리는 우리 안에 있는 이 엄청나게 완고한 마음을 비워내지 않으면 안 된다. 실로 이런 생각이 얼마나 우리 마음을 지배하고 있는지는 눈치조차 채지 못할 만큼 깊게 뿌리 박혀 있으니 그것은 바로 우리의 이기주의이며, 우리의 영혼과 육신마저도 구속하며, 부자유스럽게 하며, 실망시키고, 괴롭히는 자기중심주의와 자기애自己愛이다.

그러므로 네 자신을 돌아보아 네가 얼마나 자신의 기분대로만, 단지 네가 되려는 욕망에 사로잡혀 있는지를 똑똑히 보아라. 네 자유는 자기애라는 포승 줄에 묶여 있으며, 그러한 너는 손발 묶인 송장 마냥 아침부터 저녁까지 이리저리 끌려다닌다.

지금 나는 마실 테다, 지금 일어나야지, 이제는 신문을 읽자 이렇게 말하며 너는 자아라는 고삐에 매여 이리저리 끌려 다니지만 곧 불만으로 몸이 달아 안달하다가 조그만 방해라도 받게 되면 곧 분통을 터뜨리고 만다.

만일 네가 네 의식을 깊게 세밀히 들여다본다면 그런 너의 모습을 쉽게 볼 수 있을 것이다. 누가 네게 반대하면 곧 불쾌해지는 네 모습이 바로 그러하다. 비록 우리는 이렇게 노예로서 살고 있지만 주님의 성령이 계시는 곳에는 자유가 있다. (2코린토 3:17)

그 같은 에고의 주위를 맴돌고 있는데 무슨 착한 일을 할 수 있겠느냐?

주님께서는 자신처럼 이웃을 사랑하고 모든 것 위에 하느님을 받들어 사랑하라고 이르시지 않았느냐? 그럼에도 우리는 어떠하냐? 우리 마음은 그렇게 하는 대신에 언제나 자신의 건강과 행복과 안일에 대한 생각으로만 가득 차 있지 아니하냐?

그렇다. 네 자신에게서는 아무 선한 것도 나올 수 없음을 깨달아라.

간혹 어쩌다 네 안에서 사심私心 없는 기특한 생각이 나면, 그것은 네게서 나오는 것이 아니라 신善의 샘에서 솟아 오른 것으로 네게 은총으로 주어진 것이라고 믿어야 한다. 그것은 생명을 주시는 분에게서 오는 선물이기 때문이다. 이와 마찬가지로 **좋은 뜻을 실천할 수 있는 힘 또한 네 힘이 아니라 거룩한 삼위일체께서 네게 주신 능력이다.**

....

기복신앙을 믿는다는 것은 재물이란 우상을 섬기고, 탐욕에서 벗어나지 못하고 사랑의 계명을 실천하지 않고 하느님으로부터 복을 받겠다는 것이다. 어쩌면 하느님을 속여서 자신의 실속을 차리겠다는 엉큼한 생각을 하고 있는지도 모른다. 하느님께서는 우리들의 머리카락 숫자도 다 알고 계신데 속아 넘어가시겠는가? 십계명을 지키지 않고 사랑의 계명을 지키지도 않는 사람에게 복을 주신다면 어떻게 되겠는가? **우리가 하느님을 믿는 것은 구원을 받고**새로운 사람이 되어 **성령을 받아 기쁘고 평화롭게 살기 위한 것이다.** 기복신앙을 믿는 사람이 바라는 것과는 너무나 동떨어져 있다.

8 모르는 게 약이다

그때에 제자들이 예수님께 말하였다. **"이제는 드러내 놓고 이야기하시고 비유는 말씀하지 않으시는군요. 저희는 스승님께서 모든 것을 아시고, 또 누가 스승님께 물을 필요도 없다는 것을 이제 알았습니다. 이로써 저희는 스승님께서 하느님에게서 나오셨다는 것을 믿습니다."**

예수님께서 그들에게 대답하셨다.

"이제는 너희가 믿느냐? 그러나 너희가 나를 혼자 버려두고 저마다 제 갈 곳으로 흩어질 때가 온다. 아니, 이미 왔다. 그러나 나는 혼자가 아니다. 아버지께서 나와 함께 계시다.

내가 너희에게 이 말을 한 이유는, 너희가 내 안에서 평화를 얻게 하려는 것이다. 너희는 세상에서 고난을 겪을 것이다. 그러나 용기를 내어라. 내가 세상을 이겼다." (요한 16:29-33)

제자들이 주님을 제대로 알기를 바라신 것이 이 번이 처음이 아니었다. 그래서 주님께서 누차 제자들에게 이를 일깨워주시려고 하셨다. 그러나 제자들은 다 아는 것처럼 말했다.

베드로는 일찍이 "스승님께서 하느님의 거룩하신 분이라고 저희는 믿어 왔고 또 그렇게 알고 있습니다."하고 답했고(요한 6:69) 심지어는 주님을 위하여 목숨까지 내어 놓겠다고 말했다. (요한 13:37) 베드로가 이렇게 말한 것은 제대로 깨닫지 못하고 입으로만 주님을 믿는다고 외친 증거이기도 하다. 그래서 주님께서는 베드로의 말을 믿지 않으셨다.

우리는 '모르는 게 약'이라는 말을 많이 한다. 식자우환識字憂患이라는 말이다. 알려고 하지 않고 뻔뻔스럽고 무사안일주의로 나가겠다는 말이기도 하다. 자신에게 유리한(?) 것만 알려고 하고 들으려고 하기 때문이다. 그러나 **이렇게 하여 생긴 무지無知는 끝없는 논쟁과 갈등을 불러 일으키게 한다.** 그리하여 마음의 평화를 누리지 못하고 다른 사람들의 반감을 일으키게 만든다. 많이 배운 사람조차도 다 아는 것처럼 생각하여 어리석은 행동을 함으로써 마찰을 일으키고 더욱 더 뻔뻔스럽게 되어버린다.

이런 사람들이 부모가 되어 "나는 바담 풍 하여도 너는 바람 풍 하라"고 가르치지만 자식들은 여전히 "바담 풍" 한다. 무지와 편견의 씨앗이 끊임없이 전파되고 있는 것이다.

그래서 온 세상이 혼란스럽게 보인다. **본래 '하나'였던 세상을 어지럽게 만든 것은 바로 우리들이며 우리들 마음이 혼란스러운 것일 뿐이다.**

가장 현명한 사람은 "나는 아는 게 없습니다."하고 말한다.

소크라테스는 아테네에서 누가 가장 현명한 사람인가를 알려고 했다.

그러자 아폴로 신전의 예언자The Delphic Oracle가 말했다.

"바로 당신이오!"

그러자 소크라테스가 답했다.

"말도 안 되는 소리요. 나는 아무것도 아는 것이 없소이다."

예언자가 다시 말했다.

"바로 그 때문에 당신이 아테네에서 가장 현명한 사람이라고 한 것이오."

비록 무지와 선입관이 있기는 하지만 사람을 오래 사귈수록 깊이 알수록 실망하는 경험을 많이 하게 된다. 제자들이 주님의 십자가의 의미를 알지 못하면서 그렇게 생각했던 것은 우리들과 마찬가지로 선입관이나 편견에 의한 확신에 차있었기 때문이었다.

그래서 심지어는 사도 바오로 조차도 "그리스도의 십자가는 어리석음이다."고 말했지만 **이 어리석음이야말로 하느님의 지혜이다.**

"지혜로운 자가 어디에 있습니까? 율법 학자가 어디에 있습니까? 이 세상의 논객이 어디에 있습니까? 하느님께서 세상의 지혜를 어리석은 것으로 만들어 버리지 않으셨습니까?

사실 **세상은 하느님의 지혜를 보면서도 자기의 지혜로는 하느님을 알아보지 못하였습니다.**

그래서 그분께서는 복음 선포의 어리석음을 통하여 믿는 이들을 구원하기로 작정하셨습니다. 유다인들은 표징을 요구하고 그리스인들은 지혜를 찾습니다. 그러나 우리는 십자가에 못박히신 그리스도를 선포합니다. 그리스도는 유다인들에게는 걸림돌이고 다른 민족에게는 어리석음입니다. 그렇지만 유다인이든 그리스인이든 부르심을 받은 이들에게 그리스도는 하느님의 힘이며 하느님의 지혜입니다. 하느님의 어리석음이 사람보다 더 지혜롭고 하느님의 약함이 사람보다 더 강하기 때문입니다."

(1코린토 1:20-25)

예수님께서 십자가형을 받으시기 전에는 제자들은 자신의 무지無知의 틀에 예수님을 집어넣고는 예수님에 대하여 모든 것을 다 안다고 생각했던 것이다. 그러나 주님께서는 오히려 제자들이 흩어질 것이라고 예견하셨다. 그들은 흩어졌다가 주님께서 부활하신 후에야 다시 모일 것이라는 것을 알고 계셨기 때문이었다.

현대인의 눈에는 성경은 온통 어리석은 말 투성이로 보이지만 이 어리석음이 사필귀정으로 끝나는 것은 많이 본다. **'바보'가 되기를 바라는 성경 말씀을 부정하다가 결국은 '바보가 되는 것이 가장 현명하다'는 것을 깨닫기 때문이다.**

아빌라의 데레사 성녀가 말했다.

"하느님께서는 사람들이 섭리를 모르게 하셨으므로 아는 것만큼 마음을 움직이게 됩니다."

"우리는 짧은 시간에 너무 많은 것을 이루려 하기 때문에 비틀거리기

쉽습니다.

그러나 실패할 것이 두려워 출발하지 않거나 너무 작은 것을 희망하면 결코 그곳에 다다를 수 없습니다."

9
바보의 외로움

우리는 예수님을 **'십자가의 바보'**라고 부르기도 한다. 또 주님께서 아씨시의 성 프란치스코에게 **"나는 네가 여태까지 보지 못했던 그런 바보가 되기를 바란다."**고 말씀하셨고 성인은 모자에 '바보'라고 써 붙이고 다녔다.

고 김수환 추기경께서도 스스로 바보라고 하셨다. 바보들에게 공통점이 있다. 외로움이다. **바보의 외로움은 하느님께서 당신의 외로움에 동참하라고 부르신 소명이기 때문이다.**

"나는 요즘 정말 힘든 고독을 느끼고 있네. 86년 동안 살면서 느껴보지 못했던 그런 절대고독이라네. 사람들이 나를 사랑해주는데도 모두가 다 떨어져 나가는 듯하고, 하느님마저 의심되는 고독말일세. 모든 것이 끊어져 나가고 나는 아주 깜깜한 우주 공간에 떠다니는 느낌일세.

세상의 모든 것이 끊어지면 오직 하느님만이 남는다는 것을 내게 가르쳐주시려고 그러시나 봐. 하느님 당신을 더 사랑하게 하려고 그러시겠지? 작년에 돌아가신 정명조 주교가 요즘 더 많이 생각나는구먼. 아마, 죽고 나면 자네나 나나 모두 하나일거야.

내가 죽으면 자네 꿈에 나타나서 꼭 가르쳐 주겠네."

고故 김수환스테파노 추기경이 병상에 있던 2008년 5월 23일 서울 혜화동주교관으로 자신을 찾아 온 고찬근서울대교구 성수국장 신부에게 한 말이다. 자신의 죽음을 앞둔 심정을 '대학입시를 앞둔 고교 3년생 같다.'며 진지하게 하느님 곁으로 갈 준비를 했던 추기경이지만 그 또한 한 인간으로서 죽음 앞에서 '절대고독'은 피할 수 없었던 모양이다.

그러면서도 김 추기경은 "세상의 모든 것이 끊어지면 오직 하느님만이 남는다는 것을 내게 가르쳐 주시고 당신을 더 사랑하게 하려고 그러시겠지?"라며 하느님에게 모든 것을 맡기는 자세로 선종善終하셨다.

김수환 추기경은 '절대고독'을 털어놓으셨다. 왜 그토록 고독을 느끼셨을까?

나는 최근 이런 절대고독을 느끼고 있다. 혼자라는 생각 때문이다.

헤밍웨이와 버지니아 울프가 스스로 목숨을 끊게 한 원인이 바로 이 고독이 아니었을까 하는 생각이 들었다.

문득 세상에 혼자이지 않은 사람은 아무도 없다는 생각이 든다.

설명도 되지 않고 설명하려고 해도 설명할 수 없는 이 심정을 고스란히 혼자 안고 가는 것이구나 하는 생각이 든다.

이 보나벤뚜라 수사님이 말했다.

"상대방이 나에게 바라는 사랑을 상대방이 원하는 만큼 한 치의 오차도 없이 상대방에게 흡족하게 해주었는가? 그것이 가능할까? 내가 상대방에게 바라는 사랑을 상대방으로부터 여한이 없을 만큼 늘 흡족하게 받고 있는가? 그것이 가능할까?

어차피 미흡할 수밖에 없다. 그런데 이 미흡한 부분이 너무 크다.

이 미흡한 부분은 왜 있을까?

이 미흡한 부분은 신비이신 하느님과 직통으로 뚫린 길이기 때문일 것이다.

이 길, 미흡한 부분을 관상하자. 안개가 걷힐 것이다."

이 미흡한 사랑은 하늘나라의 사랑이 부족함을 말한다. **이 땅에서 하늘나라의 사랑을 한다는 것은 고독을 자초自招하는 것이라는 생각이 든다.** 안개가 걷히자 외로움이 걷잡을 수 없이 몰려들었다. 이미 돌이킬 수 없는 길로 접어 들고 말았다. 인연人緣도 없어져 버렸다. 우울하다.

먹구름이 다가 온다.

영국의 낭만파 시인 키츠Keats, 1795~1821는 영혼을 슬프게 하지 말라고 말했지만 **이 슬픔은 하느님만이 어루만져주실 수 있기 때문에 이 생각 저 생각 다 버리고 '지금'만 생각하면서 하느님께 나의 모든 것을 맡기는 수밖에 달리 도리가 없다.**

어느 날 마이스터 에크하르트가 벌거벗은 잘 생긴 아이를 만나서 묻는다.

너는 어디서 왔느냐?

"나는 하느님에게서 왔어요."

어디에서 하느님과 헤어졌느냐?

"순수한 마음 안에서요."

어디로 가는 길이냐?

"하느님에게로요."

어디에서 하느님을 만났느냐?

"내가 모든 피조물을 버리는 곳에서요."

너는 누구냐?

"왕이에요."

네 왕국은 어디 있느냐?

"내 마음 안에요."

누군가 그것을 빼앗아 가지 않도록 조심해라.

"그러겠어요."

그러고 나서 에크하르트는 그 아이를 방으로 데려가서 말했다.

마음에 드는 옷을 골라 입어라.

"그러면 나는 왕이 아니에요."

그리고 아이는 홀연히 사라졌다.

장난기 있던 그 아이는 하느님 자신이었기에

『마이스터 에크하르트』 중에서

자식이 아프면 부모는 더 아파한다. 자식은 부모의 분신이기 때문이다.

우리가 아프면 주님께서 더 아파하신다. 우리는 주님의 분신이기 때문이다.

우울할 때면

키츠(Keats)

절대로 망각妄却의 강江으로 가지 말고,
독주毒酒를 얻으려고 깊이 뿌리 박힌 투구꽃을 비틀지도 말아라.
그대 창백한 이마에 저승의 여왕 프로세르피나Proserpine의 검붉은 루비빛 독초毒草를 문지르지 말아라.
그대 주목 열매로 묵주를 만들지 말고,
눈이 침침해지거나 죽음을 생각하여 그대 영혼을 슬프게 하지 말아라.
솜털 덮인 올빼미가 은밀한 그대 슬픔과 함께 하게 하지도 말아라.
왜냐면 어두움이 몰려와 영혼을 깨워서 고통에 빠져들게 할 것이기에.

그러나 고개 수그린 온갖 꽃들을 키우고,
잔인한 사월四月의 수의壽衣로 푸른 언덕을 덮고 울부짖는 구름처럼
우울증이 발작하여 하늘에서 별안간 떨어질 때면 그땐 실컷 슬퍼하여라.
싱그러운 아침 장미를 보고, 소금기 있는 모래 언덕 위로 떠 있는 무지개를 보고,
또는 탐스럽게 피어 있는 모란을 보고도 그대 연인이 몹시 화를 낸다면,
그녀의 고운 손을 잡고, 그녀를 미친 듯 소리지르게 하라.
그리고 나서 그녀의 비길 데 없는 심연深淵의 눈을 보고 위안을 받아라.
우울은 언젠가는 사라질 아름다움과 함께 있다.
작별을 고하느라 늘 입술에 손을 대고 있는 기쁨과 함께 있다.
달콤한 입술을 빨고 있는 동안 독으로 변해버리는 아픈 즐거움 가까이에 머물러 있다.

그렇다. 얼굴을 가리운 우울은 기쁨의 성전聖殿 바로 그 속에
최상의 성소聖所를 가지고 있다.
가냘픈 입천장에 강건한 혀로 기쁨의 포도를 터뜨릴 수 있는 이가 아니면
아무도 우울을 맛볼 수가 없다.
그의 영혼은 형언할 수 없는 슬픔을 맛보게 되고
수많은 영광 속에서 고통을 받게 된다.

10

이기적인 침묵

여러분이 이미 알고 있겠지만 각자의 뿌스띠니아*는 모두 다르다는 것을 설명하려고 합니다. 어떤 뿌스띠니아에는 기쁨이 충만하고 빛으로 가득 차 있고 평화가 있지만 어떤 뿌스띠니아에는 이와 반대로 항상 무겁고 아무 생각도 할 수 없는 어둠만 있습니다.

나의 최근의 뿌스띠니아는 또 달랐습니다. 납 덩어리처럼 무거운 말씀이 나의 마음에 느껴졌습니다. 그 말씀은 **'침묵silence'**이었습니다.

내가 여태까지 말해왔던 침묵 즉 사랑의 침묵, 연인들의 침묵, 하느님께 말씀 드리기 위한 침묵과는 다른 것이었습니다. 아니 그것은 어떤 의미에서 침묵이 아니었습니다.

이런 침묵은 다른 면을 갖고 있습니다. 먼저 이런 침묵은 마치 **'도피**

---

* 러시아 정교회 전통에는 영적 영웅들이 죽어 다시 태어나는 곳, 즉 가장 낮은 곳을 '고요한 움막- 뿌스띠니아(poustinia)'라고 불렀다. 이 말의 의미는 '사막' 또는 '광야'이다. 불교에서는 세속의 잡사(雜事)에서 벗어나 일체의 방해를 받지 않고 용맹정진 할 수 있는 수행처를 '토굴'이라고 한다.

뿌스띠니아는 야전침대와 작은 책상과 의자만 제공되는 작은 통나무 집 또는 오두막으로 오로지 성경만 읽어야 하고 제공되는 음식은 오로지 빵이며 차나 커피를 마시기 위한 따뜻한 물만 제공된다. 뿌스띠니아에 머무는 뿌스띠니끼(pousitnikki)는 홀로 침묵 속에 지내면서 일하지 않아야 하고 심지어는 성령이 이끌지 않으면 기도도 해서는 안 된다. 주말에 방문객들이 머물게 되면 숲 속이나 오두막에 딸려 있는 정원을 거니는 것은 허락된다. 이렇게 하여 뿌스띠니끼는 자신을 지적 활동을 활발하게 할 수 있는 사막으로 데려감으로써 고독, 희생, 수양(修養) 등을 통하여 하느님을 체험하게 된다.

뿌스띠니아에 들어간다는 것은 "하느님의 말씀을 듣겠다."는 것이며, "자기 자신을 비우는 것"이며,'육(肉)의 옷을 벗는 것'을 뜻한다. 영혼 깊은 곳으로 뛰어들어가 우리를 기다리시는 성령이 계신 저 아래 밑바닥에 놓고, 늘 우리가 지녔던 나 중심의 존재가 자신과 하느님 사이에 벽을 만들고 있었다는 것을 깨닫는 것이다.

escape'처럼 보입니다. 사람들이 위험을 느껴서 도망치려고 할 때에는 살그머니 빠져나갑니다. 누구나 도망칠 때에는 말하지 않고 속삭이지도 않는 법입니다. 일반적으로 사람들이 보지 않을 때를 택합니다. 그래서 그들은 밤을 좋아합니다. 그러나 반드시 밤일 필요는 없습니다. 나는 지금 상징적으로 말하고 있습니다. **그들은 다른 사람을 만나지 않고 다른 사람들의 고통을 보지 않아도 되는, 자기 자신의 밤의 어둠을 좋아합니다.**

따라서 **'도피의 침묵**silence of escape'은 비밀리에 이루어지고 조심성 있게 치밀하게 이루어집니다.

나는 이에 대하여 깊이 묵상하였습니다. 나의 뿌스띠니아에서 주님께서는 나에게 무엇을 말씀하시려고 하는지 도무지 알 수가 없었습니다. 그래서 나는 미국 작가 제임스 캐럴James Carroll의 『A Terrible Beauty』를 생각하게 되었습니다. 거기서 한 훌륭한 사제는 **'회심**回心, conversion'**이란 '길을 바꾸는 것'이라고 말했습니다.**

즉 회심은 도망치지 않는 것을 의미합니다.

어떤 사람으로부터 도망치는 것이 아니라 길을 바꾸어 다른 사람에게 가는 것을 말합니다.

나는 그 신부님의 말을 묵상하면서 '도피의 침묵'이라는 말을 이해하게 되었습니다.

우리들이 조용히 도피하는 것은 무엇을 뜻할까요? 나는 **다른 사람을 만나지 않고 피하는 것이라는 생각이 들었습니다. 우리는 이런 침묵이 들키기를 바라지 않습니다.**

아무도 항상 자신을 가리고 있는 문이나 커튼을 열지 않으려고 합니다.

내가 뿌스띠니아에서 느낀 '도피의 침묵'은 우리 뒤의 문들이 모두 닫혀 있는 그런 침묵이었습니다. 그 문은 소리가 나지 않게 미리 기름칠 쳐져 있습니다. **소리 없이 여러 겹으로 된 문을 하나씩 닫고 아무 대화도 하지 않고 문이 없는 공동체를 이루지 않으려고 도피하는 것입니다. 물론 문을 닫는다는 것은 영성적인 의미에서 하는 말입니다.**

우리는 아직도 마음을 활짝 열고 사랑의 침묵 속에서 다른 사람과 대화

할 만큼 완전한 사랑을 하지 못하고 있다는 말입니다. 나는 이제는 알 수도 있을 것 같은 침묵의 새로운 면에 대하여 곰곰이 생각해보았습니다. 그러나 생각을 깊이 할수록 더 슬퍼졌습니다. **많은 사람들이 아무도 모르게 살짝이 다른 사람으로부터 도피하려고 하고 있다**는 것을 깨달았기 때문입니다. 많은 사람들이 벌써 오래 전부터 그렇게 해 왔다는 것을 나는 잘 압니다. 거의 모든 사람이 그랬습니다. 그러나 나는 주기적으로 뿌스띠니아에 가서 다른 사람을 만나지 않는 것도 매력이 있다는 것을 분명히 깨달았습니다.

하느님께서 우리 모두를 사랑하시기 때문에 또 우리가 서로 사랑하기 때문에, 공동체의 일원으로써 그리고 연인으로써 서로 조용히 말할 준비가 아직 되어 있지 않은 것으로 보입니다.

그렇습니다. 나는 **우리 모두 살짝이 다른 사람으로부터 도망치려 하고 하느님으로부터 도망치려고 하고 있다**는 것을 깨달았습니다. 대부분의 사람이 그렇다는 말입니다.

나는 어떻게 하면 될까 하고 기도했습니다. 그러자 이런 침묵의 다른 면을 보게 되었습니다. 적개심과 분노에서 그렇게 한다는 것을 알게 되었습니다. 분노나 적개심과 거부감이 가득 차게 되면 자신의 영혼을 시들게 하여 아무 말도 하지 않는다는 것을 깨달은 것입니다.

나는 사실 이런 종류의 침묵은 터 놓고 말하고 화를 내고 욕을 하는 것보다 천 배나 더 나쁘다는 것을 깨달은 것입니다. 이런 침묵은 하나가 되지 못하고 분열하게 만들며, 아무 말도 하지 않으면 사랑에 치명적인 상처를 줄 수 있습니다. 나는 이런 침묵을 생각하고 추워서 몸이 덜덜 떨렸습니다. 그래서 나는 우리 사이에 이런 일이 생기지 않기를 기도했습니다.

또 나는 기도하면서 이런 침묵의 다른 면도 보았습니다.

'**무관심의 침묵**silence of indifference', 즉 '무관심에서 나온 침묵'이었습니다.

일이나 사람에 대하여 너무나 무관심하여 아무 말도 하지 않는 침묵입니다. 긍정도 부정도 하지 않고 오로지 무언無言으로 일관하는 것입니다. 하느님이나 다른 사람들을 위하여 아무 일도 하지 않으려는 냉정한 침묵입니다. 이런 침묵은 정신적으로 피곤하게 만듭니다.

내가 이런 무거운 침묵을 생각하고 있을 때 다른 침묵, 즉 '두려움의 침묵silence of fear'도 있다는 것을 깨달았습니다. 두려워서 조용히 몰래 도망치고 자기합리화를 하는 것입니다.

이는 지혜를 얻게 되면서 두려워하게 되는 그런 두려움이 아닙니다. 지혜를 얻기 시작하면 주님을 두려워하게 됩니다. 이런 두려움이 생기면 고통을 함께 나누게 되고 상냥하게 되며 다른 사람의 고통이나 약점을 아파하게 됩니다. 즉 다른 사람의 어려움이나 문제에 관심을 갖게 됩니다. 이는 '지혜를 얻기 시작하면 주님을 두려워하게 된다.'는 뜻입니다.

어떤 사람을 진심으로 사랑하게 되면 그 사람에게 상처를 줄까 봐 두려워하게 되지만 비굴하거나 노예적이지는 않습니다. 지금 우리는 이런 두려움에 대하여 말하고 있지 않습니다.

내가 느낀 것은 '노예적인 두려움slavish fear', 즉 자기 합리화를 하면서 몰래 도망치는 그런 두려움입니다. 나는 이런 침묵을 생각하고 몹시 두려운 생각이 들었습니다. 건전하지 못하게 하느님을 두려워하는 것이기 때문입니다. 자비의 하느님, 용서의 하느님을 망각한 것입니다.

그리고 이런 두려움의 침묵에 빠지게 되면 몹시 긴장하게 되고 하느님의 사랑과 자비를 모르게 됩니다.

믿음이 없어도 이런 침묵을 하게 됩니다. 믿음이 부족하여 침묵하고 있는 것입니다.

뿌스띠니아에서 갑자기 이런 저런 여러 가지 침묵들을 생각하면서 이런 침묵들은 악마로부터 나오는 것일 수도 있다는 생각이 들었습니다. 이런 침묵들은 도피로부터 시작하여 결국 의심의 소용돌이에 빠지게 하고 비참하게 만들고 믿음을 잃게 한다는 것을 느꼈습니다.

그리하여 당연히 안정되지 않는 내면의 소음에 휩싸이게 됩니다.

이런 말을 하고 싶지는 않지만 이야기를 해야 한다는 생각이 들었습니다.

왜냐하면 우리 사이에는 닫혀져 있는 문도 커튼도 없어야 하기 때문입니다.

우리 모두 남에게 알리고 싶지 않은 고통도 말할 정도로 열려 있어야 하기 때문입니다.

캐서린 도허티(Catherine Doherty)의 『뿌스띠니아(Poustinia)』 중에서

사실 나는 사람들로부터 도망치려고 하고 있다. 많은 사람들이 **"보고 싶은 것만 보고 듣고 싶은 것만 듣기 때문이다."** 많은 말을 해보지만 듣지도 않는다. 그렇다고 내가 사랑이 없어서 타이르지 않는 것은 아니다. 그러나 사람들은 육肉의 세계에 빠져 무슨 말인지도 모르고 하던 일을 계속하였다. 예수님도 하시지 못한 일을 내가 하려고 하는 것 같았다.

내가 도피하려고 하는 것은 예수님만큼 참을성도 없고 나의 모든 것을 내어놓지 않았기 때문이라고 생각한다. 사실 아직 나의 모든 것을 내어놓을 만큼 믿음이 깊지 못하다.

그런 면에서 나는 아직도 한참 멀었다고 생각한다.

'무관심의 침묵'만 해도 그렇다. 바른 길을 인도해도 또 아무리 바른 말을 해도 듣지 않으니 체념을 하고 말을 하지 않았다. 처음부터 무관심하지는 않았다. 말이 통하지 않으니 그냥 그들이 하는 대로 내버려 둘 수밖에 없었다. 가끔 그들로부터 모욕적인 말을 듣기도 했지만 마음을 다스렸다. **에고를 버려서 무화無化하는 것이었다. 또 이것이 모든 신앙의 목표가 되어 있다는 것도 깨달았다.**

오 하느님, 저에게 참으면서 사랑할 수 있는 힘을 주소서!

11

자신 안에 있는 것만 보게 된다

그때에 어떤 율법 교사가 일어서서 예수님을 시험하려고 말하였다.

"스승님, 제가 무엇을 해야 영원한 생명을 받을 수 있습니까?"

예수님께서 그에게 말씀하셨다. "율법에 무엇이라고 쓰여 있느냐? 너는 어떻게 읽었느냐?"

그가 "'네 마음을 다하고, 네 목숨을 다하고, 네 힘을 다하고, 네 정신을 다하여 주 너의 하느님을 사랑하고', '네 이웃을 너 자신처럼 사랑해야 한다.'하였습니다."하고 대답하자, 예수님께서 그에게 이르셨다.

"옳게 대답하였다. 그렇게 하여라. 그러면 네가 살 것이다."

그 율법 교사는 자기의 정당함을 드러내고 싶어서 예수님께,

"그러면 누가 저의 이웃입니까?"하고 물었다.

예수님께서 응답하셨다. "어떤 사람이 예루살렘에서 예리코로 내려가다가 강도들을 만났다. 강도들은 그의 옷을 벗기고 그를 때려 초주검으로 만들어 놓고 가버렸다.

마침 어떤 사제가 그 길로 내려가다가 그를 보고서는 길 반대쪽으로 지나가 버렸다. 레위인도 마찬가지로 그곳에 이르러 그를 보고서 길 반대쪽으로 지나가 버렸다.

그런데 여행을 하던 어떤 사마리아인은 그가 있는 곳에 이르러 그를 보고서는 가엾은 마음이 들었다. 그래서 그에게 다가가 상처에 기름과 포도주를 붓고 싸맨 다음 자기 노새에 태워 여관으로 데리고 가서 돌보아 주었다.

이튿날 그는 두 데나리온을 꺼내 여관 주인에게 주면서 '저 사람을 돌보아 주십시오. 비용이 더 들면 제가 돌아올 때에 갚아 드리겠습니다.'하고 말하였다.

너는 이 세 사람 가운데에서 누가 강도를 만난 사람에게 이웃이 되어 주었다고 생각하느냐?"

율법 교사가 "그에게 자비를 베푼 사람입니다."하고 대답하자,

예수님께서 그에게 이르셨다. "가서 너도 그렇게 하여라." (루카 10:25-37)

예로니모 성인St. Jerome이 말했다.

"사람들은 형제자매, 가족, 친척만 이웃이라고 생각합니다.

주님께서는 모든 사람이 이웃이라고 가르쳐주셨기 때문에 아무도 해치면 안 됩니다.

우리 모두 한 아버지를 모시고 있기 때문에 우리 모두 이웃입니다."

'이웃'을 유대인들로 제한하는 랍비들도 있었고 보다 넓은 의미로 사용하는 랍비들도 있었다. 그러나 예수님께서는 "누가 저의 이웃입니까?"하는 질문에 답하시지 않고

"누가 이웃이라고 생각할 것 같으냐?"하고 되물으셨다.

이 두 질문은 비슷한 것 같지만 아주 다르다.

앞의 질문은 다른 사람에게 하는 질문으로 다른 사람들을 어떻게 분류할 것인가 하는 질문이지만 뒤의 질문은 나에게 묻는 질문으로 내가 다른 사람들에게 어떻게 행동해야 하느냐 하는 질문이다.

현장에 없는 사람들에 대한 질문에 대해서는 답변하기 쉽지만 현장에 함께 있는 사람들에 대해 물으면 답변하기가 어렵다.

우리들이 매사를 다른 사람에게 투사投射하고 있기 때문이다.

오래 전에 모든 사람들이 어리석다고 말하면서 꼬빡 하루를 보낸 선생님이 있었다. 그는 흥분하여 "바보 같이!"하고 침을 튀기면서 말했다.

한 참 후에 그 선생님을 다시 만나보니 현명한 사람이 아니었다.

몇 년 전에 그가 사람들에게 바보라고 했던 것은 그 자신이 바보라는 것을 인정하지 못하여 다른 사람들에게 어리석음을 떠넘긴 것이었다.

우리 주변에서 보는 것은 우리 안에 있는 것이다.

"두 사람이 똑 같이 감옥 창살을 통하여 밖을 보았는데 한 사람은 진흙탕을 보고 한 사람은 별을 보았다." 두 사람은 같은 가족으로 자랐지만 한 사람은 좋은 일을 생각하고 다른 한 사람은 나쁜 일만 생각한다. 두 사람은 다른 것을 보아도 같은 반응을 보인다.

한 사람은 젊잖은 사람이 고생한다고 생각하지만 다른 사람은 절망적인 모습만 본다.

다른 사람을 의심하는 것도 자신의 생각에서 비롯된다.

착한 사마리아인의 이야기에서도 사제와 레위인은 초주검이 된 사람을 지나쳐버리면서 골치 아픈 일을 하지 않으려고 한다. 그러나 이방인인 사마리아인은 같은 사람을 보고 측은한 마음이 들어 도우려고 한다. **어떻게 보고 행동하느냐는 자신의 내면에 달려 있다.**

키에르케고르가 인간의 본성을 꼬집어 말했다.

"인간의 모든 교활함은 한 가지만 추구한다. 책임질 것 없이 사는 것이다."

예수님께서는 우리를 보고 말씀하신다.

"너희는 세상의 소금이다. 너희는 세상의 빛이다." (마태오 5:13-14)

예수님께서 이렇게 말씀하신 것은 당신께서 세상의 빛이시기 때문이다. (요한 8:12, 9:5) 예수님은 사랑이 충만하기 때문에 분명히 그렇게 말씀하셨던 것이다.

교황으로서는 처음 '마뉴스Magnus, 大'로 불리게 된 45대 교황 성 대 레오 1세St. Leo Magnus I, 교황 재위 기간 440~461가 말했다.

"성체聖體는 우리가 받아들이는 대로 우리를 변화시킨다."

밀가루로 만든 떡이라고 생각하면 배도 부르지 않는데 받아먹어야 하는 음식에 지나지 않겠지만 예수님의 몸 즉 예수님을 본받아 살라는 뜻으로 생각하면서 영성체領聖體하면 새로운 사람이 될 수 있다는 말이다. 영성체 할 때만이 아니라 항상 깨어 있으면서 주님을 본받고 살아야만 새로운 사람이 된다는 말일 것이다.

누군가가 말했다. **"교만은 자신의 흠을 자기 자신으로부터는 감추고 모든 사람에게 특히 자신이 사랑하는 사람들에게 드러내는 것이다."**

12

자신 안의 세계가 죽어서 죽는 사람은 아무도 없다

그때에 몇몇 사람이 성전을 두고, 그것이 아름다운 돌과 자원 예물로 꾸며졌다고 이야기하자 예수님께서 이르셨다. "너희가 보고 있는 저것들이 돌 하나도 다른 돌 위에 남아 있지 않고 다 허물어질 때가 올 것이다."

그들이 예수님께 물었다. "스승님, 그러면 그런 일이 언제 일어나겠습니까?

또 그 일이 벌어지려고 할 때에 어떤 표징이 나타나겠습니까?"

예수님께서 이르셨다. "너희는 속는 일이 없도록 조심하여라. 많은 사람이 내 이름으로 와서 '내가 그리스도다.' 또 '때가 가까웠다.'하고 말할 것이다. 그들 뒤를 따라가지 마라.

그리고 너희는 전쟁과 반란이 일어났다는 소문을 듣더라도 무서워하지 마라.

이런 일들이 반드시 먼저 벌어지겠지만 그것이 바로 끝은 아니다."

이어서 그들에게 말씀하셨다. "민족과 민족이 맞서 일어나고, 나라와 나라가 맞서 일어나며, 큰 지진이 발생하고, 곳곳에 기근과 전염병이 생길 것이다.

그리고 하늘에서는 무서운 일들과 큰 표징들이 일어날 것이다.

그러나 이 모든 일에 앞서 사람들이 너희에게 손을 대어 박해할 것이다.

너희를 회당과 감옥에 넘기고, 내 이름 때문에 너희를 임금들과 총독들 앞으로 끌고 갈 것이다. 이러한 일이 너희에게는 증언할 기회가 될 것이다.

그러나 너희는 명심하여, 변론할 말을 미리부터 준비하지 마라.

어떠한 적대자도 맞서거나 반박할 수 없는 언변과 지혜를 내가 너희에게 주겠다.

부모와 형제와 친척과 친구들까지도 너희를 넘겨 더러는 죽이기까지 할 것이다.

그리고 너희는 내 이름 때문에 모든 사람에게 미움을 받을 것이다. 그러나 너희는 머리카락 하나도 잃지 않을 것이다. 너희는 인내로써 생명을 얻어라." (루카 21:5-19)

산 위의 이슬처럼
강 위의 거품처럼
샘물의 기포처럼
당신은 영원히 사라지리라.

19세기에는 이런 류의 슬픈 낭만주의가 유행이었고 얼마 전까지만 해도 어느 유원지를 가든 늙은이들이 "노세 노세, 젊어서 노세."하는 노래를 쉽게 들을 수 있었다.

그렇다. 인생은 한 때이고 모든 것은 지나가 버린다.

우리의 조상들은 인생이 지나가 버린다고 말했지만 지금의 우리는 인생을 붙잡아야 한다고 생각한다. 우리는 항상 기회를 붙들려고 애쓰거나 놓쳐버리기도 한다.

수많은 광고에서 "지금이 마지막 기회이다." "새로운 것이다." "가장 최신의 것이다." " 이다."하고 부르짖고 있고 우리는 그런 광고들에 놀아나고 있다.

누구나 무언가를 시작한 시점에는 끝을 생각하지 않는다.

그리고 세상이 전혀 끝날 것 이라고는 생각하지 않는다.

그러나 오늘 복음에서는 세상의 종말을 말하고 있다. 대다수의 사람들이 쉬지 않고 무엇이라도 붙들려고 했지만 종교인들은 믿음의 전통을 고수했나. 하지만 이는 상식에도 어긋나는 일이다. 성경에서 모든 것은 멸망하게 된다고 말하는데 어떻게 변화에 무심할 수 있었겠는가?

아주 옛날의 그리스도인들은 세상의 종말이 오고 재림再臨이 임박했다고 믿었다.

그러나 세월이 흘러도 아무 일도 일어나지 않아 더 기다려야만 했다.

베드로는 "그분의 재림에 관한 약속은 어떻게 되었소? 사실 조상들이 세상을 떠나고 나서도 창조 이래 모든 것이 그대로 있지 않소?"하는 사람들의 비아냥거림에 답해야만 했다. (2베드로 3:4-5)

베드로는 현명하게 "정녕 천 년도 주님 당신 눈에는 지나간 어제 같고 야경의 한때와도 같습니다."고 하는 시편(90:4)의 말씀을 인용했다. 그 시대의 사람들은 이 말을 듣고 안심을 했겠지만 1000년도의 사람들에게는 닭살 돋는 말이었다. 그들은 새 천년이 되면 종말이 올 것이라고 굳게 믿고 있었기 때문이다. (2베드로 3:8, 묵시록 20:3) 그러나 또 종말은 오지 않았다.

매 세기가 시작할 때마다 확신에 찬 종말론이 등장했다. 특히 19세기, 20세기에는 더욱 더 많은 종말론이 나왔다. 마지막 날이 구체적으로 거론되었다. 1843년 3월 21일, 1844년 10월 22일, 1850년 6월 27일,…… **20세기에는 19세기보다 더 많은 마지막 날이 예언되었다. 1914년, 1915년, 1918년, 1919년, 1920년, 1925년, 1941년, 1975년, 1994년.** 그러나 지금 우리는 살아 남아 있다. 하느님의 말씀처럼 이 땅은 영원히 존속할 것 같다. 사라지는 것은 종말 예언들뿐이다. **모든 것 안에 있는 모든 것은 사라지지만 그 모든 것은 아직도 여기에 있다.** 우울한 예언자들에게는 자신의 죽음이 세상의 마지막이 아니었던가? 그들은 죽었는데 왜 그들이 살던 집은 멀쩡하게 남아 있는가?

성경 말씀대로 서기 70년에 계시가 현실로 이루어졌다. 로마가 예루살렘을 파괴하고 그들을 흩어버렸다. 그러나 세상은 여전히 굴러가고 있다. 그리스도인들은 "그리스도께서 죽었다가 다시 살아나셔서 우리에게 다시 오실 것이다."는 것을 굳게 믿고 있다. 그러나 날짜는 제시되지 않았다. 소망은 예언과는 다르다. 미사 봉헌시에는 그리스도의 탄생과 재림과 우리들의 영혼 안에 그리스도가 탄생하시는 것을 기념하고 있다. 러시아의 시인 예프게니 예추셴코Yevgeny Yevtushenko, 1933~가 노래했다.

"자신 안의 세계가 죽어서 죽는 사람은 아무도 없다."

그렇다. **우리가 죽을 때 우리의 세계가 사라진 것이다.**

세대가 바뀌면서 세상도 바뀐다. 죽는다 하면 누구나 두려워하지만 세상이 바뀐다고 하면 두려워하는 사람이 없을 것이다. 죽음이 있기에 젊음이 있다. 청춘이 죽음으로 바뀌는 것이다. 죽음이 없다면 우리의 영혼은 동면冬眠을 하는 것이 될 것이다.

『걸리버 여행기』에 나오는 살아 있는 송장일 것이다.

우리가 부단히 잡으려고 애쓰는 세상은 바로 에고ego이다.

나의 피부를 곱게 하고, 내가 편하고, 내가 힘을 갖고, 내게 돈이 있어야 하고, 나의 신용도가 좋아야 하는 등의 에고뿐이다. 그러나 신앙은 이런 것들을 보장해주지 않는다.

하느님의 무한한 자비심만 약속하고 있을 뿐이다.

사람들

예프게니 예추셴코(Yevgeny Yevtushenko, 1933~ ; **러시아의 시인**)

세상에 특별하지 않은 사람은 아무도 없다.

그들의 운명은 모두 별들의 역사와 같다.

별들이 똑 같이 보이지만 다르듯이

단지 그들에게 아무것도 특별한 것이 없어 보일뿐이다.

그리고 만약 어떤 사람이 유명하지 않아서
서로 잘 모르는 상태에서 친구를 사귀었다 하더라도
그 무명無明조차도 특별한 것이다.

모든 사람의 세계는 다르게 마련이며
매우 짧은 순간도 그에게는 소중한 시간이다.
비극적인 순간도 그만의 것이다.

어떤 사람이 죽기 전에 첫 눈을 보고 첫 입맞춤을 하고, 첫 싸움을 했더라도 죽을 때는 그와 함께 사라진다.
그러나 살아남을 운명이라면 그가 쓰던 책들과 놀이 카드, 그가 그린 그림들, 그가 만지던 기계들은 남는다.

그러나 비록 이미 지나가버린 게임의 규칙에 따라
이미 없어진 것이라고 해서 아무것도 아닌 게 아니다.
그들 안의 세계가 죽어서 죽는 사람은 아무도 없다.

누구를 탓할 것인가?
이 땅의 어떤 창조물을 원망할 것인가?
과연 우리가 아는 것이 무엇인가?
형제의 형제? 친구들 중의 친구? 연인들중의 연인?

비록 우리는 아버지의 모든 것을 알았지만
그밖의 것은 아무것도 모르는 채 사라져 버린다.
그리고 영원히 되돌릴 수 없게 된다.
그것들의 비밀의 세계는 두 번 다시 만들어지지 않는다.

그래서 매 순간 나는 사라진 것들을 슬퍼하고 또 슬퍼한다.

13

중국인 화가와 그리스인 화가

중국인 화가와 그리스인 화가가 왕 앞에서 서로 자신이 더 훌륭한 화가라고 우기며 싸웠다. 분쟁을 끝내기 위해 왕이 그들에게 집을 한 채씩 주어 멋지게 장식해보라고 했다. 중국인 화가는 온갖 종류의 물감을 구해서 정성스럽게 칠을 했다. 그러나 그리스인 화가는 전혀 물감을 사용하지 않고 벽에 묻어 있는 얼룩을 깨끗이 지우고 하늘처럼 밝게 빛나게 광을 내었다. 왕이 두 집을 심사하고는 중국인 화가도 칭찬했지만 최종적으로 그리스인 화가의 손을 들어 주었다. 다른 집들의 온갖 색깔들이 그리스인 화가가 손질한 벽에 반사되어 형용할 수 없는 아름다운 빛깔과 그림자를 만들었기 때문이다.

학교에서 배우는 것보다 마음으로 배우는 것이 제대로 배우는 것이다.

마음으로 배우는 사람은 자신을 높게 만들지만 몸으로 배우는 사람은 자신의 몸무게에 짓눌린다. 마음으로 알게 되면 지혜는 친구가 되지만 몸으로 아는 지식은 짐이 된다.

하느님께서 말씀하셨다.

"책들을 잔뜩 지고 있는 노새와 같이, 자신의 것이 아닌 지식은 짐만 될 뿐이다.

자신의 지식에서 나오지 않은 것은 몸종의 입술연지처럼 오래 가지 않는 법이다. 그럼에도 불구하고 이런 짐을 지고 있다면 그것을 벗어버려야 기쁨을 얻을 수 있다.

자만심 때문에 그런 짐을 지고 있지 않은가 잘 보아라.

그 다음에는 자신 안에 진리가 보관되어 있는 것을 보게 될 것이다.

그대가 이 진리의 준마駿馬를 타고 있으면 짐이 바로 그대의 등에서 떨어질 것이다.

그대가 이 진리의 컵으로 마시지 않는다면 어떻게 탐욕에서 벗어날 수 있겠는가?

그대는 하느님의 이름만 부르고 하느님은 왜 찾지 않았느냐?

하느님의 이름과 명성이 그대에게 무엇을 주던가?

그대는 하느님의 생각을 읽어야 한다.

그리고 하느님의 생각은 그대를 하느님과 하나로 만들어줄 것이다.

하느님밖에 그대를 인도해줄 분이 계시지 않다는 것을 아느냐?

하느님께서는 그대에게 길을 가르쳐 주시지만 영혼은 빼앗아 가시지 않는다.

그대에게 아무것도 주시지 않았다면 하느님의 이름을 어떻게 알았겠느냐? 억새 밭에서 장미를 꺾은 적이 있는가?

그대는 끊임없이 하느님의 이름을 부르면서 하느님의 이름이 무엇을 뜻하는지를 알아야 한다.

물에 비친 달을 보지 말고 하늘에 있는 달을 보아라.

그대가 하느님의 이름만 아는 사람이 되지 않으려면 그대의 거짓 자아를 없애버려야 한다.

아무 흠집이 없는 보검寶劍 같이

동경銅鏡 같이

회개하여 모든 녹을 없애버려야 한다.

거짓 자아를 걷어 내고 밝게 빛나는 그대의 참 자아를 보아라.

책을 통해서가 아니라 스승을 통해서가 아니라 그대의 마음 안에서 예언자의 지혜를 찾아라."

예언자가 말했다.

"그대는 나의 백성 중의 한 사람이고 그대의 기분과 영혼처럼 나는 항상 그대와 함께 있다.

그대의 영혼은 똑 같은 빛으로 나를 보고 있다. 나는 전승傳承과 성경과 역사를 보지 않고 생명수生命水의 샘이 있는 그대를 보고 있다."

신비로부터 배워라.

"나는 어제 밤에는 쿠르드인이었지만 오늘 아침에는 아랍인*이 되었다."

'어제 밤'과 '오늘 아침'의 신비는 그대를 하느님께로 인도한다.

이 비밀스런 지식을 알려면 그리스인 화가와 중국인 화가의 이야기를 들어야 한다.

---

* 쿠르드에는 문자가 없었지만 밤을 새워 열심히 기도하여 아랍 문자를 깨쳤다는 뜻. 요즘 성경쓰기가 유행인데 다 쓰고 나면 아랍인(?)이 되어있을지도 모른다.

14
기와를 닦아 거울을 만들려고 한다

"사람이 온 세상을 얻고도 제 목숨을 잃으면 무슨 소용이 있겠느냐?

사람이 제 목숨을 무엇과 바꿀 수 있겠느냐?

사람의 아들이 아버지의 영광에 싸여 천사들과 함께 올 터인데, 그때에 각자에게 그 행실대로 갚을 것이다.

내가 진실로 너희에게 말한다. **여기에 서 있는 이들 가운데에는 죽기 전에 사람의 아들을 보는 사람도 있을 것이다**Amen, I say to you, there are some standing here who will not taste death until they see the Son of Man coming in his Kingdom." (마태오 16:26-28)

어떤 물건이 자신의 소유가 되어 있으면 그것을 남에게 주고 싶어한다.

그러나 어떤 물건이 자신의 소유물이 아닐 때에는 그것을 가지려고 집착하게 된다.

마이스터 에크하르트Meister Eckhart는 **'넉넉한 사람**rich man'이란 다른 사람보다 더 많이 쌓아두는 사람이 아니라 더 많이 주는 사람이라고 말했다.

그러나 **'풍족한 사람**wealthy man'은 돈이나 재산을 쌓아둠으로써 자신이 얼마나 가난한가를 남에게 보여주는 사람이다. 이 사실은 다른 면에서 더 극명하게 나타난다.

예를 들면 자신이 사랑을 가지고 있을 때에만 남에게 사랑을 베풀 수 있다. 또 **어떤 것에 자신이 생명을 걸거나 남에게 생명을 걸 때에만 자신이 살아 있다는 것을 보여줄 수 있다.**

우리는 매사에 자기 자신을 '잘 되게'하려고 노력한다. 먼저 물질적인 것에서부터 시작한다. 더 나은 컴퓨터, 더 좋은 차와 더 좋은 직장을 가지려고 한다.

그리하여 **'더 나은 사람**better'이 되는 것을 당연하게 여긴다.

언뜻 보면 가치 있는 목표처럼 보인다. 그러나 에고ego가 자신을 더 나은 사람으로 만들려고 한다는 것을 경험을 통하여 알게 된다. 사회가 온통 에고 투성이다.

에고에 따라 산다는 것은 물질을 만능으로 생각하면서 또 쾌락을 따라 살면서 아까운 시간을 죽이고 사는 것이다.

이는 결코 새로운 삶이 아니다.

오늘의 복음은 **우리들에게 '더 나은 사람'이 되려고 하지 말고 '새로운 사람'이 되라고 말하고 있다.** '더 낫다는 것'은 '좋은 것'을 전제로 하고 있다. 자신의 에고가 좋아하는 것을 신봉하고 있다는 뜻이 된다. 이렇게 해서는 안 된다는 것은 누구나 다 안다.

그러나 사회의 '선善'에 대한 정의가 잘못되어 있다. 우리는 선에 대한 잘못된 정의에 따라 그릇된 가치관을 갖고 있다. 자신이 몸 담고 있는 조직에 따라 '풍족한 사람'을 좋아하거나 많이 팔아주는 소비자와 무조건 순종하는 사람을 좋아하는 것이 예이다.

그런데 복음에서는 **우리의 삶을 더 낫게 만들지 말고, 버리라고 말하고 있다.** 요한 크리소스토모 성인은 **'썩어 없어지는 생명보다 더 좋지 않은 것은 썩어 없어질 생명을 애지중지하면서 보존하는 것'**이라고 말했다. 성인이 **'썩어 없어질 생명' 이라고 한 것은 바로 '자기 과시'였다.** 성경은 다른 어떠한 것보다 심오하다.

오늘의 복음에서는 "정녕 자기 목숨을 구하려는 사람은 목숨을 잃을 것이고, 나 때문에 자기 목숨을 잃는 사람은 목숨을 얻을 것이다."고 말하고 있다. '에고ego'와 '본성true nature'을 구분하지 못하면 이 말씀을 이해할 수 없다. 그리스도교의 영성학에서도 이를 분명히 구분하여 설명하지 않고 있다. 그런데 선禪 불교에서는 이를 분명히 설명하고 있다. 이에 관한 유명한 일화가 있다.

중국의 회양懷讓 선사677~44가 설법을 하자 한 수좌首座가 와서 불철주야 공부를 했다. 그런데 이 수좌는 항상 좌선坐禪하는 것만을 고집하여 자리를 뜨는 법이 없었다.

하루는 회양 선사가 잘못을 고쳐 줘야겠다고 생각하고 좌선하고 있는 수좌인 마조馬祖, 709~788 스님에게 말을 건넸다.

"수좌는 좌선하여 무엇 하려는가?"

"부처가 되고자 합니다."

그러자 회양 선사는 암자 앞에서 벽돌을 하나 집어와서 마조 스님 옆에서 묵묵히 갈기 시작했다. 마조 스님이 한참 정진精進을 하다가 그것을 보고는 여쭈었다.

"스님, 벽돌은 갈아서 무엇 하시렵니까?"

"거울을 만들고자 하네."

"벽돌을 갈아서 어떻게 거울을 만들 수 있습니까?"

"벽돌을 갈아서 거울을 만들지 못할진대, 좌선을 한들 어떻게 부처가 될 수 있겠는가?"

"그러면 어떻게 해야 되겠습니까?"

"소를 수레에 매서 수레가 가지 않을 때 수레를 쳐야 옳겠는가? 소를 때려야 옳겠는가?"

마조 스님이 대답을 하지 못하고 있으니, 회양 선사가 다시 말을 이었다.

"그대는 좌선坐禪을 배우는가? 좌불坐佛을 배우는가?

앉아서 참선하는 것을 배운다고 한다면 선禪은 앉거나 눕는데 있는 것이 아니니 선을 잘못 알고 있는 것이고,

앉은 부처를 배운다고 한다면 부처님은 어느 하나의 법이 아니니 자네가 부처님을 잘못 알고 있음이네.

무주법無住法*,에서는 응당 취하거나 버림이 없어야 하네.

그대가 앉은 부처를 구한다면 부처를 죽이는 것이고, 앉은 모습에 집착한다면 선禪의 이치를 깨닫지 못한 것이네."

마조 스님은 여기에서 크게 뉘우치는 바가 있어서 좌선만을 고집하던 생각을 버리게 되고 마침내 크게 깨달았다.

좌선만 고집하는 것은 마치 신자들이 교회에 열심히 나가고 열심히 기도하면서도 새로운 사람이 되지 못하고 기쁨과 평화를 얻지 못하는 것과 같다.

---

* 『금강경』에서는 "네가 한 행위나 지금 하고 있는 행위에 안주(安住)하지 마라. 머물고 집착하지 마라. 미련과 아쉬움을 보이면서 매달리지 마라. 하찮은 일로 생색을 내면서 추한 꼴을 보이지 마라. 어떠한 일에도 정체되지 말고 더욱 앞으로 나아가라."하고 말하고 있다.

15

나는 큰 아들인가 작은 아들인가

그때에 예수님께서 수석 사제들과 백성의 원로들에게 말씀하셨다.

"너희는 어떻게 생각하느냐? 어떤 사람에게 아들이 둘 있었는데, 맏아들에게 가서 '얘야, 너 오늘 포도밭에 가서 일하여라.'하고 일렀다. 그는 '싫습니다.'하고 대답하였지만 나중에 생각을 바꾸어 일하러 갔다. 아버지는 또 다른 아들에게 가서 같은 말을 하였다. 그는 '가겠습니다, 아버지!' 하고 대답하였지만 가지는 않았다.

이 둘 가운데 누가 아버지의 뜻을 실천하였느냐?"

그들이 "맏아들입니다."하고 대답하자, 예수님께서 그들에게 말씀하셨다.

"내가 진실로 너희에게 말한다. 세리와 창녀들이 너희보다 먼저 하느님의 나라에 들어간다. 사실 요한이 너희에게 와서 의로운 길을 가르칠 때 너희는 그를 믿지 않았지만 세리와 창녀들은 그를 믿었다. 너희는 그것을 보고도 생각을 바꾸지 않고 끝내 그를 믿지 않았다." (마태오 21.28-32)

이 우화는 탕자蕩子의 우화寓話와 너무나 비슷하다. 두 우화에서 작은 아들은 처음에는 잘못을 범하고 나중에는 회개하는 죄인을 뜻하며 큰 아들은 율법학자와 바리사이를 의미한다. 그들은 처음에는 잘했지만 나중에는 악을 저질렀다.

작은 아들은 하느님 가까이로 다가갔지만 큰 아들은 하느님으로부터 점점 멀어져 갔다.

우리가 '아니오'하고 부정할 때에는 단순하게 그렇게 말한 것 같지만 자아自我가 그렇게 말하도록 시킨 것이다. '아니오' 라는 말 안에는 '독립', '경계선을 긋는 것', '개성', '도전' 등의 뜻이 숨어 있다. 물론 살다 보면 때때로 '아니오'하고 말해야 할 필요도 있지만 어쩔 수 없어서 '아니오'하고 말하는 경우가 더 많다. 어린이가 두 살이 되면 일시적으로 '아니오' 라는 말을 많이 하는데 이를 **'개별화**individuation' 또는 **'에고의 탄생'**이라고 부른다. '아니오' 라고 말함으로써 에고가 힘을 얻게 된다.

이는 피부가 자라는 것처럼 어린이에게 지극히 자연스러운 성장과정이다.

이런 과정을 거치지 않으면 너무나 연약해져 버리고 만다. 문제는 우리가 성장하면서 피부 아래 깊은 곳을 보지 못하기 때문에 더 깊은 내면을 잊어버리고 피부만 인식하게 된다는 것이다. 이렇게 하여 우리는 항상 내면의 소리를 듣지 못하고 '아니오' 라는 말을 하면서 살아가게 된다. 우리의 첫 번째 본능은 낯선 것이나 새로운 생각이나 눈에 익지 않은 것을 보면 자신이 독립되어 있다는 것을 느끼게 되고 저항하게 된다. 이렇게 하여 외로운 인생길을 걸어가게 된다.

5세기의 익명의 작가가 쓴 『The Incomplete Work on Matthew』에는 "'나는 하지 않을 것이다.'하고 마음 속으로 말하지 않았다면 아무도 죄를 짓지 않았을 것이다.'"고 말하고 있다.

토마스 머튼Thomas Merton이 말했다. "우리가 '예'라고 말할 때에는 어떤 것의 한 부분이 됩니다. **이는 자아를 잊는 즉 무사無私, 무욕無慾을 뜻합니다. 이는 종교에서 가장 핵심 단어입니다.** 예수님께서는 '아니오.'에서 당신의 주체성을 찾지 않으셨습니다. 주님께서는 아버지에 대하여 '예!'라는 자세로 당신의 주체를 표현할 수 있었습니다."

성모 마리아께서 '피앗fiat'이라고 응답하신 것은 '그대로 제게 이루어지소서.'라는 뜻이다. 성찬기도와 모든 기도의 끝에 '아멘'하는 것은 '예'를 뜻하며 '예'는 하느님의 이름으로 할 수 있다. 그러나 '아니오' 보다 더 나쁜 것은 거짓으로 '예'하는 것이다. **끝까지 내면의 소리, 즉 진리의 말씀을**

듣지 못하고 '아니오' 라고 말하면 막다른 골목에 이르게 되어 외톨이가 되고 위기에 봉착하게 된다. 그리하여 버림을 받게 된 후에야 그 고통으로 인하여 '예'하게 된다. 이는 어려운 일이지만 어쩔 수 없이 겪어야 하는 과정이다. 그러나 거짓으로 '예'하게 되면 이런 과정을 겪지 못하게 된다. 신앙의 가르침 때문에 새로운 사람이 되지 않고도 '예'라고 답하는 수가 있는데 이는 '아니오' 보다 더 나쁘다. 힘차게 '아니오'하고 말해도 고통을 겪고 난 후 결국은 '예'하게 된다. 그리하여 영원히 공손하게 된다.

이른바 순화純化되는 과정이라 할 수 있다. 오늘 복음(마태오 21:28-32)에서는 시행착오를 거치지 않으면 진리를 알지 못하는 인간의 우둔함을 말하고 있다. 구원의 첫 번째 조건이 '새로운 사람이 되어야 하는 것'도 우리들의 이러한 어리석음을 말하고 있는 것이다.

"너희는 말할 때에 '예' 할 것은 '예'하고, '아니오' 할 것은 '아니오' 라고만 하여라.

그 이상의 것은 악에서 나오는 것이다." (마태오 5:37)

16

무소유의 삶

예수님께서 말씀을 마치고 나서 시몬에게 이르셨다.

"깊은 데로 저어 나가서 그물을 내려 고기를 잡아라."

시몬이 "스승님, 저희가 밤새도록 애썼지만 한 마리도 잡지 못하였습니다. 그러나 스승님의 말씀대로 제가 그물을 내리겠습니다."하고 대답하였다.

그렇게 하자 그들은 그물이 찢어질 만큼 매우 많은 물고기를 잡게 되었다. (루카 5:4-6)

리지외의 성녀 데레사Saint Therese de Lisieux가 말했다.

"예수님께서는 저의 영혼에 칠흑 같은 어둠이 덮이게 하셨습니다.

그러나 저가 느끼는 것을 표현하려고 합니다만 표현할 방법이 없습니다.

누구나 어두움을 알려면 햇빛이 없는 터널을 지나가 보아야 합니다.

……………………………

그 터널에는 하늘을 가리고 별을 가리는 벽이 있습니다. 이 때까지만 해도 하느님께서 그토록 너그러우시고 자비가 많으신 줄 몰랐습니다.

하느님께서는 저가 견뎌낼 수 있을 만큼 강할 때에만 이 무거운 십자가를 주셨습니다.

……………………………

이제 아무것도 저를 가로막지는 못합니다. 저는 이제 사랑 때문에 죽을

때까지는 사랑 외에는 아무것도 바라지 않습니다. 저는 자유로울 뿐만 아니라 아무것도 두렵지 않습니다."

성녀의 전기를 쓴 한 프랑스 작가는 "성녀는 항상 빈털터리였다."고 표현했다. 성녀가 가진 것은 모두 남에게 주어버렸기 때문이었다.

이른바 무소유無所有의 삶을 살았다.

즉 성녀는 아무것도 지니지 않았고, 전혀 속임수를 쓰지 않았고, 현실도피를 하지 않았고, 변명을 하거나 남을 비난하거나 일을 뒤로 미루는 일이 없었다. 성녀는 항상 깨어 있었으며 어떤 일을 겪더라도 상처 받지 않았다.

이 때문에 하느님께서는 성녀에게 더 많은 것을 주셨다.

물질뿐만 아니라 자신의 감정도 자신의 소유로 하지 않고 오로지 자신의 죄만 자신의 것으로 생각하는 무소유의 삶이 가장 현명한 삶이다. 이를 거스르게 되면 모든 것이 자신의 굴레가 되어버린다. 자승자박自繩自縛을 하게 되기 때문이다.

오늘 복음에서 베드로가 말했다. "스승님, 저희가 밤새도록 애썼지만 한 마리도 잡지 못했습니다." 베드로도 한계에 부딪혀 있었던 것이다. 어쩔 도리가 없었기 때문에 예수님 말씀에 따랐다. 베드로가 겪은 상황은 리지외의 성녀 데레사와 같이 하늘도 보이지 않았고 별도 보이지 않았다.

누구나 이와 같은 어두운을 만날 수 있다. 그러나 아플 만큼 아파야 한다.

성녀가 극한 상황에 이르렀을 때의 마음가짐은 본받을 만 하나.

"비난이나 질책, 판단이나 비방 등은 우리와는 아무 상관이 없습니다. 이런 것 들이 누구를 해칠 수 있을까요? 아무도 해칠 수 없습니나. 그러니 이런 것들은 없는 것과도 같습니다. 우리에게 좋게 이야기하는 칭찬도 우리를 자만하게 하지 못합니다. 누구를 자만하게 할 수 있을까요? 아무도 없습니다. 우리는 존재하지 않기 때문입니다.

그러므로 우리가 살아가면서 정의나 사랑의 의무가 아니라면 자신을 변호할 필요가 없습니다.

또 칭찬을 들으면서 자신을 낮추기 위한 말을 할 필요도 없습니다.

우리는 존재하지 않기 때문입니다."

성녀는 인간적인 장점들이 때로는 영혼을 교만하게 만들 수 있다는 약점을 알고 있었기에 결코 자신의 장점에 의지하지 않았다. 또 실수를 하더라도 낙담하지 말라고 깨우쳐 주었다. "어린아이들이 때로 실수를 저지르더라도 그 실수가 끼치는 해악은 그리 큰 것이 아니질 않습니까?"라고 하면서 성녀는 **하느님을 온전히 신뢰하고, 또 그분께 온전히 의탁하면서 오직 하느님 안에서 모든 것을 기대했던 것이다.** 임종을 두 달 가까이 앞둔 1897년 7월 3일, 병상을 지키던 둘째 언니 예수의 아녜스 수녀가 "무슨 잘못을 저지른 후 내 잘못을 스스로 책망하면서 실망을 느끼게 된다."고 고백하자 성녀는 이렇게 말했다.

"저는 결코 실망하지 않기로 했습니다. 무슨 잘못을 저질러 슬프게 되면 그것은 제가 불충실한 탓인 줄을 잘 압니다. 하지만 제가 거기 머물러 있다고 생각하십니까?

아닙니다. 저는 급히 달려가서 주님께 아뢰옵니다.

'주님, 이 슬픈 기분은 마땅히 제가 받을 것인 줄을 모르질 않습니다.

하지만 이것을 사랑으로 보내주신 시련으로서 당신께 바치게 해 주십시오.

제가 한 행동에 대해서 저는 어디까지나 기뻐합니다.' 이렇게 주님께 아뢴답니다. 어머니!"

성녀는 다음과 같은 말을 하면서 선종했다.

"아아, 하느님! … 저는 사랑합니다. 당신을! … 좋으신 성모님, 오셔서 저를 도와 주십시오. 만약 이것이 임종이라면, 죽음은 또 어떻겠습니까? 아아, 어머니! 고통의 잔은 가득 찼습니다. 그래도 **주님께서는 저를 버리지 않으실 겁니다. … 주님께서 저를 버리신 적은 여태까지 한 번도 없었**

습니다. 예, 하느님, 원하시는 대로 다 하소서. 하지만 저를 불쌍히 여기소서! … 언니, 언니! 저를 위해 빌어주세요! … 아아, 하느님! 하느님! 그토록 좋으신 분이시건만! 아! 정말 당신은 좋으신 분! 저는 잘 알고 있습니다. …"

17
세상에 내 것이란 아무것도 없다

예수님께서는 인류에게 가난함을 가르치기 위해서 구유에서 태어나셨다.

내가 무언가를 바라는 것이 있다는 것은 곧 가난함을 말한다.

이런 면에서 보면 모든 사람이 가난하다.

프란치스코 성인이 말했다. "세상에 내 것이란 아무것도 없다."

가난은 소유하지 않는 상태를 말한다. 가난하지 않다는 것은 뭐든 내 것으로 한다는 것이다.

그러나 모든 것은 하느님의 소유이다. 그런데 하느님께서 주시지 않는 것을 탐하면서 가난으로 빠져든다. 또 그러면서 죄를 짓고도 그것이 죄인 줄도 모르고 산다.

나의 것은 나의 죄밖에 없다는 것을 모르고 산다.

작은 형제회의 고 바오로 신부님께서 말씀하셨다.

"프란치스코 성인은 동냥할 때 거절당하거나, 모욕당할 때

모욕은 주는 사람이 잘못이지 당하는 사람이 잘못이 아니라는 경계를 분명히 한다.

모욕을 당할 때, 화가 나거나 하면 영역의 경계를 분명히 하지 않았기 때문이다.

타인으로부터 영향을 받지 않는 것은 성숙된 상태이다.

내 안에서 육감肉感, Caro과 영靈을 구분하지 않으면, 즉 경계를 분명히

하지 않으면, 육감의 영향을 받고 육감의 노예가 된다. 그러면 신앙이 성숙하지 못한다.

경계를 분명히 한다는 것은 자유롭게 되는 것이고,
하느님과 나의 경계를 분명히 한다는 것이다.
선善은 하느님의 것인데 내 것으로 한다는 것은, 하느님의 선을 훔치는 죄를 범한다고 프란치스코 성인은 신랄하게 말하고 있다.

나의 것과 하느님의 것을 구분하고 이것을 하느님께 분명히 돌려드려야 한다. 우리는 나의 것이라고 하지만 선천적으로 하느님께로부터 주어진 것이다. 내 안에 신비의 영역을 분명히 할 때 하느님께 돌려드리는 것이 마땅하다.

순종은 타인에게 듣는 것이다. 듣는 것은 진선미다.
순종과 가난을 깊게 이해하고 사는 거나 관상을 깊게 이해하고 사는 것은 같다. 타인에게 들을 때 자유스럽고 독립된 존재로 살 수 있다.
순종하지 않을 때 예속적인 관계로 떨어진다.
예속적이고 종속적인 상태로 가는 경계를 가난이라고 설명한다.
종속이나 예속적인 관계는 모호하고 불분명한 상태이다.

가난은 소유하지 않는 상태를 말하며
가난하지 않다는 것은 뭐든 내 것으로 한다는 것이다."

미국의 작가 제임스 미치너James A. Michenor가 1965년에 출긴한 역사 수설 『The Sourcc』는 예수님이 오시기 선 유대 사회상을 그리고 있다.
랍비 아셔Asher가 과수원을 거닐고 있다가 갑자기 올리브 나무 앞에 멈춰 서서 말했다.
"속은 썩어버리고 껍질만 남아 있군. 그러나 나머지 일부부이 뿌리에 언결뇌어 있기에 나무가 늙었어도 아직도 살아 있어." 아셔는 대부분의 유대 백성들은 썩어버렸지만 일부분은 하느님의 뿌리를 단단히 잡고 있는 상황을 늙은 올리브나무에 비유하였다.

이 뿌리를 통하여 하느님의 뜻을 알고 좋은 열매를 맺을 수 있었다.

미치너는 이어서 사과나무를 이야기하고 있다.

"내가 45세 때 우리 동네에 사는 농부가 나이가 들어 열매를 맺지 못하는 사과나무에 못을 여덟 개나 박았다. 그 해 가을에 기적이 일어났다.

그 지친 늙은 나무가 맛있는 빨간 사과들을 풍성하게 맺은 것이다.

어떻게 그런 일이 일어났느냐고 묻자 그 농부가 설명했다.

'녹슨 못을 박으니까 충격을 받아서 열매를 맺은 겁니다. 자신이 할 일을 기억한 거죠!'"

우리의 삶에 못들이 박히는 순간이 있다. 물질, 감정 등 우리들의 것이 아닌 것을 우리의 소유로 하려고 들 때이다. 못들은 우리를 절름발이로 만들 수 있지만 부활의 시작을 알리는 신호이기도 하다. 고통 없는 부활은 없기 때문이다.

완벽한 사람은 없기에 완벽하지 않은 사람들끼리 만나면 마찰이 생길 수밖에 없고 마찰이 생기면 서로 상처를 주게 된다. 받은 상처는 사실 가난한 마음의 소유자였다면 상처가 아니라 축복으로 생각했을 것이었다. 상처를 받은 사람은 그 상처를 자신의 소유로 했기 때문이다. 판단을 하고 심판을 내리는 것은 하느님의 몫이지 인간의 몫이 아니다.

즉 그 상처는 하느님의 것이지 우리의 것이 아니다. 이것이 고통의 신비이고 불교에서 말하는 무소유이다. 고통에는 하느님의 깊은 뜻이 숨겨져 있다는 말이다.

따라서 고통이 다가오면 불평과 낙담을 하지 말고 가난해져야 한다. 가난해져야 세상도 바뀌어 보이기 때문이다. 자신이 변화되면 '자신을 둘러싸고 있는' 모든 것에도 변화가 온다. 죽음까지도 극복할 수 있는 변화이다. **부활하지 않은 몸으로는 하느님을 모실 수는 없다.** 그런데 주위의 많은 사람들을 보면 '가난한' 사람이 별로 없다. 그래서 시편 저자는 늙어서 백발이 될 때까지도 부활하지 못할 수도 있다는 것을 암시한 것 같다.

"하나님, 당신께서는 제 어릴 때부터 저를 가르쳐 오셨고 저는 이제껏 당신의 기적들을 전하여 왔습니다. 늙어 백발이 될 때까지 하느님, 저를 버리지 마소서. 제가 당신 팔의 능력을, 당신의 위력을 앞으로 올 모든 세대에 전할 때까지." (시편 71:17-18)

18

케노시스

예수님께서 신성神性을 버리고 인간의 종이 되셨듯이 뿌스띠니아poustinia는 자아自我를 버리는 곳이다. 그래서 뿌스띠니아에 들어간다는 것은 자기를 완전히 비우는 것을 말한다. 마치 모든 옷을 벗어버리고 들어가는 사우나와 같다.

뿌스띠니아는 **케노시스**kenosis*와 같다.

뿌스띠니아에 머물려면 자신의 마음을 비워야 하기 때문이다.

마음을 비운다는 것은 많은 것을 의미하지만, 궁극적인 목표는 마음의 평화, 즉 '거룩한 무심無心; holy indifference**'을 갖게 되는 것을 말한다.**

그러나 '거룩한 무심'을 갖게 되는 경지에 이르는 데에는 평생이 걸릴지도 모른다.

'비움self-emptying**'은 일종의 케노시스이다.**

예수님께서 스스로 비천해지셨듯이 자기 자신을 낮추는 것으로, 자신의 생각과 싸워야 하고 자신의 꿈이나 계획 그리고 탐욕과 끊임없이 싸워야 한다.

성녀 소화 데레사St. Therese, the Little Flower는 러시아 사람들의 '비움'에 대한 생각과 아주 비슷한 예를 들었다. 성녀가 말했다. **"저는 한 작은 공과 같습니다. 저는 여러분이 아무데나 던져버리고 나서 거의 십 년 후에 다시 집어 드는 그런 공과 같습니다."**

---

* 그리스도의 육화(肉化)의 신비를 나타내는 의미로 많이 쓰여지며 '비움', '자기비하'라는 뜻을 갖고 있다. 불교에서는 '하심(下心)'이라 하며 성철 스님은 이를 '좋고 영광스러운 것은 항상 남에게 미루고 남부끄럽고 욕된 것은 남모르게 뒤집어쓰는 수도자(修道者)의 행동'이라고 해석했다

러시아의 한 영성 지도자staretz도 모름지기 사람은 숲 속에 버려지거나 꼭 껴안고 있다가 장난감 통에 버려지는, 손이나 발이나 머리로 집어 드는 봉제인형과 같아야 한다고 말했다.

두 성인聖人은 비슷한 생각을 했다. **공이 되거나 봉제인형이 된다는 것은 떨치고 일어날 생각을 하지 않고 꼼짝할 생각을 하지 않고 갈망하는 일을 아무것도 하지 않는 것을 뜻한다.**

마치 중병重病에 걸려 시한부 인생을 살아야만 하는 사람의 심정과 비슷한 것이다. 우리들이 꿈꾸고 갈망했던 98%는 즉시 사라지고 만다. 누구나 죽음에 직면하게 되면 인생관이 수 분 내에 바뀌게 된다. 뿌스띠니아에서의 삶도 이와 같다.

하느님을 만나 케노시스에 이르게 되면 우리의 모든 계획은 순식간에 사라지게 된다.

뿌스띠니아 즉 사막은 매 순간 자신을 제물祭物로 바치는 제단祭壇이다.

아집我執, self-will은 항상 하느님과 자신 사이의 장애물이 되기 때문이다.

우리가 어떤 일을 하려고 하면 하느님께서는 항상 "아니다. 이 일을 해라."하고 말씀하신다.

우리는 하느님이 두려워서가 아니라 하느님께서 원하시기 때문에 즉 우리는 하느님을 사랑하기 때문에 또 우리들의 의지가 아니라 하느님의 뜻이기 때문에, 뿌스띠니아에 들어가야 한다는 말이다. 뿌스띠니아는 여러분을 그렇게 생각하게 만드는 곳이다.

즉 뿌스띠니아에 머무르고 있는 뿌스띠니끼poustinik라면 하느님께서 그를 위하여 인간의 모습을 취하셨듯이 모든 것을 버려야 한다는 것을 깨달아야 한다는 것이다. 그러면 하느님께서 스스로 인간의 모습을 취하시어 인간의 종이 되신 것과 같은 그런 순간이 온다. 뿌스띠니끼는 그런 다음에는 반드시 뿌스띠니아에 머물 필요는 없게 된다. 순례자의 길을 가야 하기 때문이다. 마음을 비웠기 때문에 하느님의 화신化身이 된 것이다. 이제 그의 길은 바르고 평탄하며 주님께서 오실 길을 준비해 두었기 때문이다. 하느님의 은총으로 이러한 일이 자신 안에서 일어났다는 사실을 깨닫는 놀라운 순간이 온 것이다.

우리는 성경에서 씨 뿌리는 사람의 우화를 읽을 때 하느님께서 성모 마리아의 자궁에 씨가 되셨다는 것을 생각해야 한다. 하느님은 좋은 씨앗이었다. 그리고 하느님의 뿌리는 깊게 멀리 뻗어나갔다. 우리가 하느님께서 태아가 되시고 어린이가 되시고 젊은이가 되시고 성인成人이 되신 이 신비를 이해해야 비로소 우리를 위한 하느님의 사랑을 어렴풋이 알게 된다. 그 다음에 **마음을 비우게 되면 우리의 의지를 하느님의 뜻에 모두 맡겨야 한다는 것을 깨달을 수 있게 된다. 드디어 우리 자신을 봉헌함으로써 하느님과 하나가 된다.**

그런데 우리 자신을 하느님께 바치는 것은 자신의 자유의지여야 한다.

이렇게 자신을 바치게 되면 모든 것이 바뀌게 된다. 즉 모든 두려움이 사라진다. 예전에는 뿌스띠니아에 있을 때에도 두려워하고 악마의 유혹을 받았지만 이제는 악마를 물리칠 수 있는 힘을 가졌다는 것을 알았기 때문이다.

이렇게 케노시스의 경지에 이르게 되면 두려움이 없어진다. 내가 할렘에 살 때 두려움에 대하여 묵상한 적이 있었다. 과연 그리스도께서도 두려워하신 적이 있을까 하는 생각이 들었던 것이다. 겟세마니 동산에서 필히 두려워하셨을 것이라는 생각이 들었다. 죄인이 아니라는 사실만 빼놓고 그리스도께서 우리와 꼭 같으셨다면 아마 두려워하셨을 것 같았다. "아빠! 아버지! 아버지께서는 무엇이든 하실 수 있으시니 이 잔을 저에게서 거두어 주십시오. 그러나 제가 원하는 것을 하지 마시고 아버지께서 원하시는 것을 하십시오."하고 기도하신 것만 보아도 잘 알 수 있다. (마르코 14:36)

여러분도 주님의 두려움을 알 수 있었겠지만 주님께서도 우리와 똑 같다는 것을 알고 기뻐했을 것이다. 그러나 주님께서는 아버지의 뜻을 따라

골고타 언덕으로 가셨다.

나는 오래 전에 할렘에서 이런 묵상을 하고 난 뒤에 두려움이 없어진 것을 기억한다. 나는 언젠가는 죽을 것이라는 사실을 알았기 때문에 두려워하지 않게 되었다. **누구나 그리스도처럼 죽음의 진정한 의미를 알게 되면 두려워하지 않게 되고 케노시스의 경지에 이를 수 있게 된다.**

두려움이 있게 되면 사막에서 밤에 유령이 사라지는 것처럼 인간의 존엄성이 스르르 사라진다우리는 각자에게 내재되어 있는 독특성을 인정한다. 모든 사람들은 존경 받을 가치가 있으며, 자신의 잠재력을 최대한 발휘하기 위한 기회와 그에 합당한 대우를 받을 만한 가치가 있다. 인간은 여러 이유로 존엄성을 상실할 수 있지만 누구나 다른 사람에게 웃음거리가 되지 않을까 하는 두려움을 갖고 있다. 그러나 이런 두려움에는 건전한 면이 있고 그렇지 않은 면이 있다. **내가 갖고 있는 모든 것은 하느님으로부터 받은 것이라는 것을 깨닫고 있으면 건전한 두려움이 있게 되고, 하느님의 것을 자기 자신만을 위하여 사용하려고 하거나 자신만 잘 살려고 또는 남 앞에서 과시하려고 사용하려고 하는 것은 불건전한 두려움이다.**

뿌스띠니아에 처음 가면 아주 엄격한 어머니 같은 것을 느끼게 된다. 그러나 점차 젖을 떼듯 칭찬이나 아첨 등과 같은 욕망의 젖을 떼도록 해야 한다. 물론 다른 사람들로부터 이런 사람 저런 사람이라는 평가를 듣기도 하고 거룩하다거나 놀랍다거나 '훌륭한 사람' 이라는 평판을 듣기도 할 것이다. 그러나 오리가 등에 묻은 물을 가볍게 털어버리듯 이러한 평판을 떨쳐버리는 법을 배워야 한다. 사람들이 그렇게 말할 때마다 마음속으로 조용히 자신에게 다음과 같이 말해야 한다.

"혹시 대화 중이나 저에게 좋은 점이 있다면 그것은 어디까지나 하느님 당신의 것이옵니다. 그 나머지 것은 저의 것이옵니다."

이렇게 생각하면 많은 도움을 받게 된다. 누구나 칭찬 받기도 하고 비난 받기도 한다. 그러나 사람들로부터 칭찬을 받든 비난을 받든 마음의 평화를 유지해야 한다. 나의 영적 지도자 중의 한 사람이었던 폴 핸리

퍼페이Paul Hanley Furfey 신부님이 나에게 말했다.

"캐서린, 당신은 뛰어난 강론가입니다. 그러나 이제는 거룩한 순종으로 당신이 한 강론들을 잊어버리기를 나는 바랍니다. 그 강론들 중 좋은 것은 모두 하느님의 것이고 그 나머지는 당신의 것이라는 것을 절대로 잊지 마십시오."

러시아에서는 이를 **'거룩한 무관심'**이라고 부른다. 사람들이 당신을 거룩하다고 하거나 악마라고 해도 괘념치 말아야 한다.

어떤 경우에도 마음의 평화를 유지해야 한다. 케노시스의 경지에 이르게 되면 이렇게 된다.

케노시스를 실천하면 두려움과 자만심과 걱정이 사라지게 된다. 뿌스띠니끼들에게 가장 어려운 것은 걱정을 떨쳐버리지 못하는 것이다. 자기성찰省察을 잘못하면 걱정을 하게 된다. **내면화interiorization는 하느님을 자신에게 모셔오는 것이며 자기 성찰은 제단祭壇에 바쳐야 할 자신 안의 우상들을 찾아내는 것이다.** 오랜 시간 이러한 걱정들을 바라보고 있으면 우상들을 던져버릴 수 있게 된다. 자기 자신으로부터 시작하여 자기 자신으로 끝나는 자기성찰을 통해 참 자아自我를 발견하게 되기 때문이다.

그러나 내면화는 하느님으로부터 시작하여 하느님으로 끝난다.

깊이 내면화할수록 걱정은 점차 줄어들게 된다.

케노시스의 경지에 이르기 위하여 하느님의 말씀을 말할 용기를 갖는 것이 가장 어렵다. 주님께서 말씀하셨다. **"네 입을 벌리기만 하여라. 내가 채워 주리라."** (시편 81:11)

그러나 이러한 일을 할 수 있을 정도의 믿음이 없거나 하느님께 말씀드릴 용기가 없을 때에는 입을 다물어야 한다. 한 예를 보면 이를 이해할 수 있을 것이다.

나는 '말씀'을 훌륭하게 강론하기 위한 단체인 국제강론협회The International Homiletic Society에서 강론할 기회가 있었다. 주교님이 의장을 맡고 있었는데 약 45분 동안 강론 준비의 중요성에 대하여 말했다. 그러나 주교님이 말을 많이 할수록 나는 마음이 편하지 못했다. 말할 자신이 없어졌기 때문이었다. 나는 요즘 젊은 사람들이 "반 죽음이 되었다."고 말하는 것처럼 무척 피곤함을 느꼈다. 그래서 나는 아파서 강론을 하지 못하도록 해주십사 하고 하느님께 간절히 기도 드렸다. 그러나 하느님께서 나에게 강론을 하도록 요구하고 계신다는 것을 깨달았다. 하느님께서 나의 입을 채워주시고 계셨던 것이다. 그리하여 나는 주교님의 말씀에 조목조목 반론을 제기했다. 나는 강론하기 전에 반드시 기도해야 한다고 말했다. 강론이 끝나자 열렬한 박수를 받았다. 주교님은 매우 겸손한 분이어서 나에게 말했다. "캐서린, 당신이 나에게 많은 것을 가르쳐주었습니다. **강론하기 위해서는 공부하기보다는 기도를 더 많이 해야 합니다.**"

주교님이 틀렸기 때문에 또 하느님께서 나의 입을 채워주셨기 때문에 나는 주교님을 반박할 수밖에 없었다.

뿌스띠니아에 들어가게 되면 마음을 비우게 된다. **이렇게 비움으로써 말씀을 들을 수 있게 된다.** 뿌스띠니아에서 뿌스띠니끼가 주의를 기울여 하느님의 말씀을 듣게 되면 뿌스띠니아에서 나가서 말해야 될 때를 알게 된다. **그가 말하는 것은 자신의 말이 아니라 거의 대부분 그리스도의 말씀이다. 마음을 비우고 케노시스에 이르게 되면 말할 용기를 얻게 된다. 사람의 말이 하느님의 말씀이 되는 것이다. 하느님께서 우리의 말을 대신하여 놀랍게도 말씀이 되어버리는 기적을 일으키신다.**

뿌스띠니끼가 해야 할 일은 '입을 닫고' 침묵하는 것이다. 이는 자신의 말을 포기하는 것을 뜻한다. 우리가 알고 있는 지식이 나래를 접는다는 것은 자신의 말의 원천을 막아버리는 것을 뜻한다. 무엇 때문일까? 아무 말도 하지 않고 벙어리가 되기 위해서 일까?

아니다! **말씀이 우리의 말을 대신하도록 하기 위해서이다. 이 때문에 외로이 침묵을 지켜야 하는 것이다. 이제 우리의 말의 원천은 마혀버렸다. 여러분들이 많은 묵상을 하여 조용한 영혼을 갖게 되면 여러분들이 말할 때 많은 사람들이 모여들게 된다.**

왜 그럴까? 여러분들이 말하지 않고 하느님께서 말씀하시기 때문이다.

우리 대신 하느님께서 말씀하시도록 하면 통찰력을 얻게 되고 무엇을 말해야 하는가를 알게 된다. 우리 대신에 하느님께서 말씀하시기 때문에 모든 것이 보이게 되어 다른 사람의 마음을 읽게 되고 무엇을 **말해야 할지를 알게 된다.** 하느님께서 말씀하시도록 맡겨두면 분별력 때문에 우리들의 말이 아주 포용력이 있게 된다. 하느님의 말씀을 통하여 우리는 고통을 함께 느끼고 자비롭게 되고 솔직해지게 되며 자신의 빛 줄기가 다른 사람에게로 나가는 것 같은 고통을 느끼게 된다.

원하기만 한다면 이것도 뿌스띠니아의 한 매력이다. 나와 다른 사람과 차이 중의 하나가 말하는 능력이므로 몹시 괴로운 매력이기도 하다. 뿌스띠니끼는 마음에서 우러나오는 하느님께서 주신 말을 함으로써 말하는 것이 달라져야 한다.

즉 말하는 법을 새로 배운 사람처럼 되어야 한다.

이와 같이 케노시스는 풋내기 수사修士가 성인聖人이 되는 과정이다.

이는 나이를 많이 먹는다고 이루어지는 것이 아니다.

젊음은 지혜로 바뀐다. 마음을 비우게 되면 현명하게 된다. 그러나 세상 사람들은 마음을 잘 비우지 못한다. "자연은 비어 있는 것을 싫어한다."는 말이 있다.

영성의 세계도 마찬가지이다.

마음을 비운 자리에 하느님을 채우고 삼위일체를 채워야 한다.

케노시스는 처음에는 피곤하게 느껴지지만 지칠 줄 모르게 되고 힘들지 않게 된다. **케노시스로 무화無化된 마음에 그리스도가 채워지고 온종일 끝없는 의문에 답변해주시는 하느님의 말씀이 채워지고, 한 밤중에 기도하러 가시는 그리스도의 기도로 채워지게 된다.** 당연히 뿌스띠니아에는 케노시스가 있어야 한다. 탐욕과 하느님의 뜻 사이에서 많은 갈등을 겪게 되므로 당연히 지치게 된다. 그러나 케노시스의 경지에 들게 되면 피곤한 줄을 전혀 모르게 된다. 그리하여 그리스도의 말씀을 전하러 갈 때에도,

수많은 질문에 답할 때에도 또 어느 곳을 가더라도 피곤한 줄 모르게 된다. 이렇게 피곤한 줄 모르게 되는 것이 뿌스띠니아의 선물이다. 하느님께서 당신을 위하여 지칠 줄 모르게 만드신 것이다.

우리들의 말이 '말씀'이 된다. 약함이 힘이 된다. 이러한 일들은 우리들이 끊임없이 제단祭壇에 크고 작은 일들을 바친 결과이다.

하느님의 은총에 따라 하느님의 선하심에 따라 어느 날부터는 전적으로 자기 자신에게 의존하게 된다.

여러분들은 케노시스가 러시아 영성의 핵심사상이라고 생각할지도 모른다.

그리스도께서 육화肉化를 통하여 당신을 비웠듯이 뿌스띠니끼라면 자기 자신을 비워서 건전한 생각과 기도를 해야 한다. 우리는 절대로 그리스도만큼은 될 수 없지만 그래도 이는 뿌스띠니끼의 소명召命이다. 뿌스띠니끼의 케노시스는 무엇보다도 숨어 있는 진실성을 찾아내게 한다.

나의 친구 중에 그림을 복구하는 사람이 있었다.

다른 사람이 그린 그림 위에 덧칠을 하고 잠시 말린 후 다른 화학재료로 다시 덧칠한 후 다시 말리는 식으로 본래의 그림을 복구하는 것이다.

나는 때때로 케노시스를 이러한 그림의 복구 과정으로 생각했다.

케노시스의 경지에 이르게 되면 우리의 삶에서 더러운 위선과 가장된 자아의 껍질을 벗겨서 그 껍질 아래에 숨어 있던 하느님의 참된 어린이를 드러내게 되기 때문이다.

우리는 재닥을 위하여 자신을 위해 만든 점토상粘土像을 갖고 노는 어린이와 같다. 그런데 어린이와 달리 그 점토상을 숭배한다. 이렇게 소유는 우상이 되어 버린다. 뿌스띠니끼는 항상 빈 손이다. 뿌스띠니끼는 그의 건강과 욕구를 다른 사람에게 도움이 되도록 사용하지만 결코 그의 마음에 휘둘리지 않는다.

우리들에게 '참 자아'처럼 보이게 하는 '거짓 자아'를 버리는 일은 무척 어렵다.

'거짓 자아'를 없애는 일이 어려워도 반드시 없애야 한다.

우리는 자연스럽게 우리의 지식과 의지를 버려야 한다. 실제로는 하느님께 이러한 것들을 넘겨드리는 것이다. 러시아어로 'chestilishchye'는 세탁소를 의미하며 'chestyi'는 '깨끗함'을 뜻하고, 'chestilishchye'는 옷을 세탁소에 보내는 것을 뜻할 뿐 아니라 '연옥煉獄'을 뜻하기도 한다. **러시아어로는 '연옥'과 '세탁소'가 같은 단어이다.**

정확히 말하면 하느님께서 우리의 지식과 의지를 씻어주시도록 해야 한다는 것이다.

분명히 세례로 모든 것이 씻어졌지만 우리는 세례를 통하여 새로운 사람이 되었다는 것을 믿지 않고 있다. 성령께서 주시는 분별력과 지혜의 선물인 케노시스를 통하여 그리스도께서 이들을 깨끗이 씻어주시는 것이다.

그리스도께서 우리의 마음을 어떻게 씻어주시는가?

내가 말할 수 있는 것은 무화無化를 통하여 깨끗하게 씻어진다는 것이다. 지식과 의지를 버리게 되면 한 동안 인간성을 완전히 상실하고 마치 죽은 사람처럼 보이기도 한다.

진심으로 기도하는 순간이 있다. 하느님과 함께 사는 순간이다. 있는 그대로 진심으로 말하고 행동하는 순간이다. 이 순간에는 "**주님, 저의 마음과 의지를 가져가셔서 깨끗하게 해주십시오.**"하고 말하게 된다. 이런 순간이 얼마나 오래 지속될지는 아무도 모른다.

단지 알 수 있는 것은 향후에 마음과 의지가 깨끗하게 되어 더 활기차게 된다는 것이다.

부연 설명하기 위하여 사르트르Sartre의 예를 들기로 한다. 나는 사르트르에 관한 강의청탁을 받은 적이 있었다. 강의를 준비하기 위하여 그의 몇몇 작품을 읽기 시작했다. 독서를 하게 되자 무척 피곤함을 느꼈다. 나는 침대에 주저 앉아 혼자서 중얼거렸다. "사르트르는 너를 무無로 이끌 것이다. 그리스도께서 우리에게 요구하신 것이 그것이 아니었는가? 신비주의자들이 말한 것이 그것이 아니었는가?

그렇다! 그러나 그리스도께서는 실제로 산의 정상頂上처럼 보이는 무無

로 이끄신다. 하지만 사르트르는 실제로 공空, 즉 지옥의 바닥인 무無로 이끈다."

내가 말할 수 있는 것은 그리스도께서 무화無化를 통하여 우리를 산山 정상으로 이끄실 때 우리의 마음과 의지가 깨끗하게 된다는 것뿐이다.

이런 순간이 오기까지 기도시간이나 피정 때나 회심 시에 엄청난 자제심을 발휘해야 한다. 그러나 어느 시점이 되면 마음과 뜻이 깨끗해진다.

이는 쉽게 이루어지는 일이 아니라 치열한 싸움이며 사막과 같다.

이제 하느님의 뜻을 알 수 있다. 하느님의 목소리를 듣기 때문에 예리한 통찰력을 갖게 되고 마음을 다스릴 수 있게 된다. 또 분별력이 생겼기 때문에 현명한 결정을 내릴 수 있게 된다. 하느님께 마음과 뜻을 맡겨버렸기 때문에 대신 하느님의 마음과 뜻을 돌려 받게 되며 새로운 재능을 받게 되는 셈이 된다.

자신의 우상을 버리는 것이 하느님을 따르는 첫 걸음이 된다.

우리 모두 너무나 겁이 많기 때문에 케노시스 경지에 이르게 되면 누구나 몹시 놀라게 된다. 두려워하지 않는 사람은 아무도 없다. 따라서 우리들의 위선과 거짓 자아를 벗겨낼 때 성모님께 그 껍질을 들고 계시게 부탁하는 것이 더 낫다.

아무도 그 껍질이 벗겨졌을 때의 모습을 알지 못한다. 그러나 거짓 자아에서 껍질을 벗겨낸다는 것쯤은 안다. 우리의 몸에서 껍질을 벗기는 것과 같아 상처를 입게 된다.

따라서 마리아의 부드러운 손으로 우리의 삶에서 껍질을 벗겨 달라고 부탁 드려야 한다. 이는 보이지 않는 과정으로 케노시스의 첫 걸음이다. 이는 하느님과 우리 사이에 숨겨져 있다.

우리의 뜻과 자신을 포기하고 하느님의 손에 맡기는 과정이다.

우리들이 협조 없이는 케노시스가 일어날 수 없다. 우리가 선택할 수 없도록 하느님께서 우리에게 자유를 주시지 않기를 바랄 때가 있다. 그러나 하느님께서는 우리의 자유를 박탈하시지 않는다. 그렇다고 우리들이 무슨 짓이라도 하게 내버려두시지도 않는다.

모든 덕德과 마찬가지로 이 케노시스, 이 맡겨버림, 이 비움은 스스로 노력해야 얻을 수 있는 경지이다.

케노시스는 일종의 죽음을 요구하며 이 죽음은 적敵이나 마귀의 공격을 받게 만든다. 그러나 항상 하느님으로부터 새로운 은총이나 새로운 권능을 끌어내기도 한다. 우리는 폭풍우를 몰아오고 있는 허리케인의 눈 안에 있지 않고 허리케인 안에 있게 된다. 그리하여 우리들이 기진맥진할 때까지 우리들이 굴복할 준비가 될 때까지 괴로움을 당하게 된다. 마침내 "이 케노시스는 결코 좋은 것이 아니야. 너무나 많은 것을 요구하여 불가능하다고 생각돼."하고 말하게 된다.

이 때가 아주 중요한데 더 이상 자기 변명을 하지 않고 마음이 비워지기 시작하기 때문이다. 내가 할 수 있는 것은 사도신경을 바친 후 진심으로 울면서 다음과 같이 말하는 것이다. "주님! 깊은 곳에서 당신께 부르짖습니다. 저는 마귀와 제 마음 속의 우상들에게 붙들려 있었습니다. 저는 당신께서 주셨던 자유를 누리지 못했습니다. 당신께 부르짖습니다. 저를 해방시켜주십시오. 저를 자유롭게 하시어 스스로 비울 수 있게 해주십시오." (시편 130:1)

이 경지까지 이르려면 자신과 싸우고 마귀와 싸우는 많은 난관을 겪어야 한다. 그러나 이 순간은 매우 중요하다. 깨끗한 손이 서서히 문을 열어젖혀서 우리 안에 있어서는 안 되는 것들을 모두 던져버리고, 있어야 할 것들을 들여보낼 수 있게 하기 때문이다.

이제 케노시스에 거의 다 이르렀다.

분별력이 거의 완전한 단계가 되어 아름다운 꽃처럼 개화開花하고 있다. 그리하여 이제 신비스러운 육화肉化가 이루어지고 있다는 것을 느끼게 된다. 무엇 때문에 그리스도께서 성모님의 자궁에서 살을 취하시어 당신을 비우셨겠는가? 이제 주님과 같은 경지에 이르렀다. 주님께서는 인간의 죄를 모두 떠안으시기 위하여 스스로를 비우셨다.

인류의 속죄를 위하여 아버지 앞에서 속죄하시려고 당신을 비우셨다.

주님께서는 인간을 위하여 천국의 문을 다시 여셨다.

케노시스는 육화로 이끈다. 그런데 왜 케노시스에 들어가는가? 바오로 성인이 말했듯이 교회가 원하는 것을 이루기 위하여 그리고 그리스도의 고통에 동참하기 위해서이다.

이것이 케노시스의 목적이다. 이는 이기적인 목적으로는 이루어지지 않는다.

이 경지에 이르러서도 하느님과 하나가 될 수는 없다. 더 나아가 인류의 고통을 떠안아야 한다. 그렇게 하지 않으면 하느님의 손에 우리들의 케노시스를 선물로 드릴 수가 없다.

다른 것과 마찬가지로 케노시스는 다른 사람을 위한 것이다. 이러한 단계들은 시작에 불과하다. 자신을 비우는 일을 계속해야 한다. 항상 주님과의 만남을 지속해야 한다.

인류의 고통과 슬픔과 기쁨을 안고 쉬지 않고 걸어가야 한다. 그렇게 하지 않으면 하느님과의 관계에 틈이 생기게 된다. 이런 순례여행을 시작했기 때문에 하느님과 관계에 틈이 생겨서는 안 된다. 가는 길은 험난하지만 기쁨은 말로 표현할 수가 없게 된다. 뿌스띠니끼는 드디어 자신이 뿌스띠니아에 온 이유를 알게 된다.

하느님께서 그를 위하여 바보가 되셨기 때문에 그도 하느님을 위하여 바보가 되었다.

그는 하느님의 어리석음이 얼마나 참된 지혜인가를 깨닫게 된다.

모든 그리스도인은 이와 같이 자신을 비우면서 살아야 한다. 먼저 숨어 있는 거짓 자아를 벗겨내지 않으면 신비스러운 육화를 이룰 수가 없게 된다. 평생 거짓 자아의 껍질을 벗겨내고 자기 자신을 비워서 보잘것없는 사람이 되어야 한다. 케노시스에 이르게 되면 자유를 만끽하고 평화를 느끼고 솔직하게 되지만 아주 단순해진다. "나는 마음이 온유하고 겸손하니 내 멍에를 메고 나에게 배워라." (마태오 11:29) **단순함은 케노시스의 꽃이다.**

『뿌스띠니아(Poustinia)』 중에서

『논어』에 **"제멋대로 생각해 지레짐작하지 말고毋意, 기어이 자기 주장을 관철시키려 하지 말며毋必, 고집부리지 말고毋固, 아집을 내세우지 말라毋我."**는 말이 나온다. **"무지한 자신의 생각에 사로잡혀 세상을 제멋대로 보거나 다른 사람의 자유의지를 억압해선 안 된다."**는 뜻이라고 생각한다. 자기 자신 안에 있는 '쓰레기'를 버리라는 뜻일 것이다.

19

내가 생각하는 것이 아니다

토마스 머튼Thomas Merton은 오래 동안의 침묵 후에 다음과 같이 털어 놓았다.

"평상시에 사람들은 어떤 때는 무엇을 아쉬워하기도 하고 잠잠하기도 하고 또 어떤 때는 차갑고 따뜻한 기분으로 일어나고 또 잠자리에 들기도 합니다. 담요를 뒤집어쓰기도 하고 담요를 차버리기도 하고 커피를 끓여 마시기도 합니다. 또 냉장고의 성에를 없애기도 하고 독서하기도 하고 묵상하기도 하며 일하기도 하며 기도하기도 합니다.

저는 분명히 내가 죽을 때까지 이 땅에서 내 조상이 살았던 것처럼 살 것입니다. 아멘!

그러나 설령 다른 사람이 걱정할지라도 특히 조상과 같은 삶이 나의 삶이라고 고집하면서 살 필요는 없다고 생각합니다. **나는 점차 나의 일과 나의 교활함을 잊는 것을 배우려고 합니다.**"

만족하면서 살기가 무척 어렵다. 삶에서 영혼을 쉬게 하는 것도 무척 어렵다. 자신도 모르게 떠오르는 생각 때문이다. 대부분의 우리들은 어디서나 오로지 사소하고 덜 중요한 가사家事에만 신경을 쓰면서 울적하게 살고 있는 것 같다.

그리하여 우리들은 항상 아쉬워하며, 잠자고 싶지만 자지 못하고, 심하게 이야기하면 춥고 더움을 거의 모르는 채 살고 있다.

우리는 커피 맛도 모르고 마시고 있는지도 모른다.

대신에 **우리들은 하루 종일 편견에 사로잡혀 있고 너무나 충동적이고 불만족스러워서 삶이 은총이라는 생각도 하지 못하며 즐겁다고 생각하지도 못한다.**

항상 무언가 아쉬워하면서 산다.

쉬기는커녕 두려워하고 죄의식 속에 살고 있다.

항상 목숨을 잃을까, 건강을 잃을까, 사랑하는 사람을 잃을까, 일자리를 잃을까, 위험하지 않을까, 젊음을 잃을까, 존경을 받지 못할까, 길을 잃을까 두려워하면서 살고 있다. 또 우리들이 잘못한 일 때문에, 우리들이 마땅히 해야 할 일을 하지 않았기 때문에, 때로는 살아 있다는 것 때문에, 또는 건강한 삶을 살고 있다는 즐거움 때문에 항상 죄의식을 느끼며 살기도 한다.

우리들은 인생이 순수하다고 느끼지 못한다.

그리하여 바오로 사도가 한 말대로 사람들에게는

"인생이 안개 속에 있는 것처럼 몽롱하게 보이기 시작하게 된다."

우리는 항상 일시적으로 하느님의 집을 떠나 있으면서

인생을 더 완전히 이해하기를 바라지만 갈수록 인생은 알 수 없게 된다.

그리하여 서서히 인생이라는 순례에 지치면서 하느님 아버지의 집으로 돌아가기를 원한다.

뒤늦게 철이 들기 시작하는 것이다. 그러나 이를 깨닫는 것만 해도 다행이다.

마가렛 애트우드Margaret Atwood가 말하였다.

"당신이 겪는 것은 당신이 한 탓이다."

콩 심은 데 콩 나고 팥 심은 데 팥이 나기 마련이다. 복을 받으려면 복을 지어야 한다. 복을 짓지 않으면 복이 오지 않는다는 소위 인과응보因果應報를 말한 것이다.

다음은 캐런 캥스턴이 쓴 『아무것도 못 버리는 사람』에 나오는 〈잡념을 버려라〉는 소제목의 글이다.

"정신분석학자들에 따르면 인간은 보통 하루에 약 6만가지 생각을 한다고 합니다.

불행하게도 이 가운데 95%는 어제 했던 생각의 반복입니다.

이는 또한 그제 했던 생각과도 똑 같은 반복입니다.

간단하게 말해서 **대부분의 사람들의 생각은 목적 없는 비생산적, 반복적 잡담과 같습니다.**

마지막으로 완전히 새롭고 독창적인 생각을 해 본 것이 언제였던가요?

슬프게도 많은 사람들이 날마다 똑 같은 궤도를 맴돌며, 정신을 온갖 세속적인 잡동사니들로 채우고 있습니다. **무엇보다도 자신의 삶의 투명성을 우선으로 해야 합니다.**

스스로 즐길 수 있는 명상의 여유를 갖고 일정시간을 '**무들링**moodling'을 위해 보내야 합니다. 무들링은 '**느슨한 휴식시간**'을 일컫는 말로 질 에드워즈가 처음 쓰기 시작한 말입니다.

여기서 말하는 휴식이란 어디에도 있을 필요가 없고, 그 무엇도 해야 할 필요를 느끼지 않도록 머리 속 잡념을 잠재우고 보다 높은 지혜와 지도력, 더 높은 창조력을 향해 문을 여는 것을 뜻합니다."

무들링이란 호숫가 나무 그늘 아래 누워서 흘러가는 구름을 바라 본다든지, 따뜻한 목욕물에 몸을 담그고 생각이 제 마음대로 흘러 다니게 한다든지, 풍요로운 가을밤 보름달 아래서 평상에 누워 잠을 잔다든지, 바닷가에 나가서 부서지는 파도를 바라본다든지 하면서 하던 일을 내려 놓고 곧 나를 버리고 시간의 흐름에 맡겨두는 것이다.

묵상은 어떤 소재가 있지만 아무 생각 없이 무無에서 조용히 바라보는 것을 말한다.

우리는 기도하면서 분심이 생겨 기도를 계속할 수 없는 경험을 많이 한다.

그래서 진정한 기도는 하느님과의 대화라고 한다.

바로 이 무들링의 경지에서 기도를 하는 것이 진정한 기도이다. 불교에서 말하는 **'알아차림sati'**도 모든 생각을 알아차리고 그대로 내버려두는 것이다. **잡념과의 싸움인 것이다.**

문제는 어떤 상황이 생각을 만들어낸 것이지 내가 생각하는 것이 아니라는 것이다. 생각은 자신의 의지와 상관없이 일어났다가 사라진다. 생각은 나의 것이 아닌 것이다.

그러니 생각이 일어나고 사라지는 무無의 세계에 들어 가야 한다.

생각에 빠져 헤어나지 못하는 것은 생각의 노예가 되었기 때문이다.

지금 내 안에 있는 마귀가 횡행하고 있는지도 모른다.

그래서 키에르케고르는 "생각에 빠져 죽는 것이나 물에 빠져 죽는 것은 다를 게 없다."고 말했다.

20

미리 걱정하는 것은 하느님을 앞질러 생각하는 것이다

자유와 해방은 어떻게 다를까? 해방은 그리스도로부터 온다.

그것은 여러분이 그리스도를 받아들였기 때문에 하느님께서 여러분에게 주신 자유이다.

곧 그것은 하느님의 선물이다. 그것은 놀라운 것이다. 그것이 여러분을 자유롭게 만든다.

내가 뿌스띠니아에 가서 금식하고 기도하고 가톨릭과 하느님을 더욱 더 믿으려고 하는 것은 모두 나의 자유의지였다. 그러나 해방은 하느님으로부터 온다.

하느님께서 우리에게 말씀하신다. "여태까지 고생했으므로 더 이상 의심하지 않아도 되게 나를 너희에게 주겠다."하느님께서는 여러분들이 '헤어나지 못했던 모든 일'에서 여러분들을 해방시키셨다. 이제 그 고민에서 헤어나게 되었다. 그 고민이 없어진 것이 아니라 더 이상 그런 고민을 하지 않게 된다는 말이다. 하느님의 선물로 해방되었다.

여러분 자신을 하느님께 바칠 수 있는 최고의 자유의 경지에 이르렀다.

그래서 여러분들을 해방시킨 것이다.

사람들이 여전히 나를 괴롭힐 수 있지만 나의 평화에는 아무런 영향을 미치지 못한다.

하느님께서 나를 해방시키셨다. 그리하여 나는 순전히 나의 자유의지로 하늘나라를 돌아다니는 것 같다. 나는 순례의 길에서 만난 모든 것이 하느님의 계획에 따라 만들어진 것이라는 것을 깨달았다. 분별력의 선물을 주시어 제 육감第六感처럼 되었다.

과거에는 삶이 무겁고 무척 어려웠지만 이제는 가볍고 당연한 것으로 여겨진다.

또 해방의 선물의 일환으로 지혜의 선물도 주셨다. 특히 인간과 관련된 분별력과 지혜의 선물이 나를 약하게 만들었던 모든 것에서 나를 해방시켰다. 뿌스띠니끼는 이러한 것을 자기 힘으로 이루었다는 생각을 추호도 하지 않으며 자유의지로 끊임없이 그리스도를 따라야만 이루어질 수 있다고 생각한다.

뿌스띠니끼가 뿌스띠니아에 들어가면 자기 자신과 직면하게 된다. 복음서의 많은 부분에서 자기 자신을 알라고 말하고 있다. 그리스도께서는 그리스도를 더럽히는 것은 사람으로부터 나온다고 말씀하셨다. 사람들은 자신의 내면을 들여다 보는 것을 싫어한다. 뿌스띠니끼는 자유로운 사람이다. 그는 자신의 내면과 직면하기 위하여 자유의지로 뿌스띠니아에 들어간다. 자신의 내면과 직면하는 것을 가로 막기 위하여 많은 일들 특히 마귀가 뿌스띠니아를 떠나도록 강요하기도 한다.

나는 이렇게 말하고 싶다. 여러분이 뿌스띠니아에 들어가는 것은 하느님의 궤도에 들어가는 것이라고. 어떠한 일이 있어도 하느님의 손을 놓지 말아야 한다.

유혹에 빠지거나 뿌스띠니아에서 도망치거나 유혹을 뿌리치는 것은 자유이다. 이 자유만 있을 뿐 뿌스띠니끼에게 요구하는 규칙은 아무 것도 없다. 뿌스띠니아에 머물고 있다는 것 외에는 아무것도 요구하지 않는다. 뿌스띠니아는 분별력이 생기는 곳이다.

사람들은 많은 것을 하기를 바라지만 여러분들은 마음으로 어느 것을 해야 하는지를 분별해야 한다. 여러분의 삶은 공동체에 봉사하는 것이었지만 최소한 여기서는 여러분 자신의 에고를 만족시켜서는 안 된다. 뿌스띠니아의 정수精髓는 자유이다. 여러분의 하느님에 대한 사랑과 하느님의 사랑이 이끄는 행동의 완전한 자유이다.

어느 것을 택할 것인가? 여러분의 마음에 물어보아라. 여러분의 머리를 마음에 집어 넣고 무릎을 꿇고 어떻게 하든지 하느님으로부터 응답을 받아야 한다. 그러면 여러분의 의무를 알게 된다.

그러나 여러분들이 이런 자유를 가졌듯이 뿌스띠니끼는 모든 것에 복종해야 한다.

다른 사람에게 봉사할 때에는 기쁨을 갖고 봉사해야 한다.

뿌스띠니끼는 모든 것을 하느님에게 의존하므로 절대로 안전하지는 않다.

하느님께서는 3분마다 우리의 삶을 뒤흔드신다. 사람들은 누구나 무사안일을 바라므로 안정을 잃으면 당황한다. 그러나 뿌스띠니끼는 필요하면 규칙적인 그의 생활을 깬다.

내가 뿌스띠니아에서의 사흘을 말할 때 여러분들이 거기서 석 달 이상 빠져 나오지 못할 것이라는 생각을 결코 하지 말아야 한다는 것뿐이었다. 뿌스띠니끼는 순간적으로 알아차리고 규칙적인 생활을 하지 않을 자유도 가져야 한다.

그리스도와의 관계에서도 같은 자유가 있다. 그리스도는 뿌스띠니아에 계신다. 여러분들은 그리스도를 만나려고 뿌스띠니아에 왔다. 그리스도께서는 기름을 붓고 향유를 부어 여러분을 이끄신다. 때로는 이 이끄심이 너무나 강력하여 여러분들이 거의 감지할 수 있게 된다. 그러나 이런 긍정적인 이끄심과 더불어 항상 반대되는 이끌림도 있다.

그래서 나는 뿌스띠니아에 있을 때 매 순간 그리스도를 향하거나 그리스도에게서 도망치려고 하는 나의 자유의지를 발동시켜야만 했다.

뿌스띠니아는 그리스도의 이런 이끄심을 언제나 제공하는 새로운 차원을 제공한다.

뿌스띠니아에는 어둠도 찾아온다. 나는 지금까지 빛 속이나 여명黎明

속에서 걸어왔는지 모른다. 그것은 그리 나쁘지 않았다. 나는 나 자신을 위하여 사리를 분별할 수 있었다나는 눈으로 보고 마음의 눈으로 보는 것에 대하여 말하고 있다. 그러나 나는 갑자기 십자가의 성 요한St. John of Cross이 말하는 어둠과 직면하였다.

나는 어쩔 수 없이 그 어둠으로 들어갈 것인가 말 것인가를 결정해야 했다뿌스띠니끼는 보통 어둠을 직면하지 않으려고 한다. 나는 꿋꿋이 서서 자유롭게 그 어두운 밤으로 발걸음을 떼었다. 도망치고 싶은 유혹을 받고 있기 때문에 영적인 지도자가 필요한 때였다. 그리고 온갖 핑계를 다 대는 시기이기도 했다. 나는 모든 것을 내 마음 대신에 머리로 처리하고 싶어했던 시기였다. 수많은 세력들이 내가 어둠 속으로 들어가지 못하게 했다.

앞으로 어떤 일이 일어날지 몰랐으므로 영적 지도자의 역할은 매우 중요하다. 여러분은 영적인 지도자의 도움을 받고 난 다음에는 하느님의 은총해방의 선물 그리고 여러분 자신의 자유의지자유에 따라 강요 받지 않고 어둠으로 들어 갈 수 있게 된다.

여러분 자신의 자유의지라는 것은 전혀 내적인 두려움이 없다는 것을 뜻한다. 하느님께서 여러분 때문에 기분 나빠하실 것이라는 걱정을 하지 않아도 된다. 이제는 믿음으로써 자유를 갖게 되고 하느님께서 결코 여러분 때문에 속상해 하지 않는다는 것을 알게 된다. 예수님께서 이 모든 것을 바꾸어 놓으신 것이다.

그렇지 않으면 유혹이 정반대의 상황으로 만들 것이다. "나는 지금 뿌스띠니아에 있어야만 한다. 내가 이 어둠 속으로 들어가지 않으면 하느님을 기쁘게 해드리지 못할 것이다." **혼동은 언제나 마귀로부터 온다.** 이런 생각은 여러분의 자유를 제한하지 않을 것 같지만 제한한다. 마귀는 여러분에게 이미 올가미를 씌우고 있다.

뿌스띠니아에서는 신경과민이 되어서는 안 된다. 결코 죄의식을 갖거나 자기 합리화를 해서는 안 된다. 자유는 자유로운 것을 의미한다.

따라서 어두운 밤으로 기꺼이 들어가야 한다. 정신을 차리도록 해야

한다. 지금은 여러분의 지식의 날개를 완전히 접어야 할 때이다. 동양 사람들은 서양 사람들보다 고통에 더 익숙하지만 이제 여러분은 고통스러운 과정을 거쳐야만 한다.

어두운 밤으로 들어가면 마음을 비우게 된다. 아무 생각 없이 어두운 밤으로 들어가야 한다. 어떤 의미에서 '바보들fools'만이 이 어두운 밤으로 걸어 들어가 마음을 활짝 여는 것이다영어로는 미친 사람, 제 정신이 아닌 사람, 생각이 없는 사람으로 번역되기도 한다.

어두운 밤으로 들어가면 무無를 느끼게 된다. 그러나 하루 아침에 그렇게 되지는 않는다. 나는 노력하지 않으면 결코 그렇게 되지 않는다는 것을 깨달았다. 빗장을 조금 걸어 잠그는 것 같았다. 그러나 나는 그것이 무엇을 의미하는지 모른다. 그렇게 함으로써 나의 지식의 날개를 접을 수 있었고 나 자신을 조금 더 비울 수 있게 되었다. 십자가의 성 요한은 "나는 심연深淵으로 뛰어 들어가 나의 먹이를 잡았습니다."하고 말했다. 그러나 뿌스띠니끼는 심연으로 뛰어들어가더라도 반드시 먹이를 잡을 필요는 없다. 그래도 뿌스띠니끼는 무無 속으로 뛰어들어가야 한다. 솔직히 말하면 가장 고통스러운 일이다. 여러분의 생각과 예전의 모든 생각을 버리는 것은 고통스럽지 않고 오히려 쉬운 일이라 할 수 있다.

그러나 이 무無가 여러분을 붙잡으면 또는 여러분이 무에 붙잡히도록 허락하면나는 어느 쪽인지 모른다 갑자기 여러분이 존재하지 않는 것처럼 생각된다.

사르트르Sartre도 무無로 향하여 가는 것에 대하여 많은 말을 했지만 실제로 사르트르는 무無의 경지에 이르지 못했다. 그의 무無 뒤에는 아무것도 없었다.

그러면 절망이며 끝이다. 그러나 그리스도인은 이 무無 안으로 들어가 하느님을 찾는다. 그러면 아무것도 존재하지 않는 것처럼 보이는 무無의 순간이 오게 된다.

마치 백치白痴처럼 보이게 된다. 그러나 진리를 깨달은 순간이다.

자신이라는 인간이 존재하지 않는 순간이다. 모든 것이 사라진다. 자기 자신을 인식하지 못하게 된다. 오로지 어둠만 인식하게 된다. 자신의 믿음이 깊든 아니든 상관없다. 그것조차도 인식하지 못하기 때문이다. 자신이 전혀 태어나지 않은 듯한 순간이다.

이 어둠에서 빠져나오면 바로 기도를 하게 된다.

이 무無의 순간은 너무나 짧다. 느끼는가 싶은 순간에 끝난다. 바로 그 뒤에 기도를 시작하게 된다. 그러나 아주 이상한 기도가 된다. 내향적인 수동성interiorized passivity이 생기게 되므로 기도가 아닌 기도가 된다. 자신이 걷거나 자는 등의 어떤 행동도 신경을 쓰지 않게 된다. 이제 자신이 엄청나게 변했다. 이제 자신의 기도를 하지 않기 때문에 기도가 의미를 갖기 시작한다. 즉 자신 안에 계시는 하느님께서 기도하시는 것이다.

이것이 진정한 해방의 경지이다. 여태까지는 자유만 작용하고 있었지만 이제 자신의 자유의지를 하느님께 맡겨버린 상태이다. 이제 하느님께서 떠맡으셨기 때문에 진정한 해방이 시작된다. 가지 않으려고 여러 번 발버둥치게 되지만 성령께 목덜미를 잡혀 끌려가야만 한다.

우리는 성령께 끌려가지 않으려고 발버둥치는 것을 잘 안다.

왜 그럴까? 성령께 완전히 자신을 맡기지 못했음을 알기 때문이다. 살다 보면 특히 뿌스띠니아에서는 하느님께 완전히 맡기지 못한 우리의 영혼이 아직도 있다는 것을 일깨워주신다.

내가 생각하기로는 이것이 성령께서 여러분의 목덜미를 잡아 끌고 들어가실 때라는 것이다. 성령의 불로 우리의 잘못된 영혼을 태워 없애기 위하여 우리에게 빛을 주기 위해서이다.

지금 나는 나의 이야기를 하고 있지만 모든 뿌스띠니끼도 마찬가지일 것이다. 나는 완전히 태워버리고 싶지는 않다. 나를 사랑하시기 때문에 잘못된 나의 영혼을 태워 없애시려고 한다는 것은 잘 알지만 솔직히 말해서 나는 모두 태워 없애시는 것을 바라지 않는다. 뿌스띠니아에 머물고 있어도 이런 반항이 계속 되게 된다. 하느님께서는 너그러우시다. 그리하여 하느님께서는 잘못된 우리의 영혼을 조금이라도 남겨두고 태우시려고 하시지 않는다.

자신이 성령께 이끌려서 빛을 보게 될 때 하느님의 목소리를 듣게 된다. 이는 굉장히 어려운 일이다. 실제로는 하느님께서 나에게 "지혜에 너의 뿌리를 깊게 박아라. 지금이 그 기회이다. 너에게 지혜의 선물을 준다. 지혜는 나의 것이지만 그것을 다른 사람들에게 주고 싶다. 나는 이제 너를 종이라 부르지 않고 나의 친구, 상속인이라 부르겠다.

너는 내 아들의 형제자매이다. 그러니 지금 너의 뿌리를 지혜에 깊이 박아라."

여러분은 하느님께서는 아무 대가를 바라시지 않고 우리를 사랑하신다는 것을 알기 때문에 이 말을 이해할 것이라 믿는다. 여러분이 조금이라도 망설이면 하느님께서는 억지로 그 일을 하도록 강요하시지는 않는다. 그러니 뿌리를 깊이 박아야 한다.

이제 여러분은 하느님의 목소리를 듣기 시작했다. 여러분에게 분별력이 생겼다. 이제 비로소 하느님께서 원하시는 것과 사람이 원하는 것과 네가 원하는 것을 알기 시작했다.

여러분이 이런 재능을 갖고 싶지 않을 때가 있다는 것도 잘 알고 있다.

그러나 여러분이 하느님을 사랑하기 때문에 이런 재능들을 받아들이게 된다.

캐서린 도허티(Catherine Doherty)이 『Poustinia』 중에서

도허티 여사는 "하느님께서는 3분마다 우리의 삶을 뒤흔드신다.

사람들은 누구나 무사안일無事安逸을 바라므로 안정을 잃으면 당황한다."고 말했다. 하느님께서 3분마다 우리의 삶을 흔들고 계신데 우리는 내일을 걱정한다. 하느님보다 앞질러 생각하는 것이다.

21

사후死後에 생生이 있습니까?

그때에 예수님께서 제자들에게 말씀하셨다. "너희 마음이 산란해지는 일이 없도록 하여라. 하느님을 믿고, 또 나를 믿어라. 내 아버지의 집에는 거처할 곳이 많다. 그렇지 않으면 내가 너희를 위하여 자리를 마련하러 간다고 말하였겠느냐? 내가 가서 너희를 위하여 자리를 마련하면, 다시 와서 너희를 데려다가 내가 있는 곳에 너희도 같이 있게 하겠다.

너희는 내가 어디로 가는지 그 길을 알고 있다."

그러자 토마스가 예수님께 말하였다. "주님, 저희는 주님께서 어디로 가시는지 알지도 못하는데, 어떻게 그 길을 알 수 있겠습니까?"

예수님께서 그에게 말씀하셨다. "나는 길이요 진리요 생명이다. 나를 통하지 않고서는 아무도 아버지께 갈 수 없다." (요한 14:1-6)

영성학靈性學에서는 '길'의 비유를 많이 쓰고 있다.

너무나 많이 쓰고 있기 때문에 비유로 생각되지 않을 정도이다.

영적 여정은 야곱의 사다리로부터 시작된다. (창세기 28:10-22)

야곱은 꿈에 하늘까지 닿은 사다리를 보았는데 하늘의 사자使者가 거기서 오르락 내리락 하고 있었다고 한다. 이를 두고 많은 신비주의자들은 영성 생활은 정화淨化, 조명照明, 합일合一의 단계를 '올라가는 것'으로 설명하였으며 많은 고전들의 제목도 이를 뜻하고 있는 것을 볼 수 있다.

십자가의 성 요한St. John of the Cross은 『가르멜의 산길The Ascent of Mount Carmel』에서 **"여러분이 알지 못하는 곳에 이르려면 여러분은 여러분**

이 알지 못하는 곳으로 가야 합니다. 여러분이 갖고 있지 않은 것을 갖기 위해서는 여러분이 지금 아무것도 갖고 있지 않은 곳으로 가야 합니다." 하고 말했으며, 월터 힐튼Walter Hilton의 『완덕에 이르는 사다리Ladder of Perfection』, 중세 귀고Guigo II의 『네 계단의 사다리A Ladder of Four Rungs』 등도 모두 올라가는 의미를 갖고 있다.

모두 어둠 속에서 영성의 사다리를 올라가는 우리들의 모습을 그리고 있다.

오늘의 복음에서 예수님께서는 '곳'을 말씀하셨는데 이 또한 비유이다. 영원한 생명은 지리적인 장소를 말하는 것이 아니다.

또 "너희는 내가 어디로 가는지 그 길을 알고 있다."고 말씀하시면서 '길'을 인급하셨다. 이러한 비유들은 문학서석에서와 같이 진실이나 거짓을 말하는 것이 아니다. 비유를 말하고 있지만 이분법적二分法的으로는 사용하지 않고 있다.

'곳'의 의미를 생각해 보자.

영성에서 말하는 '곳'은 항상 '여기, 이곳'을 의미하며 시간도 '바로 지금'을 뜻한다.

나는 과거에도 지금 이 장소에 있었는가? 그럴 수도 있고 그렇지 않을 수도 있다. 그러나 실제로는 **나는 항상 '지금 여기'에 있다. 그 외의 시공時空에는 나는 없다.** 이런 면에서 영성 계발은 꿈에서 깨어나는 것이 아니라 인생 나그네 길을 터벅터벅 걸어가는 것이다. 꿈에서는 남극에 있을 수도 북극에 있을 수도 있다.

그러나 현실로 돌아오면 잠자리에서 자고 있다.

가장 중요한 것은 언제나 깨어 있는 것이다.

그리고 빛보다는 어둠 속에 있을 때가 낫다는 것을 깨닫는 것이다.

옛날의 성경은 "내 아버지의 집에는 거처할 방mansions이 많다."고 번역하였다.

이 'mansion'은 라틴어 'manere'에서 나왔으며 **'움직이지 않고 머무르는 곳'**을 의미한다. 활동할 수 있는 나이에는 한군데 조용히 머물러 있을 줄도 알아야 한다.

마이스터 에크하르트Meister Eckhart가 말했다.

"많은 사람들은 '주님, 저는 주님과 함께 머무르고 싶습니다.' 또는 '다른 사람들처럼 주님 안에 머물러 주님과 함께 평화를 누리고 싶습니다. 주님 안에 머무르지 않으면 평화를 얻을 수가 없습니다. 저는 모든 것을 버리고 수도원의 독방으로 가서 살고 싶습니다.'하고 말합니다. 이유는 순전히 자기 자신 때문입니다. 그러나 그것이 아집我執이라는 사실을 알고 있는 사람도 있고 모르는 사람들도 있습니다. 우리는 어떤 것을 버리고 다른 장소나 다른 사람이나 다른 방법 또는 다른 회사나 다른 행동을 택합니다. **그렇게 다른 것을 찾는 이유는 다름 아닌 자신의 편견이나 악습, 무지無知 때문일 때가 많습니다.**

따라서 어떤 일을 하더라도 확신을 갖고 일하되 거짓 자아를 버리십시오."

우리가 가야 할 길은 하나 밖에 없으며 우리가 머물러야 할 곳도 한곳 밖에 없다.

그래서 영국의 신비주의자 월터 힐튼은 『완덕의 척도Scale of Perfection』에서 말했다.

"이 어두운 밤에 보지 못하는 것이 아무리 괴롭다 할지라도 온갖 쾌락이 난무하는 바깥 세상의 삶보다 낫습니다. 당신이 어둠에 있을 때는 거짓 빛 안에 있을 때보다 더 예루살렘에 가까이 있다는 것을 알아야 합니다. 그러므로 하느님의 은총에 마음을 열고 이 어둠 속에 머무는데 익숙하도록 하십시오. 그리하면 당신은 곧 평화를 찾을 것이고 성령의 참된 빛이 당신의 영혼에 넘쳐 흐를 것입니다."

한 제자가 스승에게 물었다. **"사후死後에 생生이 있습니까?"**

스승이 대답하기를

"인생에 있어 중요한 질문은
'사후死後에 생生이 있는가?'하는 것이 아니라
'사전死前에 생生이 있는가?'하는 것이다."

스승이 이어서 말했다.

"하느님께서는 성인들보다 죄인들에게 오히려 더 가까이 계신다."

"어찌하여 그렇습니까?"하고 제자가 물었다.

그러자 스승이 대답했다.

"하늘에 계신 하느님께서는 각 사람마다 끈을 하나씩 쥐고 계신다.
그런데 사람들이 죄를 지을 때마다 그 끈이 끊어진다.
그러면 하느님께서는 그 끈을 다시 매어 이으신다.
이렇게 하여 그 죄인은 하느님께 처음보다 조금 더 가까이 가게 된다.
죄를 지을 때마다 줄이 끊어지겠지만 하느님께서는 매번 그 끈을 다시 이으시어 그 죄인을 점점 더 가까이 끌어 당기신다."

22

스스로 마음을 비운다는 것은 거짓말이다

"하느님께서는 당신의 백성들이 죄를 지었을 때에도 당신의 백성들을 버리지 않으셨다." (로마 11:1, 11 참조)

"누구든지 자신을 높이는 이는 낮아지고, 자신을 낮추는 이는 높아질 것이다." (루카 14:11)

짐 피어솔Jim Piersall은 1950년에 보스톤 레드 삭스Boston Red Sox에 입단했다. 그가 쓴 『공포에 사로잡혀Fear Strikes Out』에서 "훌륭한 플레이뿐만 아니라 나의 익살스러운 행동 때문에 대단한 인기가 있었습니다. 저는 야구광대였습니다. 레드 삭스 팀이 어디를 가든 팬들이 저를 보러 몰려왔습니다. 그런데 비극이 닥쳤습니다."하고 술회하고 있다.

그가 갑자기 양극성 장애로 정신병원에 입원하게 되었다. 그의 아내 매리는 잠시도 그의 곁을 떠나지 않았다. 오래지 않아 짐은 의료진과 헌신적인 아내의 덕분으로 완쾌되어 다시 야구를 계속할 수 있게 되었다. 어떤 사람은 매리의 남편에 대한 헌신은 하느님의 헌신을 그대로 보여준 것이라고 말했다.

리처드 브라운스타인Richard Braunstein은

"사랑 없이 줄 수는 있어도 주지 않고는 사랑할 수 없다." 고 말했다.

우리들이 자력自力으로 할 수 없는 일이 있다. 태어나는 것부터, 아주 쉬운 것 같지만 자기 자신을 기쁘게 만드는 것까지 실로 우리들이 할 수 없는 일이 너무나도 많다.

각자 이 목록을 만들어 보면 무척 재미 있을 것이다.

자신이 자기의 머리를 깎지 못한다. 자기 자신을 용서하지 못한다. 자기를 버리지 못한다. 자기 자신을 쳐다 볼 수 없다. 이외에도 무수히 많다.

이 목록이 길수록 자신이 결코 이 세상을 혼자 살 수 없다는 것을 실감하게 된다. 혼자서는 아무 일도 할 수 없다는 것을 깨닫게 된다.

이 중에서도 가장 어려운 일이 자기 자신을 버리는 일인 것 같다.

마이스터 에크하르트의 제자 요하네스 타울러Johaness Tauler가 이에 대하여 정곡을 찔러 말했다.

"영광스러운 성령을 받기 전에 우리가 무엇을 해야 하는지 알아보기로 합시다.

우리 모두 성령이 우리 안에서 역사하실 수 있도록 하여 스스럼없이 하느님을 받아 들일 수 있는 준비를 해야 합니다. 하느님 자신이 자신을 맞아들일 공간을 마련하신 후 하느님께서 당신을 우리 안에 모셔야 합니다. 하느님께서 당신을 받아들이시도록 하려면 우리가 준비해야 할 일은 무엇일까요? 성령은 우리 안에서 두 가지 일을 하십니다.

하나는 우리를 비우는 일이고 또 하나는 우리를 채우는 일입니다."

우리는 먼저 자기 자신을 비워야 한다. 집착하지 말아야 한다는 것이다. 즉 놓아버려야 한다는 것이다. 그러나 이 일은 우리들이 할 수 있는 일이 아니다. 성령만이 우리 안에서 하실 수 있는 일이다. 우리는 성령에게 사로잡혀야 한다.

타울러가 말했다. "우리는 자기 자신을 성령의 포로로 만들어야 합니다. 그리하여 성령께서 우리를 비우도록 하여 성령을 받아들일 준비를 하도록 해야 합니다."

자신을 비우지 않으면 사랑을 할 수 없다는 말과 통한다.

23
왜 선량한 사람들에게 뜻하지 않은 불행이 닥치는가?

미국 매사추세츠 주의 유대교 랍비 해럴드 쿠쉬너Harold Kushner는 그의 장남 아론Aaron이 태어나서 8개월 되면서부터 몸무게가 더 이상 늘지 않고 머리털이 빠지기 시작했을 때 그 아이를 진단한 의사로부터 충격적인 사실을 통보 받았다.

아론은 프로게리아progeria라는 조로증早老症에 걸렸으며 키는 아무리 자라도 1미터를 넘지 않을 것이고 아마도 20세를 넘기지 못할 것이라고 했다.

이 소식을 들었을 때 쿠쉬너는 도대체 어째서 이런 일이 그에게 일어난 것인지 영문을 몰라 하면서 불공평한 이 세상과 딱히 누구에게랄 수 없는 막연한 분노로 가슴이 터질 것만 같았다. 이제까지 그는 선량한 사람이었고 옳다고 믿는 일만을 해왔으며 그가 아는 어떤 사람들보다도 진실한 신앙생활을 해왔다고 자부하고 있었는데 이토록 엄청난 불행이 그에게 닥쳐올 줄은 꿈에도 생각하지 못했던 것이다.

도무지 이것은 그에게 어울리지 않는 운명이며 한마디로 말도 되지 않는 일이라고 그는 생각했다. 아들이 14세에 요절했을 때의 비통함과 절망감을 『**왜 선량한 사람들에게 뜻하지 않은 불행이 닥치는가**Why Bad Things Happen to Good People』에서 담담하게 소개하고 있다.

그는 이 책에서 "**하느님을 믿는 이들은 신자든 사목자**司牧者**든 이웃의**

비통과 절망을 접할 때 함께 아파하기보다 하느님을 앞세워 강론하는 데 더 힘쓴다."고 지적하면서

"그들의 고통과 비통, 그리고 그 때문에 솟구치는 울분에 대해 설명하려 들기보다 잠자코 그들의 이야기를 들어주는 것이 더 중요하다."고 말하고 있다.

그는 자식을 먼저 보내면서 그 동안 자신의 사목활동도 위로를 빙자해 설명을 늘어놨었고 고통 가운데서 빨리 회복하기를 바란다는 명목으로 그만 아파할 것을 강요했다고 고백한다. 그리고 그는 기도가 선한 이들에게 나쁜 일이 일어나지 않도록 하는 보증수표라기보다 오히려 고통 중에 있는 이웃과 연결해주는 마음의 고리라고 말한다.

왜 선량한 사람들에게 이러한 이유 없는 불행이 닥치는 것일까?

선량한 사람들에게 이유 없이 일어나는 이러한 불행들은 이 세상이 적어도 옳고 공평하다고 믿고 싶은 많은 사람들에게 하나의 심각한 의문이 아닐 수 없다.

그는 이제까지 신자信者들이 모든 개인적 혹은 가정적인 문제들을 극복하고 이겨 나가도록 도움을 주어왔지만 그때마다 느꼈던 것은 너무나도 선량한 사람들이 의외로 뜻하지 않은 끔찍한 불행의 희생자가 되는 일이 너무 많다는 사실이었다.

어떤 사람들은 우리가 이 세상에서 당하는 모든 고통과 불행의 원인은 우리들이 이 세상에서 저지른 죄의 대가라고 생각하기도 한다.

그러나 일견 그럴싸하게 보이는 이 견해에는 약간의 문제점이 있는데 그것은 이 생각이 졸지에 뜻하지 않은 불행을 당한 선량한 사람들을 근거 없는 죄의식으로 한번 더 괴롭히는 결과를 초래하기 때문이다.

어떤 사람들은 자신들의 불행에 대해서 하느님만이 아시는 특별한 이유가 있을 것이라고 생각함으로써 자신을 조금이나마 위로하려고 한다.

그러나 아무리 특별한 신의 섭리가 있다 하더라도 어떻게 그것이 불행

을 당한 사람의 고통을 덜어 줄 수 있겠는가?

쿠쉬너는 나서 죽을 때까지 14년 동안을 불구로 살다간 한 아이의 아버지로서 하느님께서 그를 보다 정신적으로 강하게 만드시기 위해서 일부러 그에게 불구 아들을 주셔서 그 고통을 겪게 만드시고 또 결국에는 그 고통을 극복해 냄으로써 그로 하여금 보다 완전한 사목자가 되게 하시겠다는 심오한 섭리로 그에게 그런 시험을 주셨을 것이라고 생각함으로써 위로를 받은 적은 단 한번도 없다고 고백한다.

물론 그는 그에게 닥친 이러한 불행을 가까스로 극복함으로써 결국에는 좀 더 좋은 사목자, 좀 더 남의 슬픔과 불행에 공감할 줄 아는 사목자가 되었던 것은 사실이나 그 아들의 죽음으로 인한 슬픔과 비교할 수는 없지만 그는 옳게 생각했다고 고백하고 있다.

"아무리 불행에서 얻은 이득이 클지라도 그것을 겪지 않는 것만큼은 못한 것이 사실이다."

인간에게 부닥치는 이런 불행들을 하느님께서 우리에게 주시는 시험이라고 생각하는 사람들은 흔히 하느님은 인간으로 하여금 그들이 감당하기 어려운 시험은 애당초 요구하지도 않으신다는 것으로 그들의 생각을 보완하려고 한다.

하지만 경험에 비추어볼 때 이는 반드시 그런 것 같지는 않다.

많은 사람들이 고통을 이겨 나가면서도 끝까지 평정과 인간적인 감성을 잃지 않는 의연한 모습을 보이기도 하지만, 반대로 그 고통으로 인해서 더욱 파멸의 구렁텅이로 빠져버리는 사람들이 더 많다. 만일 하느님께서 사람들에게 고통을 통하여, 보다 강건하고 완전하게 연단鍊鍛하시려 한다면, 아마도 이제는 대부분의 사람들이 그 시험에 성공하기 보다는 오히려 실패하는 경우가 더 많을 것이라는 사실을 알았으면 한다.

불행에 대한 이러한 반응들은 모두가 하느님이 모든 고통을 우리에게 내리고 있다는 가정에서 비롯된 것들이다. 그러나 과연 그런 것일까?

우리들의 불행은 의외로 전혀 하느님의 뜻과는 관계없이 일어나고 있는 것은 아닐까?

시편(121:1-3)에 보면 "산들을 향하여 내 눈을 드네. 내 도움은 어디서 오리오? 내 도움은 주님에게서 오리니 하늘과 땅을 만드신 분이시다. **그분께서는 네 발이 비틀거리지 않게 하시고 너를 지키시는 그분께서는 졸지도 않으신다.**"고 노래하고 있다. 시편에서는 분명 "나의 고통이 하느님에게서 온다."고 말하고 있지 않다. 다시 말하면 하느님께서는 우리 인간들에게 불행과 고통을 주시는 것이 아니라 오히려 그 고통과 불행에서 우리로 하여금 이겨 나갈 수 있도록 도움을 주시기 위해서 존재하신다는 것이다.

그의 아들이 죽고 난 후 일년 반이 지난 어느 날 쿠쉬너는 그에게 일어났던 불행을 다른 어떤 곳에서 그 원인을 찾으려 하지 않고 하나의 엄연한 사실로써 받아들이기로 작정하고서야 그 동안 그를 괴롭혀왔던 자기 연민에서 헤어날 수가 있었다.

그는 이 세상이 결코 모든 고통에서 완전히 해방된 낙원도 아니며 또 그 어느 누구도 우리에게 이 모든 불행과 고통으로부터 완전히 해방된 이 세상에서의 삶을 약속해 준 적이 없다는 사실을 새삼 깨닫는다. 오직 우리에게는 고통을 당할 때에 우리가 결코 혼자 있게 하지 않을 것이라는 약속 이외에는 주어진 것이 없다는 것을 깨닫는다.

선량한 사람들에게 닥쳐올 때 그것은 그 자체로는 아무 의미도, 그 누구의 오묘한 섭리도, 우리의 잘못으로 인해 하느님이 내리시는 징벌도 아니다.

우리는 우연하게 또는 무차별하게 우리에게 닥쳐오는 이러한 불행에 대해 아무런 의미를 부여하지 않음으로써 그 불행이 비정함에서 해방될 수 있다.

세상의 모든 사람들이 하나같이 고통 받고 괴로워하면서 죽어가고 있는데 어찌 우리만 거기서 예외가 되어야 하는가? 이 세상에서 산다는 것 자체가 고통인 것을.

결국 문제는 왜 선량한 사람들에게 뜻하지 않은 불행이 닥치는가 하는 것이 아니고 우리가 그것을 어떻게 극복하느냐하는 것이다.

수많은 불공평과 잔혹함과 질병과 범죄와 지진과 재난들로 가득 찬 이 불완전하고 모순투성이의 세상이 때로 우리를 실망시키더라도 이것을 사실로써 인정해야 한다.

설사 우리 주위의 사람들이 우리를 실망시키더라도 우리는 그들을 용서하고 사랑하려는 노력을 게을리 해서는 안 된다.

설사 하느님이 이 세상의 모든 죄악과 고통에 대해서 당장은 어떻게 할 수 없는 부분이 있는 것처럼 보인다 할지라도 우리는 그것을 인정해야 한다.

만일 이 모든 것을 이해할 수만 있다면 우리는 **사랑과 용서야말로 하느님께서 우리들로 하여금 이 불완전한 세상에서 완전하고도 용감하게 살아나갈 수 있도록 우리에게 내려주신 유일한 무기**라는 것을 깨닫게 된다.

그의 아들 아론의 짧은 생애가 그에게 준 교훈을 생각하면서 새삼 그가 그것으로부터 얼마나 많은 것을 잃었으며 또한 얼마나 많은 것을 얻었는가 생각하였다.

지난 날들이 그리 고통스럽게 느껴지지 않을 때 비로소 다가 올 미래 또한 그리 두렵지 않은 것이다.

이른바 불교에서 말하는 '**놓아버림**'이다.

"**케노시스kenosis의 진리를 터득하고 실천해야 한다는 것이다**".

24
구원을 받는 확실한 방법

"그리스도의 말씀이 여러분 가운데에 풍성히 머무르게 하십시오. 지혜를 다하여 서로 가르치고 타이르십시오. 감사하는 마음으로 하느님께 시편과 찬미가와 영가를 불러 드리십시오." (콜로새 3:16)

많은 사람들이 복福을 바라고 신앙생활을 한다. 구원관救援觀이 잘못되어 있는 수가 많기 때문인 것 같다.

구원救援이란 **'새로운 사람이 되어 마음의 평화를 얻고 기쁘게 살다가 죽으면 하느님의 판단에 따라 하늘나라로 가는 것'**이다.

그래서 불교에서는 "복을 기원하지 말고 **복을 스스로 지어라.**"고 말하고 있다.

먼저 새로운 사람이 되면 그 뒤에는 하느님께서 다 알아서 해주신다.

새로운 사람이 되는 필요 충분 조건은 하느님의 말씀이 자기 자신 안에 머물도록 하는 것이다

- **하느님의 말씀이 기쁨이 되고 즐거움이 되어야 한다.** (예레미야 15:16)
- **날마다 성경을 공부하고**(사도행전 17:11) **말씀이 자신의 마음 속에서 타오르도록 해야 한다.** (루카 24:32)
- **하느님의 말씀을 간직하여 꿀보다 더 달고 감미롭도록 느껴야 한다.** (시편 119:72, 103)
- **매사를 하느님의 말씀으로 판단하고**(요한 12:48) **하느님의 말씀이 자신**

속을 꿰찌르도록 하여(히브리 4:12) 자신을 바꾸어야 한다. 하느님의 말씀 안에 머무르도록 하고(요한 8:31) 자신 안에 하느님 말씀이 머무르도록 해야 한다. (콜로새 3:16)

말씀에 따라 좋은 시간을 보내고 남은 시간을 아껴 써야 한다.

- 모든 더러움과 그 넘치는 악을 다 벗어 버리고 자신 안에 심어진 말씀을 공손히 받아들이고 그 힘으로 자신의 영혼을 구원해야 한다. 말씀을 실행하는 사람이 되어야 한다. 말씀을 듣기만 하여 자신을 속이는 사람이 되지 말아야 한다. (야고보 1:21-22)
- 하느님의 말씀으로 자신의 마음을 채우고 입으로는 항상 "성경"을 말해야 한다. (루카 6:45; 시편 119:13)
- 다른 사람들에게 하느님의 말씀을 가르쳐야 한다. (2티모테오 4:2)
- 그리스도의 말씀이 자신 안에서 더욱 자라면서 "하느님의 말씀"이 널리 퍼져 나가도록 해야 한다. (사도행전 12:24)

"주님, 당신의 말씀을 이해할 수 있도록 저의 마음을 열어주소서." (루카 24:45)

"저는 오로지 당신의 말씀에 희망을 두고 삽니다." (시편 119:114)

그대가 가장 기뻐하는 것을 꿈꾸시오

존 키츠(John Keats)

그대가 가장 기뻐하는 것을 꿈꾸시오
그대가 가고 싶은 곳으로 가십시오
그대가 바라는 사람이 되십시오
그대의 생명은 하나뿐이오
이루고 싶은 것을 이루십시오
그대의 길을 찾으십시오
영원히 행복을 누릴 수 있는 행운을 찾으십시오
더욱 더 강해질 수 있게 부단히 도전하십시오

인간으로 계속 남을 수 있도록 슬퍼하십시오

행복할 수 있도록 희망을 가지십시오

성공의 비결이 무엇입니까?

올바른 판단입니다.

그대는 어떻게 올바른 판단을 내립니까?

경험을 통하여 내립니다.

그대는 어떻게 경험을 하게 되었습니까?

잘못된 판단에 따라 경험했습니다

에고 때문에 그대가 사랑하는 사람을 잃지 말고

그대가 사랑하는 사람을 위하여 그대의 에고를 버리십시오.

25

열심히 기도한다고 구원 받는 것은 아니다

외손자는 무척 개구쟁이다. 미운 세 살이라고 장난이 심하고 말을 잘 듣지 않고 밥을 잘 먹지 않는다. 그래서 밥을 먹지 않을 때 야단을 쳐보기도 하고 달래보기도 하고 갖은 방법을 다 써 보았지만 아무 소용이 없었다. 그래서 몇 번을 무관심한 것처럼 짐짓 냉정하게 대하니 밥을 가져와서 내 앞에서 먹었다.

사실 어리지만 너무 말을 듣지 않을 때는 미운 생각이 들 때도 있었다.

갑자기 우리가 말을 듣지 않으면 하느님께서는 어떻게 하실까 하는 생각이 들었다.

분명 옹야 옹야 하시면서 모든 것을 들어주시지는 않을 것이다.

그러면 우리가 어떤 말씀을 가장 잘 듣지 않을까?

나는 "사랑하라"는 계명을 지키지 않는 것이라고 생각한다. 캐서린 도허티Catherine Doherty 여사의 『뿌스띠니아』를 읽다가 "**우리는 기도를 통하여 구원 받지는 못하고 사랑으로 구원을 받을 수 있습니다. 주님에게서 받은 사랑의 보답으로 주님을 사랑하고 자기 자신을 사랑하고 이웃을 사랑해야 구원을 받을 수 있습니다. 사랑하는 마음이 있으면 행동도 육화肉化가 됩니다. 내가 아플 때에는 다른 사람이 나를 위해 기도한다고 낫지 않습니다.**

관심을 갖고 관대한 마음으로 진정으로 나를 사랑하는 사람이 찾아와야 낫게 됩니다."하는 대목을 읽고 많은 생각을 하게 되었다.

우리 삶의 이야기는 기본적으로 사랑 이야기다. 우리는 본래 하느님으로부터 사랑을 받고있는 존재이며 그 사랑을 나누는 것이 삶의 목적이지만 다만 그 사실을 잊고 있을 뿐이다.

그래서 분주하고 수다스럽고 공허하며 불만 가득한 삶을 살아간다.

혼자 있는 시간을 견디지 못하고 여기저기 끼어 정신없이 돌아다니고 쉴새 없이 많은 일을 하고 심지어 섹스나 약물에 중독되기도 한다. 그럼에도 불구하고 가슴 한구석은 늘 허전하고 삶은 그다지 만족스럽지 않다. 외로운 것이다.

외로움의 근원은 사랑 받고 싶은 간절한 마음에 닿아 있다. 외로워서, 즉 사랑받기 위해서 우리는 어리석은 행동들을 저지르곤 한다. 우리는 이미 넘치는 사랑을 받고 있기 때문에 그런 필요가 전혀 없는데도 불구하고 자신이 사랑 받을 가치가 있는 존재임을 증명하기 위한 일들을 하느라 일생에 걸쳐 엄청난 에너지를 소모한다. 쓸데없는 곳에 시간과 정력을 낭비한다. 우리는 사랑받는 존재다. 그것이 우리의 본질이다.

참 사랑을 아는 사람이 드문 것 같다. 그 단적인 예가 자식 사랑이다. 하느님께서는 우리들에게 자식을 주시어 참 사랑을 알도록 하셨지만 비뚤어진 사랑으로 자식에게 이기심만 키워주어 사랑을 왜곡시키고 있다. 그리하여 세상은 사랑할 줄 모르는 사람들로 가득 차게 되었다.

'사랑'은 천국의 열쇠라고 한다. 하느님의 계명을 지키지 않았는데 기도만 열심히 한다고 들어주실 것 같지 않다. 하느님을 사랑하고 자기 자신을 사랑하고 이웃을 사랑해야만 구원을 받을 수 있고 하느님께서 기도를 들어주실 것이라고 생각한다. 하느님을 본 받고 살았다면 하는 일이 모두 사필귀정事必歸正이 되어 구태여 청원기도를 하지 않아도 될 것이다.

하느님께 모든 것을 다 맡겼다면 자기 자신을 위한 청원기도는 필요 없고 감사기도만 드려야 하며 오로지 이웃을 위하여 기노해야 할 섯 같다.

그런데 원수까지도 사랑하라는 하느님의 계명을 알고 있는 많은 사람들은 이 계명의 깊은 뜻을 제대로 알지 못하고 계명을 지키고 있는 것 같다. 어쩔 수 없이 원수를 사랑해야 하며 사랑하지 않으면 자신이 오히려 더 상처를 받게 된다는 것을 말씀하신 것이다.

26
예수님의 권위와 힘은 어디서 나온 것일까

그때에 예수님께서는 갈릴래아의 카파르나움 고을로 내려가시어 안식일에 사람들을 가르치셨는데 그들은 그분의 가르침에 몹시 놀랐다.

그분의 말씀에 권위가 있었기 때문이다.

마침 그 회당에 더러운 마귀의 영이 들린 사람이 있었는데 그가 크게 소리를 질렀다.

"아! 나자렛 사람 예수님, 당신께서 저희와 무슨 상관이 있습니까? 저희를 멸망시키러 오셨습니까? 저는 당신이 누구신지 압니다. 당신은 하느님의 거룩하신 분이십니다." (루카 4:31-37)

예수님께서 그에게 "조용히 하여라. 그 사람에게서 나가라."하고 꾸짖으시니 마귀는 그를 사람들 한가운데에 내동댕이치기는 하였지만, 아무런 해도 끼치지 못하고 그에게서 나갔다. 그러자 모든 사람이 몹시 놀라 "이게 대체 어떤 말씀인가? 저이가 권위와 힘을 가지고 명령하니 더러운 영들도 나가지 않는가?"하며 서로 말하였다.

그리하여 그분의 소문이 그 주변 곳곳으로 퍼져 나갔다.

스스로 자문해보자.

"나는 하느님의 말씀을 듣고도 전혀 아랑곳하지 않는가, 아니면 선택적으로 복종하는가 아니면 굳게 믿고 순종하는가?"

예수님께서는 가르치실 때에는 항상 권위를 갖고 말씀하셨다.

예수님께서는 예전에는 어느 누구도 하지 못했던 '하느님의 말씀'을 전하셨다. 그러나 랍비들이 가르칠 때에는 권위 있는 다른 사람들의 말을 인용할 수밖에 없었다. 그리고 예언자들은 권한을 위임 받아 말하였다.

불경佛經에서는 부처님이 설법한 것을 받아 적으면서 항상 "나는 이렇게 들었다!"는 말로 시작한다. '여시아문如是我聞'은 부처님 말씀을 제대로 들었는지 모른다는 뜻도 내포하고 있다. 반면에 랍비들은 "주님께서는 이렇게 말씀하셨다."는 말로 시작하였다. **하지만 예수님께서 말씀하실 때에는 당신의 말씀을 입증할 권위 있는 사람들의 말을 구태여 인용하실 필요가 없었다. 하느님의 말씀이 육화肉化되셨기 때문에 예수님 자신이 바로 권위였다. 따라서 예수님께서 말씀하시는 것은 하느님께서 말씀하시는 것과 같다.**

그래서 예수님께서 명령하시자 마귀마저도 순종하였던 것이다.

타락한 천사인 마귀도 하느님의 아들의 힘과 권위를 믿는데, 우리들도 예수 그리스도의 복음의 힘과 권위를 진심으로 믿고 주님께 우리들의 생명을 맡겨야 한다.

그렇게 하는 것이 세상을 살아가는데 가장 현명한 방법이기 때문이다.

우리가 하느님의 말씀에 귀를 기울여서 주님께서 바라시는 일을 하려면 하느님께서 말씀을 통하여 우리들을 가르치시려고 했던 것을 더욱 더 잘 깨닫도록 노력해야 한다.

하느님께서 주신 은총을 이해하려면 육肉의 영靈을 받지 말고 성령聖靈을 받아야 한다는 뜻이다. 그러면 주님께서 내 안에 계시기 때문에 모든 것이 자유롭게 되며 어떻게 살아야 할지, 무슨 말을 해야 할지, 어떻게 행동할지를 고민하지 않아도 된다.

또 저절로 권위도 생기고 힘도 생긴다.

"**먼저 복음이 모든 민족들에게 선포되어야 한다.** 사람들이 너희를 끌어다가 법정에 넘길 때 **무슨 말을 할까 미리 걱정하지 마라. 그저 그때에 너희에게 일러 주시는 대로 말하여라.**

사실 말하는 이는 너희가 아니라 성령이시다." (마르코 13:10-11)

슬픈 현실을 말해야겠다. 2010년 10월 20일자 〈가톨릭뉴스 지금 여기〉 지에서 우리 신학연구소 소장 박영대씨는 다음과 같이 말했다.

"한국 천주교회는 다른 나라 천주교회에 비해 성직자 권위주의가 더욱 심한 편이라는 평가를 받고 있다. 그래서 평신도들은 교회쇄신 방안으로 평신도 중심의 교회를 이야기해왔다. 천주교 진보 평신도들도 마찬가지 주장을 해왔다. 하지만 중산층교회를 넘어 중상층교회로 발돋움하는 한국천주교회에서 평신도 중심의 교회가 되면 교회쇄신이 이루어질 수 있을까? (중략)

한국 천주교회는 여러 한계와 문제에도 성장하고 있다. 하지만 성장이 곧 하느님의 축복이며, 현재 한국 천주교회가 예수의 가르침에 충실하고 있다고 하기 어렵다.

한국 천주교회는 카이사르에게 돌려야 할 것을 하느님께 돌리고, 하느님 대신 맘몬재물을 섬기는 '널찍하고 편한 길'로 가고 있기 때문이다. 이를 바로잡으려면 교회 안의 개혁세력이 조직되어야 하는데, 과거 그 역할을 했던 가톨릭청년 학생운동과 천주교 사회운동이 침체된 상황은 미래를 어둡게 한다. 교회와 사회에 대한 성찰을 통해 영성과 실천, 삶과 신앙, 교회 안과 밖을 통합할 수 있는 새로운 생활 영성 운동을 시작할 때이다."

도스토옙스키의 『카라마조프 가의 형제들』에서 종교 재판장인 추기경은 재림한 예수를 이렇게 꾸짖는다.

"당신은 그리스도교를 교황에게 넘겨주었다. **그리스도교는 이제 당신의 것이 아니라 교황과 사제들의 것이다.**

왜 우리의 일을 방해하는가? 가라! 다시는 오지 말아라!"

옛날의 한 그리스도인 작가가 말했다.

"자리가 사제司祭를 만드는 것이 아니라 사제가 자리를 만듭니다.

자리가 사람을 축성祝聖하는 것이 아니라 사람이 자리를 축성합니다.

모든 사제가 거룩하지는 않지만 거룩한 사람은 모두 사제입니다."

또 우리 평신도는 부모로서의 권위와 힘을 잃어버리고 있다.

유교 덕분으로 유지하고 있던 권위와 힘을 행사할 수 없게 되었기 때문이다.

그러나 부모를 존경한다는 자식이 드문 것은 순전히 '우리 자신의 탓'이다. 재물을 숭배하게 하고 이기심만 키워준 것은 바로 우리들 부모이기 때문이다.

"주님, 당신의 말씀은 저에게 힘과 생명이 됩니다.
당신의 사랑과 자비와 말씀의 힘을 믿게 해주시어
저를 치유하여 주시고 죄와 고통에서 해방되게 해주소서."

27
죄인들을 위한 잔치

"'나의 이 아들은 죽었다가 다시 살아났고 내가 잃었다가 도로 찾았다.' 그리하여 그들은 즐거운 잔치를 벌이기 시작하였다." (루카 15:24)

에브도키모프Paul Evdokimov; 1902~1970는 "현대인은 과거의 기억 안에, 또는 미래에 대한 기대 속에서 살려는 경향이 있다고 한다. 현재의 순간으로부터는 도망가려 하고 시간을 죽이기kill time 위해서 창의력을 동원한다. 고행苦行의 한 금언金言이 말했듯

'지금 자신이 살고 있는 시간, 자신이 하고 있는 일, 자신이 이 순간에 만나고 있는 사람이 자신의 생애에서 가장 중요하다.' 과거와 미래는 추상적인 별세계라서 존재하지 않을 뿐더러 영원에 접근하지도 못하기 때문에 현대인은 '지금 여기'에 살고 있지 않으며 의식하지 못하는 공상 속에서 산다.

영원은 단지 현재의 순간을 향하여 있으며, 그 순간에 온전히 자기 자신을 현존하도록 하는 사람에게만 주어진다."『The Struggle with God』의 p. 213

많은 사람들이 과거의 죄 때문에 죄의식에 빠져 괴로워하거나 벗어나지 못하는 것을 본다. 우리들이 첫 영세를 받으면서 과거의 죄는 모두 용서 받았지만 죄는 그대로 남아 있어서 그렇다

죄는 사실로 남아 있지만 하느님께서 이미 용서하셨기 때문에 죄의식을 가지면 안 된다.

그러면 어떻게 하면 과거의 죄의식에서 자유롭게 될 수 있을까?

구약의 탈출기 시대만 해도 하느님께서는 자비심이 많았고 너그러우셔서 "죄를 완전히 없애주지 않는 대신 선조의 죄악을 아들 손자들을 거쳐 삼 대代 사 대까지 벌한다."고 하셨다. (탈출기 34:7)

그러나 모세의 법을 어긴 사람들은 속죄의 제물을 바쳐 죄를 없앴다. (레위 5:14, 7:1)

속죄의 제물을 하느님께 바쳤기 때문이다. (레위 5:19)

신약시대에 들어 와서도 사람들은 과거의 죄를 떨쳐버리지 못했다.

그러나 하느님께서 우리들이 양떼처럼 길을 잃고 저마다 제 길을 가는 것을 보시고 예수님을 이 땅에 보내시어 우리들의 모든 죄를 떠안게 하셨다. (이사야 53:6)

아무 죄가 없으셨던 분이 우리 대신에 죽으시어 우리의 죄값을 치르셨다. (루카 23:4)

주님께 간청하면 우리가 죄를 짓지 않게 해주실 뿐 아니라 우리들이 지은 죄를 없애주신다. (미카 7:18-19)

이미 우리들이 지은 죄를 갈기갈기 찢으셔서 아주 먼 바다 속 깊이 던져버리셨다. (시편 103:12, 미카 7:19)

이 때문에 하느님은 말씀을 통하여 우리들의 죄가 없어졌다고 말씀하고 계신 것이다. 예수님께서 우리들의 과거의 죄를 씻어주셨기 때문에 이제 우리들은 과거의 죄의식에서 해방되게 되었다. (미카 7:18)

더 이상 죄의식에 빠져 괴로워하지 말고 기쁘게 살아야 한다.

예수님께서 이미 죄인들을 위한 잔치까지 해주셨기 때문이다. (루카 15:24)

주님 변함 없이 자비를 베푸소서.

주님, 신앙심이 모자라 주님의 말씀을 믿지 못했던 저를 용서하소서.

"하늘이 땅 위에 드높은 것처럼 그분의 자애는 당신을 경외하는 이들 위에 굳세다.

해 뜨는 데가 해 지는 데서 먼 것처럼 우리의 허물들을 우리에게서 멀리하신다." (시편 103:11-12)

이 모든 말씀들은 영원은 영원한 생명을 가진 사람만이 누릴 수 있다고 말하고 있으며 속세의 시간은 영원에 속할 수 없음을 뜻한다. 그러나 어느 시점에 우리는 영원한 생명을 가지지 못한 채 속세의 시간을 다 써버리고 만다. 잔디밭을 가로질러 달리다가 뜰 밖으로 곧장 달려나가는 어린이처럼 우리는 평생 달리다가 시간을 떠나고 만다.

그 순간에 우리는 시간 밖에 있기 때문에 회개는 더 이상 할 수가 없게 된다. 회개할 수 있는 시간을 놓쳐버린 것이다.

쉰클레티카Syncletica 암마amma; 여성 영적 지도자는 **"자녀들이여, 우리는 모두 구원 받기를 원하지만 우리의 게으른 습성 때문에 구원으로부터 빗나가 버립니다. 우리는 모두 구원의 길을 알고 있지만 선의善意가 없어서 선뜻 여행에 나서지 못합니다."**하고 말했다.

유한한 시간을 오로지 시간을 죽이는 데에만 혈안이 되어 좋은 시간 다 보내고 마지막 심판대에 서 있는 자신을 생각해본다.

당신이 모르고 있는 것은

에브도키모프

당신의 세 손님성부와 성자와 성령이
당신 안에서 서로 사랑하게 하시고
서로 칭찬하게 하시고
서로 찬미하게 하십시오.

그들이 당신의 천막 안에서
기뻐 춤추게 하십시오.
당신이 까맣게 모르고 있는 것은
하느님께서 당신 안에 계시다는 것이오.
그 사실을 침묵의 땅에서 깨달으십시오.

28

고양이도 왕을 뵈올 수 있다

그때에 예수님께서 다시 호숫가로 나가셨다. 군중이 모두 모여 오자 예수님께서 그들을 가르치셨다. 그 뒤에 길을 지나가시다가 세관에 앉아 있는 알패오의 아들 레위를 보시고 말씀하셨다.

"나를 따라라." 그러자 레위는 일어나 그분을 따랐다.

예수님께서 그의 집에서 음식을 잡수시게 되었는데 많은 세리와 죄인도 예수님과 그분의 제자들과 자리를 함께하였다. 이런 이들이 예수님을 많이 따르고 있었기 때문이다. 바리사이파 율법학자들은 예수님께서 죄인과 세리들과 함께 음식을 잡수시는 것을 보고 그분의 제자들에게 말하였다.

"저 사람은 어째서 세리와 죄인들과 함께 음식을 먹는 것이오?"

예수님께서 이 말을 들으시고 그들에게 말씀하셨다. "건강한 이들에게는 의사가 필요하지 않으나 병든 이들에게는 필요하다. 나는 의인이 아니라 죄인을 부르러 왔다." (마르코 2:13-17)

미국의 닉슨 대통령 시절 대통령의 보좌관을 지냈던 찰스 콜슨Charles Colson은 두뇌가 비상하고 냉철하기로 소문났으며 유명한 워터게이트사건에 연루되어 옥에 갇히게 되었다.

그 때 상원의원인 헤트필더, 휴스, 퀴에 등 3명의 의원이 투옥된 찰스 콜슨을 위해 날마다 시간을 정해 놓고 함께 기도했고 또 자주 그를 찾아가 위로하며 성경책을 전해주었다.

그의 형 집행기간이 7개월 가량 남았을 때의 일이다. 어느 날 평상시처럼 기도하는 가운데 퀴에 의원은 콜슨을 위해서 대신 옥살이를 해야겠다는 생각을 하게 되었다. 변호사이기도 했던 퀴에는 다른 사람을 대신하여 형기를 치를 수 있다는 내용의 특수법조문을 자신에게 적용해 수도록 법원에 제안했지만 거절당했다. 그러나 퀴에의 노력은 헛되지 않아 콜슨은 감옥에서 복음을 받아들여 그리스도인이 되었다.

그는 대가를 바라지 않고 베풀어진 사랑에 감격하여 자신도 누군가에게 사랑을 베풀기로 결심했다.

남은 형기 동안 그는 동료 죄수들을 어떻게 사랑할 수 있을까 하고 기도하기 시작했다. 그는 죄수들이 가장 싫어하는 빨래하는 일을 자청해서 했다. 다른 죄수들은 처음에는 그러한 그를 믿지 못하고 다른 속셈이 있을 것이라고 추측했다.

그러나 한결같이 봉사하는 그의 참된 모습을 보고 감동받기 시작했다.

그리고 그와 함께 기도모임을 갖게 되고 사랑의 교제를 나누었다.

콜슨은 그의 자서전에서 "평생 동안 집안에서 손가락 하나 까딱한 적 없던 내가 그들을 사랑하면서부터 인생의 진정한 행복을 발견하게 되었다."고 고백했다. 그는 옥에 갇혀 있을 때 평생을 죄수들을 위해서 살겠다고 다짐했다. 형기를 마친 뒤 출옥하여 그는 『다시 태어나기Born Again』라는 책을 출간하여 미국사회에 신선한 충격을 주었다.

그는 또 〈교도소 선교회Prison Fellowship〉를 조직하여 죄수들에게 복음을 전하는 일에 전념한 공로로 종교계의 노벨상이라고 할 수 있는 템플턴상을 받았다.

콜슨은 좌절과 절망으로 인생을 끝낼 수 있었지만 '다시 태어남born-again', 즉 '구원'을 통해 새로운 인생을 살게 되었다. 그의 다시 태어남 뒤에는 3명의 헌신적인 사람들이 있었다.

철학자 키에르케고르의 "이것이냐 저것이냐"의 명제는 우리에게 매 순간마다 현명한 선택을 요구하고 있다. 콜슨의 현명한 선택은 그를 전혀 새로운 사람으로 탄생하게 했다. 예수님은 **"사람이 새로 태어나지 않으면 하느님 나라를 볼 수 없다"**고 구원의 중요성을 말씀하시고 이를 위해 십자가에 달려 우리를 향한 사랑을 확실하게 보여주셨다. (요한 3:3)

오늘 복음에서는 전지전능한 예수님께서 창녀들이나 세리들처럼 평판이 좋지 않은 사람들과 어울리시는 모습을 보여주고 있다. 사람들은 일반적으로 선한 사람과 악한 사람, 의로운 사람과 나쁜 사람, 신자와 비非신자로 나누기를 좋아한다.

"고양이라도 왕을 볼 수 있다A cat may look at a king.**"**는 영국 속담이 있다. **아무리 미천한 사람이라도 제 권리가 있다는 뜻이다.** 예수님께서는 신분을 가리지 않고 사람을 만나셨으며 모두 친구로 삼으셨다.

나지안즈의 성 그레고리오Gregory Nazianzen 주교 학자가 말했다.

"죄인들과 어울리시는 예수님을 비난하는 것은 병자를 고쳐주기 위해 허리를 구부리고 있는 의사를 비난하는 것과 같다." 뒤에 마태오로 이름 붙여진 레위는 세관에 앉아 있다가 "나를 따라라."는 말씀에 벌떡 일어나서 예수님을 따라갔다.

예수님을 따르는 것은 발로 따르는 것이 아니라 마음으로 따르는 것이다.

발로 예수님을 따르는 사람들이 있다. 행동은 뒷받침되지 않으면서 사제나 수도자들에게 눈도장을 찍으려고 따라다니는 사람들이다.

성 베다St. Bede the Venerable, 673~735 사제학자가 말했다.

"그리스도 안에서 산다고 말하는 사람은 그리스도처럼 살아야 합니다.

이 땅의 것을 바라지 않고 사라질 이익을 추구하지 않고, 속된 찬양을 하지 않고, 하늘의 영광을 위하여 이 땅의 모든 수모를 기꺼이 받아들이고, 모든 이에게 선을 행하고, 아무에게도 아픈 상처를 주지 않고, 자신이 받은 상처를 참고 견디며,

자신을 핍박한 사람을 하느님께 용서를 청하고,

항상 자신의 영광이 아니라 하느님의 영광을 구하고,

사람들이 하늘의 것을 사랑하도록 도와야 합니다. 이것이 그리스도를 따르는 것입니다."

마태오는 이렇게 이 땅의 것을 과감히 버리고 주님을 따랐던 것이다.

주님께서는 마태오에게 겉으로는 "나를 따라라."고 말씀하셨지만 안으로는 그가 따를 수밖에 없는 충동의 은총을 내려주셨던 것이다.

외과수술을 받을 때 몸에 끔찍한 아픔이 있듯이 병든 영혼을 회복하려면 고통이 뒤따라야 한다.

"여러분은 그리스도 예수님을 주님으로 받아들였으니 그분 안에서 살아가십시오. 가르침을 받은 대로, 그분 안에 뿌리를 내려 자신을 굳건히 세우고 믿음 안에 튼튼히 자리를 잡으십시오.

그리하여 감사하는 마음이 넘치게 하십시오." (콜로새 2:6-7)

29
과거 없는 성인 없고 미래 없는 죄인 없다

그때에 바리사이 가운데 어떤 이가 자기와 함께 음식을 먹자고 예수님을 초청하였다.

그리하여 예수님께서는 그 바리사이의 집에 들어가시어 식탁에 앉으셨다.

그 고을에 죄인인 여자가 하나 있었는데, 예수님께서 바리사이의 집에서 음식을 잡수시고 계시다는 것을 알고 찾아왔다.

그 여자는 향유가 든 옥합을 들고서 예수님 뒤쪽 발치에 서서 울며, 눈물로 그분의 발을 적시기 시작하더니 자기의 머리카락으로 닦고 나서 그 발에 입을 맞추고 향유를 부어 발랐다.

예수님을 초대한 바리사이가 그것을 보고, '저 사람이 예언자라면, 자기에게 손을 대는 여자가 누구이며 어떤 사람인지, 곧 죄인인 줄 알 터인데.'하고 속으로 말하였다.

그때에 예수님께서 말씀하셨다. "시몬아, 너에게 할 말이 있다."

시몬이 "스승님, 말씀하십시오."하였다.

"어떤 채권자에게 채무자가 둘 있었다. 한 사람은 오백 데나리온을 빚지고, 다른 사람은 오십 데나리온을 빚졌다. 둘 다 갚을 길이 없으므로 채권자는 그들에게 빚을 탕감해 주었다. 그러면 그들 가운데 누가 그 채권자를 더 사랑하겠느냐?"

시몬이 "더 많이 탕감받은 사람이라고 생각합니다."하고 대답하자 예수님께서 "옳게 판단하였다."하고 말씀하셨다. 그리고 그 여자를 돌아보시며 시몬에게 이르셨다.

"이 여자를 보아라. 내가 네 집에 들어왔을 때 너는 나에게 발 씻을 물도 주지 않았다.

그러나 이 여자는 눈물로 내 발을 적시고 자기의 머리카락으로 닦아 주었다.

너는 나에게 입을 맞추지 않았지만 이 여자는 내가 들어왔을 때부터 줄곧 내 발에 입을 맞추었다. 너는 내 머리에 기름을 부어 발라 주지 않았다.

그러나 이 여자는 내 발에 향유를 부어 발라 주었다.

그러므로 내가 너에게 말한다. 이 여자는 그 많은 죄를 용서받았다.

그래서 큰 사랑을 드러낸 것이다. 그러나 적게 용서받은 사람은 적게 사랑한다."

그러고 나서 예수님께서는 그 여자에게 말씀하셨다. "너는 죄를 용서받았다."

그러자 식탁에 함께 앉아 있던 이들이 속으로 '저 사람이 누구이기에 죄까지 용서해 주는가?'하고 말하였다.

그러나 예수님께서는 그 여자에게 이르셨다.

"네 믿음이 너를 구원하였다. 평안히 가거라." (루카 7:36-50)

성 베드로 크리솔로고 주교 학자Peter Chrysologus, 380~450는 "한 때 죄인이었던 이 여인은 누구를 지칭한 것인가?"하고 자문自問했다. 짧은 강론으로 유명했던 성인은 "의심할 여지없이 그 여인은 교회를 가르킵니다." 하고 주저함이 없이 답했다.

성인은 다음과 같이 생각했다.

"그 여인은 바리사이들이 지키고 있는 문을 지나가야했다. 여인은 바리사이들 몰래 잽싸게 들어가려고 했다. 그러나 한 랍비가 설교하고 있을 때 군중들이 그 여인을 들여보내 설교를 듣게 해주었기 때문에 몰래 들어갈 필요가 없었다.

하지만 그 여인은 군중들의 얼굴과 몸짓에서 경멸을 똑똑히 보았다.

그 여인은 그들과 달리 성인聖人인체하지는 않았다. 어떤 사람이 '성인은 더 이상 죄를 짓지 않는 참회懺悔한 사람에 지나지 않는다.'고 말했다. 그러나 그녀는 여전히 죄를 짓고 있는 죄인이었다. 바리사이들의 얼굴은 마치 죽은 사람과 같았다.

도덕적으로만 의롭게 보이고 거룩하지 않으면 평온하게 보이지 않을뿐더러 평화가 없어, 죽은 사람처럼 무표정하게 보이기 때문이다.

그러나 그 여인은 살아있었고 감정도 풍부하고 할 말은 다 했다.

그래서 성인은 그녀를 '열정적이며 감정이 풍부하다.'고 표현했다.

그녀는 울 수 있었기 때문에 사랑할 수도 있었다. 또 사랑할 수 있었기 때문에 용서할 수 있었고 용서를 받을 수 있었다. …"

마치 무정한 현대인들처럼 바리사이들에게는 감정도 없었던 것이다.

그 여인은 달콤한 술잔이 있는 사랑의 잔치 가운데서 그리스도께서 배신 당할 것이라는 것을 알고 있었을지도 모른다.

그 당시에는 바리사이들이 교회를 주물렀지만

오늘날의 교회는 과연 선인善人들의 교회가 되어 있는가?

성인은 강론을 무척 잘하여 지금도 남아 있는 것이 많다.

그 중에 〈평화를 위하여 일하는 사람은 행복하다〉는 제목의 강론은 무척 감동적이다.

사랑하는 형제 여러분, 복음 사가는 이렇게 말해 줍니다.

"평화를 위하여 일하는 사람은 행복하다. 그들은 하느님의 아들이 될 것이다." 그리스도인의 덕행은 그리스도의 평화를 보존하는 사람 안에서만 열매를 맺게 됩니다. 그래서 평화를 위하여 일하는 사람이라고 할 수 있는 사람만이 하느님의 자녀라 불리울 수 있습니다.

사랑하는 형제 여러분, 평화는 사람을 노예 상태에서 해방시키고 그에게 귀족의 이름을 줍니다. 평화는 또 사람이 하느님 앞에서 지니고 있는 위치를 변모시켜 그를 종의 신분에서 자녀의 신분으로, 노예 상태에서 자유인으로 만들어 줍니다. 형제들간의 평화는 하느님의 뜻이고 그리스도께서 가장 기뻐하시는 것입니다. 거룩함의 완성이고 정의의 규범입니다.

지식의 스승이고 윤리의 수호자이며 만사의 칭송할 만한 질서입니다. 평화는 기도의 목표이고 쉽고 안전한 청원 방법이며 모든 욕망의 완전한 성취입니다. 평화는 또 사랑의 어머니, 화목의 유대, 그리고 원하는 것은 다 청할 수 있는 순수한 마음의 확실한 증거입니다.

평화는 원하는 것은 무엇이나 청하고 청하는 것은 무엇이든 다 받습니다. 우리 임금이신 그리스도의 계명에 따라 평화는 반드시 보존되어야 합니다.

주 예수 그리스도께서는 "나는 너희에게 평화를 주고 간다. 내 평화를 너희에게 주는 것이다."라고 말씀하셨습니다.

이 말씀은 흡사 이렇게 말해 주고 있는 것 같습니다.

"평화 가운데 너희와 헤어졌다. 내가 다시 올 때 너희가 평화 가운데 있는 것을 보고 싶다."

그리스도께서는 당신이 다시 오실 때 모든 사람들 가운데서 보고 싶어하신 그 평화를 우리에게 남기고 떠나가기를 원하셨습니다.

주께서는 당신이 우리에게 주신 이 평화를 보존하라고 명령하셨습니다. "내가 준 것은 다시 찾겠다."라는 주님의 말씀에는 모호함이 조금도 없습니다.

마음속 깊이 평화를 심어 주는 것은 하느님의 일이고 그것을 송두리째 뽑아 버리는 것은 원수의 짓입니다.

형제적 사랑이 하느님께로부터 나오는 것처럼 미움은 마귀들로부터 나옵니다.

따라서 우리는 온갖 종류의 미움을 단죄해야 합니다.

"자기 형제를 미워하는 자는 누구나 다 살인자"라고 성서는 말합니다.

사랑하는 형제들이여, 여러분이 평화를 사랑하고 화목을 소중히 여겨야 하는 이유가 바로 여기에 있습니다.

평화와 화목은 사랑을 낳고 또 그것을 자라게 해줍니다.

여러분은 "사랑은 하느님께로부터 오는 것이다."라는 사도 요한의 말씀을 들었습니다.

이 말이 사실이라면 사랑이 없는 사람에게는 하느님이 없습니다.

형제 여러분, 우리 생명에 이바지하는 계명들을 지킵시다.

깊은 평화의 유대로써 형제들의 공동체를 한데 묶고, 허다한 죄를 덮어주는 사랑으로 서로 사랑하며, 그 사랑의 구원적 유대로써 공동체를 견고히 하도록 합시다.

우리 마음의 온갖 욕망을 지닌 채 사랑을 포옹해야 합니다.

사랑이 우리에게 줄 수 있는 은혜와 상급은 헤아릴 수 없습니다.

하느님께서는 항상 평화 가운데 계시므로 평화를 다른 모든 덕행에 앞서 간직해야 합니다.

평화를 사랑하십시요. 그러면 모든 것이 평온할 것입니다.

여러분의 사랑은 우리에게는 상급이고 여러분에게는 기쁨입니다.

하느님의 교회는 평화의 일치 위에 기초를 두고 그리스도 안에서 완전한 평온을 누릴 것입니다.

30

대동大同과 하늘나라

『예기禮記』〈예운편禮運篇〉에서 공자는 '인仁의 세상'을 다음과 같이 말하고 있다. 인仁은 곧 사랑이다.

"천하는 공적公的 소유물이다. 유능하고 덕 있는 사람들이 지도자가 되어 신뢰와 상호존중을 구축해 나가는 사회에서는 사람들은 제 부모만 섬기지 아니하고 자기 자식만 품고 돌지 않는다. 노인들에게는 편안한 노년을, 젊은이에게는 일을, 어린이에게는 교육을 제공한다. 의지할 데 없는 과부, 고아, 독거노인, 장애자와 병자들에게는 쉼터를 마련해준다.

남자는 직장이 있고 여자는 가정이 있다.

재화財貨를 축적하되 자기 창고에만 쌓지 않고, 노동을 하되 자신을 위해서만 벌지 않는다. 사기詐欺와 술책術策이 사라지고 도둑과 건달이 설치지 않는 세상, 대문이 있으되 잠그지 않는 그런 세상을 대동大同이라고 한다."

天下爲公 選賢與能 講信修睦 故人不獨親其親 不獨子其子 使老有所終 壯有所用 幼有所長 鰥寡孤獨廢疾者 皆有所養 男有分 女有歸 貨惡其棄於地也 不必藏於己 力惡其不出於身也 不必爲己 是故 謀閉而不興 盜竊亂賊而不作 故外戶而不閉 是謂大同

또 '인仁은 본심의 온전한 덕德이며 의義의 근본이며 화순和順의 본체'라고 했다. "사랑은 덕의 근본이며 의로움의 근본이며 일치의 뿌리라는 말이다."

대동大同사회는 다 같이 잘사는 사회로 이른바 낙원樂園이며 무릉도원武陵桃源이다. 이 세상에 낙원이 존재한 것은 아담과 하와가 금단의 열매를 따먹기 전에 존재했을 뿐이다. 그래서 예수님께서 하늘나라를 말씀하셨다. 땅에서는 이루어지기 힘든 나라라는 뜻일 게다.

오늘날의 우리들처럼 사랑을 알면서도 실천하지 못했던 구약시대의 사람들을 위하여 말씀이 사람이 되시어 이 땅에 오셔서 첫 번째 계명으로 사랑을 내세우셨다.

사랑은 모든 계명을 포함하고 있기 때문이다. 하느님을 사랑하는 것과 이웃을 자기 몸같이 사랑하는 것은 분리될 수 없다. 하느님께 대한 사랑 없이 이웃사랑을 할 수 없기 때문이다. (1요한 4:20) 그래서 10계명 중 하느님께 대한 사랑은 전반부 1계에서 3계까지이고, 이웃에 대한 사랑은 후반부 4계에서 10계까지이다.

심지어는 원수까지도 사랑하라고 하셨다.

체스터턴Gilbert K. Chesterton이 말한 대로 **원수는 '가까운 가족'일 가능성이 많고 남을 미워한다는 것은 결국 자신을 망가뜨리는 일이기 때문이다.**

하느님을 사랑하고 이웃을 사랑하지 않고는 어떠한 방법으로든 완덕完德에 나아갈 수 없다. 모든 율법과 예언서는 바로 이 두 계명으로 요약할 수 있기 때문이다. (마태 22:40)

우리가 하느님을 사랑해야 하는 이유는 많다. 먼저 그분은 무한히 선하시고 완전하시며 사랑 자체이시기 때문이다. (마태 19:17)

사랑의 모델이기 때문에 하느님으로부터 사랑을 배우는 것이기도 하다.

그리고 우리는 헤아릴 수 없는 많은 은총을 받았으며 하느님은 우리를 사랑하시기를 원하시고 또 사랑하도록 명하셨기 때문이다. 따라서 우리는 하느님의 계명에 순종함으로써 그분께 기쁨을 드리게 되고 그분께 대한 우리의 사랑이 더욱 잘 나타나게 되는 것이다.

우리는 우리 자신을 사랑해야 한다. 그 이유는 하느님께서 원하시고 요구하시고 계시기 때문이다. (마태 22:39) **자신에 대한 사랑은 죄악을 피하**

고 덕행을 실천하며,(마태 7:13-14) 자신을 구원하는 데 있기 때문이다. (마태 6:33) 구원이나 부활은 새로운 사람이 되는 것이기 때문이다. 또한 육신보다 영신을 더욱 돌보며 게으르지 않고 재물이나 명예만을 위해 살지 않는 데에 있다. 또한 육신과 물질을 잘 사용하는 데에도 있음은 물론이다. (로마 6:12-13)

아우구스티노 성인은 "먼저 하느님을 사랑하는 것을 배우고, 다음에 자신을 사랑하는 것을 배우며, 그 다음에 자신을 사랑하듯이 이웃을 사랑하라."고 했다.

자신을 사랑하려면 먼저 자신을 알아야 한다.

프란치스코 성인이 말했다. "세상에 내 것이란 아무것도 없다."

가난은 소유하지 않는 상태를 말한다. 가난 하지 않다는 것은 뭐든 내 것으로 한다는 것이다.

그러나 모든 것은 하느님의 소유이다. 그런데 하느님께서 주시지 않는 것을 탐하면서 가난으로 빠져든다. 또 그러면서 죄를 짓고도 그것이 죄인지도 모르고 산다. 나의 것은 나의 죄밖에 없다는 것을 모르고 산다.

하느님의 뜻이 아니라 자신의 뜻대로 살면 죄를 짓게 마련이다. 죄가 없으면 빛이 되니 빛을 보지 못한다. 그런데 우리는 빛이 되지 못하면서도 자신이 죄인이라는 것을 모른다. 자신이 죄인이라는 것을 모르는 사람들이 득시글거리고 있으니 어떤 것이 죄인지를 모른다.

이 보나벤뚜라 수사님이 진심으로 자신이 죄인이라고 느끼고 있는 사람에 대하여 말했다.

"죄인이라면 멸시와 비난과 조롱이 섞인 죄인 취급을 받아야
올바른 대접을 받는 것이라서 마음이 편하다.
죄인이라고 하면서 어찌하여 선인善人 대접을 받으려고 하는가?
죄인은 죄인 취급을 받아야 천국에 든다."

"우리는 형제들을 사랑하기 때문에 우리가 이미 죽음에서 생명으로 건너갔다는 것을 압니다. **사랑하지 않는 자는 죽음 안에 그대로 머물러 있습니다. 자기 형제를 미워하는 자는 모두 살인자입니다. 그리고 여러분도 알다시피, 살인자는 아무도 자기 안에 영원한 생명을 지니고 있지 않습니다. 그분께서 우리를 위하여 당신 목숨을 내놓으신 그 사실로 우리는 사랑을 알게 되었습니다.**

그러므로 우리도 형제들을 위하여 목숨을 내놓아야 합니다.

누구든지 세상 재물을 가지고 있으면서도 자기 형제가 궁핍한 것을 보고 그에게 마음을 닫아 버리면 하느님 사랑이 어떻게 그 사람 안에 머무를 수 있겠습니까?

자녀 여러분, **말과 혀로 사랑하지 말고 행동으로 진리 안에서 사랑합시다.**" (1요한 3:14-18)

31

핑계만 대고 감사할 줄 모른다

너희들은 예언자들이나 성인聖人들이 너희가 저지른 큰 잘못이나 죄를 경고해도, 무딘 마음과 더러워진 영혼으로 가득 차서 하느님의 계명을 가볍게 여기고, 하느님의 계획을 두려워하지 않고, 욕망에 가득 찬 여인처럼 유약해지고, 티끌로 만들어진 이 천한 세상을 사랑하고, 성인의 충고를 따르지 않고, 성령聖靈을 받을 생각을 하지 않고 길을 잃고 헤매며, 교활해지고 거짓말을 하면서도 거드름을 부리면서 그들을 거지처럼 취급하며 질투에 차서 적으로 생각한다. 그들이 너희의 선물을 받아들이면 '거지'*라고 부르고 받아들이지 않으면 "현혹시키려고 한다."고 말한다.

그들이 다가오면 "무언가를 바란다."고 말하고 다가오지 않으면 "이제는 그들의 거만스러움이 지겹다."고 말한다. 그렇지 않으면 위선자처럼 변명을 늘어 놓는다.

"저는 가족을 위하여 일하는데 여념이 없었습니다. 저는 간지러워도 머리를 긁을 시간도 없었습니다. 하오니 저의 믿음에 대하여 혼자서 생각하게 해주십시오. 친구여, 당신의 삶은 믿음의 성지에서 저를 생각해주오. 그러면 나중에 위대한 성인이 되겠소."

너희는 절대로 내면의 고통을 빠지리게 통감하고 난 후에 말하지 않고 입 안에서 중얼거리면서 잠들어 버린다. 너희는 "저는 불쌍한 사람입니다. 저는 어쩔 수 없었습니다. 저는 살기 위하여 열심히 일만 했을 뿐입니

* 수피들은 자신들을 거지라고 불렀다

다."하고 말한다.

내가 보기에는 너는 진실하게 산 것 같지만 너는 믿음에서 멀어질 대로 멀어져 길을 헤매고 있다. 하느님을 위하는 것 같지만 빵에만 집착하여 믿음을 팽개치고 바보들을 따르고 있다.

너희는 이 세상 없이는 살 수 없다고 느끼지만 하느님께서 이 세상을 창조하셨다는 것을 믿지 않고 있다. 너희는 편한 것만 생각하고 좋은 것만 바라지만 주님 없이 어떻게 살아가려고 생각하느냐?

너희는 창조된 것 없이는 살아 갈 수 없지만 하느님 없이 살려고 하고 있다. 아브라함은 달과 태양, 별을 믿다가 깨닫고는 동굴을 떠나면서 흥분하여 외쳤다.

"믿을 것은 하느님밖에 없다." 그런데 누가 그렇게 말하게 만들었겠는가? 나는 이 세상을 창조한 분을 만날 때까지는 두 세상을 모두 보게 될 것이다. 하느님을 알지 못하면서 음식을 먹으면 목에 걸려 기분을 망치게 된다.

그런데 내가 섬기는 하느님의 장미정원을 보지도 않고 어떻게 음식을 삼킬 수 있겠는가? 사람이 짐승이 아닌 한 어떻게 마실 생각을 할 수 있겠는가?

하느님을 소망하면 구원을 받게 된다.

하느님의 계시를 받아들이지 않으면 짐승처럼 되어 길을 잃고 헤매게 된다.

하느님의 계시를 받아들이지 않는 사람은 비뚤어지게 되고 더러운 냄새가 나고 하느님에게 순종하지 않으려고 한다. 친구여, 이러한 사람들의 사악한 생각은 결국 자기 자신을 속여서 자신에게 화를 미치게 하여 여생을 단축시키게 한다.

망령이든 사람처럼 머리가 돌지 않게 되고 죽을 때에는 아무 것도 보여줄 것이 없게 된다.

모든 사람이 "나는 최후의 심판 날을 명심하고 있다."고 말하지만
너희의 에고가 말하는데 불과하다.
모든 사람이 "하느님, 용서해주소서."하고 울부짖지만
너희의 에고가 속이고 거짓말을 하는 것이다.
너희들은 먹을 것이 없으면 반半 죽은 사람처럼 되어 슬퍼하지 않는가?
하느님께서 모든 것을 용서해주시는데 왜 두려워하는가?

루미의 『마스나비』 중에서

32
하느님을 만나려면

내가 앞에서도 설명한 바와 같이 러시아 사람들은 하루나 이틀을 뿌스띠니아에서 지내는데 그 자신은 물론 다른 사람들을 위해 뿌스띠니아에 가지만 대개 다른 사람을 위해서 간다. 집으로 돌아오면 그가 뿌스띠니아에 머물렀을 때 받았던 것을 공동체나 그의 가족들에게 말해야 한다.

러시아에서는 온 마을의 모든 사람들에게 전한다. 나는 뿌스띠니아에 다녀 온 뒷 날 또는 저녁식사 시간에 이를 마돈나 하우스에서 전한다.

내가 모든 사람들 앞에서 절을 하고 "복된 삼위일체의 평화가 여러분과 함께 있기를!"하고 말하거나 비슷한 인사를 하면 그들은 "또한 당신과 함께!"하고 대답한다.

그런 다음 주님으로부터 들은 말씀을 그들에게 전한다.

어떤 사람은 "주님의 말씀을 어떻게 듣습니까?"하고 묻기도 한다.

이에 대하여 설명하고자 한다.

뿌스띠니아에 들어가는 이유가 기도와 금식 중에 하느님의 말씀을 듣는 것이며 뿌스띠니끼가 가장 먼저 해야 하는 것은 자신의 지식의 날개를 접고 자신의 마음의 문을 활짝 여는 것이라는 것을 알아야 이를 이해할 수 있다.

러시아 사람들은 "**당신의 머리를 당신의 마음에 넣고 깊고 심오한 내적인 침묵을 얻도록 노력하십시오. 그리하여 깊은 침묵 속에 있게 되면 하느님께서 말씀하시기 시작합니다.**"하고 말한다. **내가 "하느님께서 말씀하**

시기 시작한다."고 하는 것은 정신이 맑게 되고 마음에 평화가 있으며 그런 정신과 마음으로부터 성령의 열매라는 선물을 받게 되는 것을 말한다.

경우에 따라서는 조용히 눈에 보이지 않게 성령께서 말씀과 생각과 문장까지도 보내 주시기도 한다. 내가 이렇게 말하면 어떤 사람은 "이 모든 말이 아주 '신비스럽게mystical' 들립니다."하고 말한다. 동양에서 신비스럽다고 하는 뜻과 서양에서 신비스럽다고 하는 뜻은 다르다. 나는 서양에서는 신비스럽다고 표현하지만 동양에서는 일상적인 많은 일들을 나타낸다고 생각한다. 여러분이 뿌스띠니아에 있을 때 하느님께서 문을 노크하신 후 여러분에게 말씀하시는 것이 나에게는 전혀 신비스럽게 생각되지 않는다. 오히려 아주 일상적인 것이라는 생각이 든다.

하느님께서는 우리에게 말씀하실 것이라고 하셨다. 그러나 많은 서양 사람들은 하느님의 말씀을 들을 자격이 없다고 믿고 있는 것 같다. 물론 우리들은 자격이 없다. 하지만 여러분이 뿌스띠니아에 있는 동안 단 1분이라도 하느님의 말씀을 들을 자격이 있다고 생각한다면 뿌스띠니아에서 당장 나와야 한다. 아무도 "하느님께서 아무 가치가 없는 나에게 말씀을 전하러 오시다니 하느님은 얼마나 훌륭하신 분인가."하고 말할 자격이 없기 때문이다.

자격이 있다거나 없다는 생각을 할 필요가 없다. 아무도 자격이 있는 사람이 없다.

그러나 하느님께서는 그래도 우리에게 말씀하신다.

마돈나 하우스 주변에서는 뿌스띠니아에서 막 돌아 온 사람에게 "하느님께서 당신에게 무슨 말씀을 하셨습니까?"하고 묻는 것이 예사이다.

이는 "하느님께서 **우리를 위하여** 당신께 무슨 말씀을 하셨습니까?"하는 뜻이다.

뿌스띠니아에서 들은 말을 다른 사람에게 전하는 것이 쉽지는 않을 것이라는 생각을 할지 모른다. 그러나 24 시간 머문 사람들에게는 하느님으로부터 말씀을 듣고 대화하는 시간은 아주 긴 시간이다. 오랜 시간 뿌스띠니아에 머문 뿌스띠니끼라면 하느님께서 그에게 하신 말씀을 당연히 전해야 한다. 왜냐하면 그들은 자신을 위해서가 아니라 우리를 즉 다른 사람을 위해서 거기에 있었기 때문이다.

그들은 하느님과 대화를 나누기 위하여 거기에 있었던 것이다. 이 사실이 중요한 것이다.

하느님을 만나 뵈었기 때문에 여러분이 들은 '말씀'을 모두 전하게 된다. 들어야 알게 되고 맛을 보아야 알게 되는 법이다. 그러나 우리는 그것을 서로 나누려 하지 않는다. 만약 그렇게 하지 않으면 다시는 못 듣게 된다. 여러분이 들은 것은 복음의 일부분, 즉 하느님의 말씀이다. 그 말씀 안에는 주님에 관한 것이 있으므로 그것을 반드시 전해야만 한다.

기도 중에 하느님의 말씀을 듣고 뜻을 깊이 이해하고 나서 그 말씀을 다른 사람에게 전해야 한다. 하지만 말을 해야 한다는 것을 깊이 깨달았지만 "말하기 싫어!"하고 말하지 않으려고 한다. 그러나 여러분이 들은 하느님의 말씀을 전하지 않으면 잠을 못 자게 되고 먹을 수도 없게 되고 아무 일도 못 하게 된다. 그리하여 마치 죽은 사람처럼 된다. 그러나 말씀을 전하고 나면 쉴 수 있게 된다.

말씀을 전할 때에는 저절로 말씀이 터져 나오게 마련이다. 내 생각으로는 이는 예언이다.

이 장에서는 여러분에게 '뿌스띠니아에서 내가 들은 몇몇 말씀'을 전하려고 한다.

내가 그리스도인의 삶을 표현할 때에는 곧잘 두 팔을 옆으로 뻗고 서 있는다. 믿음과 기도 중에 한 손으로는 하느님을 붙잡고 다른 손으로는 이웃에게 봉사하는 것이다. 이렇게 십자가 모양을 한 채 하느님을 만나고 이웃을 만난다.

뿌스띠니아에서 내가 들은 말씀은 이 두 주제에 관한 것이었다.

믿음

오후 7시 25분에 뿌스띠니아에서 생긴 일이다. 오늘은 정말 이상한 날이었다. 나는 하루 종일 빈둥거리면서 지냈다. 아마 너무나 피곤했기 때문이었던 것 같다. 그래서 햇볕 아래 드러누워서 영성서적들과 성경의 한두 말씀을 읽는데 꼬박 하루를 보냈다.

이렇게 비몽사몽 가운데서 하느님의 말씀을 들으려고 했지만 아무 특별한 말씀이 없으신 것 같았다. 마치 하느님께서 사람들을 더 이상 못 오게 막으신 곳에 내가 멈춰 있는 것 같았다. 그리고 하느님께서 나에게 "쉬어라!"고 말씀하시는 것 같아 쉬었다.

하느님의 말씀이 무척 감미롭게 들렸던 기억이 난다. 태양은 빛나고 있었고 나는 편하게 쉬었다. 그러고 나서 강에서 수영을 하고 좀 더 쉰 후 잠깐 잠이 들었다.

시간이 흘러 일곱 시가 다 되어 가자 서서히 말씀이 들려오기 시작했다. 그러나 그 말씀은 내가 전혀 예상하지 못한 말씀이었다. 그 말씀은 '**믿음**faith'이었다. 나는 이 말씀을 듣고 아무 영문도 몰라 아무 감각이 없는 사람처럼 되었고, 아무 반응이 없는 잠자는 사람처럼 되었다. 나는 평소에도 믿음이라는 말을 많이 사용했는데 왜 그렇게 느꼈는지 알 수가 없었다. 그러나 이 때 믿음의 다른 의미가 떠 올랐다. 나는 믿음을 다시 깊이 생각하고는 '믿음은 하느님의 선물'이라는 것을 새삼 깨닫게 되었다.

나는 진심으로 믿음은 선물이며 하느님만이 주실 수 있는 것이라는 것을 깨달았다. 동시에 하느님께서는 우리에게 믿음을 주시기를 간절히 원하셨고 우리가 믿음을 청하기를 간절히 바라신다는 것을 깨달았다. 왜냐하면 우리가 청했을 때 하느님만이 주실 수 있는 것이었기 때문이다.

우리가 과거에도 그러했고 지금도 그렇게 하듯이 믿음을 청할 때에는 하느님을 똑 바로 쳐다본다. 반드시 그렇게 해야 하기 때문이다. 하느님께서는 우리의 얼굴을 마주 보시기를 원하시기 때문에 이런 단순한 행동을 요구하시는 것 같았다.

그렇다! 하느님께서는 우리의 얼굴을 마주 보시고 싶어하신다. 왜냐하면 우리들이 평소에 그렇게 하지 않았기 때문이다. **죄를 많이 지어 감히 하느님의 얼굴을 마주 보지 못했던 것이다. 심지어 우리는 작은 은혜를 간청할 때에도 눈을 감을 뿐 아니라 영혼의 눈도 감고 하느님을 보려고 하지 않는다. 그러나 우리는 하느님께서 항상 깊은 사랑의 눈으로 우리를 바라보시고 계신다는 것을 잘 알고 있다.**

믿음, 이 하느님의 선물은 예수 그리스도께서 성사聖事로 제도화하신 세례를 받기 전에도 많은 사람들을 치유했다. 이들 중에는 문둥병 환자도 있었고, 눈 먼 사람, 하혈병을 앓는 여인, 로마 병사의 종도 있었고, 어떤 문서에도 기록되지 않은 수많은 사람들이 있었다. 나는 인류 역사이래로 헤아릴 수 없을 정도로 많은 사람들이 절대자Supreme Being를 믿고 치유되었을 것이라고 확신하고 있다.

믿음은 사랑의 아버지이고 소망의 아버지이고 신뢰와 확신의 아버지이다. 믿음은 모든 인간의 얼굴에서 하느님의 얼굴을 보는 것이다. 믿음은 서서히 자라고 믿음을 갖기 위하여 기도하고 믿음을 얻기 위하여 하느님을 찾으며 믿음은 우리를 그리스도와 같게 만든다.

믿게 되면 누구나 한 때 겪게 되는 어두운 밤을 마음 편하게 들어 갈 수 있게 된다. 믿으면 평화롭게 되고 빛으로 가득 차게 된다. 믿음은 인간의 기초를 만든다. 아무도 자신의 믿음이 깊다고 감히 말하지 못하지만 믿음이 잉태하여 영원한 생명을 얻기 위하여 매진하면 하느님의 계시를 받게 된다.

믿음은 인생의 어둠과 얻게 될 소망 사이를 아무 생각 없이 그리고 서서히 어린이처럼 걸어가는 것과 같다. "눈이 있어도 보지 못하고 귀가 있어도, 하느님께서 당신을 사랑하는 사람들을 위해 마련하신 말씀을 듣지 못한다."

나는 믿음은 일종의 어리석음으로 이 어리석음은 하느님 자신의 전유

물이라고 생각한다. 믿음은 하느님께 청하여 치유 받는 것이다. 믿음은 내가 주님을 믿음으로써 다른 사람들을 치유시켜 주는 것이다. 믿음은 놀랍고 환상적이어서 비록 만질 수도 없고 무게를 잴 수도 없지만 눈에 보이며 실제적인 것이다. **믿음은 하느님과 인간의 만남이다.**

누구나 믿음을 통하여 매일 더욱 더 밝은 날이 될 수 있도록 하기 위하여 얼굴을 하느님께로 돌려 눈을 맞춘다. 그리하여 하느님과 인간 사이의 베일이 점점 더 얇아져서 하느님께서 가까이 계시는 것처럼 느끼게 되고 만날 수 있는 것처럼 느끼게 된다.

믿음은 경계를 없애 버린다. 믿음은 사랑을 횃불로 만들게 한다. 믿음은 성령의 바람을 일으켜서 횃불이 활활 타게 만든다. 믿음은 순교의 손을 뻗쳐 무릎을 꿇게 만든다.

믿음은 전염성이 강해 다른 사람에게 전염되는 것을 볼 수 있게 한다. 믿음을 거부하거나 비웃을 수는 있지만 믿음을 갖게 되면 죽음 앞에서도 결코 믿음을 버리지 않는다.

믿음을 가진 사람을 죽이면 순교자의 피가 믿음의 씨가 되어 더욱 더 번성하게 된다.

그런데 우리는 어떠한가? 오늘날의 우리는 어떠한가?

우리는 당연히 믿음을 위하여 기도해야 한다. 특히 삶을 통하여 복음을 전하려는 사람은 믿음을 위하여 열심히 기도해야 한다. 믿음이 없이는 그 일을 하지 못한다. 우리는 하느님을 믿어야 한다. 우리는 동료를 믿어야 한다. 우리는 차분한 발걸음으로 망설이지 않고 또 남에게 알리지 않고 믿어야 한다.

머리로 믿지 말고 진심으로 믿어야 한다. 머리는 자기 합리화를 하게 만들고, 믿음과 사랑과 소망과 확신으로부터 얼굴을 돌리게 만든다.

머리는 손을 뒤로 묶어 순교자와 창녀와 세리를 만나지 못하게 한다.

우리들 중 극소수의 사람만 아무도 원하지 않는 곳으로 가고 있다.

만약 우리가 하느님을 믿는다면 사람도 믿어야 한다. 우리들 가운데 가장 악한 사람도 회개하여 새로운 사람이 될 수 있다. 믿음은 이러한 사람을 찾아내는 것이다.

따라서 다른 사람들에 대한 믿음을 갖는 것은 매우 중요하다.

믿음은 우리가 대화할 수 있는 유일한 방법이다. 믿음이 없으면 대화도 이루어지지 않고 사랑도 없게 된다. 즉 사랑이 없으면 소망과 믿음, 확신이 없이 죽게 된다.

에고를 죽이지 못하면 아프게 되고 약해지고 지쳐서 대화도 하지 못하게 된다.

믿음만이 대화를 재개시킬 수 있다. 그렇다! 지금은 우리 모두 서로를 믿어야 할 시기이다.

하느님께 가서 믿음이 약함을, 확신이 없음을, 서로를 믿지 못함을 개선시켜달라고 간절히 청해야 할 시기이다. 그리고 우리의 얼굴을 하느님께로 돌려 믿음의 두려움을, 서로를 믿는 두려움을 없게 해달라고 청원해야 할 시기이다.

"주님, 지금 저희 모두 믿음을 깊게 해주십사 하고 다 함께 무릎을 꿇고 있습니다.

먼저 저희가 당신께 마음을 열게 해주십시오. 저희의 머리가 마음 속으로 들어가게 해주소서. 저희가 믿음, 소망, 사랑, 확신 속에 살게 해주소서. 다른 사람을 존경하게 해주소서.

믿음이 없어 놀림을 당하는 것을 두려워하게 해주소서.

다른 사람에게 아무것도 숨기지 않게 해주소서. 주님, 저희를 치유해주소서. Maran atha ―주님, 오십시오. 저희는 당신을 간절히 필요로 합니다."

『뿌스띠니아』 중에서

33

마귀 중에 대장격인 착각의 마귀

그때에 예수님께서 제자들에게 말씀하셨다.

"너희 아버지께서 자비하신 것처럼 너희도 자비로운 사람이 되어라. 남을 심판하지 마라. 그러면 너희도 심판받지 않을 것이다. 남을 단죄하지 마라. 그러면 너희도 단죄받지 않을 것이다. 용서하여라. 그러면 너희도 용서받을 것이다. 주어라. 그러면 너희도 받을 것이다. 누르고 흔들어서 넘치도록 후하게 되어 너희 품에 담아 주실 것이다.

너희가 되질하는 바로 그 되로 너희도 되받을 것이다." (루카 6:36-38)

미국의 역사상 가장 뛰어난 재능의 작곡가, 작사가, 극작가, 프로듀서이자 댄서이며 뮤지컬 배우로 브로드웨이의 전설, 뮤지컬의 아버지였던 코핸George M. Cohan이 말했다. "나는 대통령보다 더 유명한 사람이 되고 싶습니다." 코핸의 성격처럼 **많은 사람들은 너무나 자신을 대단한 존재로 생각하는 나머지 자신이 잘못을 범했을 때에도 그것을 인정하지 않으려고 한다.** 한 예로 아인슈타인은 자신의 잘못을 솔직히 인정했지만 프로이트는 그렇지 못하였다. 아인슈타인은 그의 상대성 원리가 잘못이 있는 것으로 밝혀지면 그것을 밝혀 새로운 이론을 만들겠다고 말했지만, 프로이트는 그의 정신분석학에 절대로 잘못이 없을 것이라고 단정했다.

자신의 한계를 뛰어넘으려면 자신의 잘못을 인정해야 한다. 하느님께서 우리들을 거룩하게 되라고 말씀하신 것은 냉정하게 자기 자신을 통찰하고 바로 잡아 죄를 없애라는 뜻이다. 부단히 자신의 선악에 대한 판단력을 살펴보고 고백을 하게 되면 너무나 자주 심각한 잘못을 범하고 있고 죄를 간과하고 있는 자신을 발견하게 된다. 그러나 이런 일을 게을리 하게 되면 다른 사람에게 분명히 피해를 주고 있어도 이를 모르게 된다.

고집이 센 사람과 게으른 사람은 죄가 많게 마련이지만 자기 자신은 전혀 눈치 채지 못하고 계속하여 남에게 피해를 주는 것을 많이 본다. 예를 들면 고집 센 사람은 자기 주장에 통일성이 없고 남의 의견을 부정하며 자기 논리를 합리화한다. 그러나 남이 받아주지 않으면 화를 낸다.

지혜로우면 겸손해지듯 고집을 꺾으면 현명하게 된다. 이는 깨어 있지 않으면 고통 속에 지내게 되고 깨어 있게 되면 기쁨과 평화가 오게 된다는 말이기도 하다.

하느님의 자비는 무한하며 조건이 없다. 그러나 오늘의 복음을 보면 조건을 달고 계시는 것 같다. "남을 심판하지 않으면 심판 받지 않을 것이다." "용서하면 용서 받을 것이다." "주면 준대로 받을 것이다."

아우구스티노 성인이 말했다. "여러분은 주님께 무엇을 바랍니까? 자비가 아닙니까? 주십시오, 그러면 되돌려 받게 됩니다. 여러분은 주님께 또 무엇을 바랍니까? 용서 아닙니까? 용서하십시오, 그러면 용서 받게 됩니다. 용서와 베풂은 여러분의 영혼이 하느님께로 올라가게 하는 기도의 두 날개입니다."

하느님의 자비와 용서와 관대하심은 우리들에게 주어지는 것이 아니라 우리 안에서 일어나는 것이다. 최대한 우리들이 자비를 베풂으로써 용서함으로써 너그러움으로써 하느님의 선물을 받게 되는 것이다. 하느님께서는 우리에게 거저 자비를 베푸시고 용서해주시고 너그럽게 대하시는 것이 아니라는 말이다. 성인은 우리에게 생명을 주지만 도둑은 우리에게서 빼앗아 가려고만 한다. 주지도 않고 받을 생각을 하면 안 된다.

우리가 먹는 음식은 3대에 걸쳐 유전자에 영향을 미친다고 한다.

우리들의 선행善行도 당대當代에 하느님의 선물을 받지 못하더라도 3대에 걸쳐 하느님께서 선물로 주시는 것을 많이 본다. 마이스터 에크하르트가 말했다. "모든 창조물은 본성이 고결합니다. 이 고결한 본성에 따라 살수록 그 본성을 드러내게 됩니다."

내가 주지 않고 용서하지 않으면 내 안에 있는 고결한 본성 안에 살고 있지 않다는 증거이다.

고결한 본성을 드러내지 못할 때에는 자신 안에 악마가 횡행하고 있다고 생각하면 된다.

마귀 중에 대장격인 착각의 마귀가 도사리고 있는 것이다.

종교 개혁가 칼빈이 말했다. "인간은 분명히 먼저 하느님의 얼굴을 바라보고 난 다음 자신을 자세히 살펴보지 않으면 결코 자신을 알지 못한다. 왜냐하면 명백한 증거에 의해서 우리 자신의 불의不義, 더러움, 어리석음, 불순함을 스스로 확신하기 전에는, 우리는 항상 자신을 의롭고, 바르고, 현명하며, 거룩하다고 생각하기 때문이다이러한 교만은 온 인류가 태어나면서부터 갖고 나온 것이다. 더욱이 우리가 자신만을 바라보고 이러한 판단의 유일한 표준이 되시는 주님을 바라보지 않는다면 그와 같은 확신을 가지지 못하게 된다. 왜냐하면 우리는 모두가 본래 위선으로 치우쳐져 있어서 일종의 공허한 의로움의 허상이 의로움 그 자체를 대신하여 우리를 자위自慰하게 만들기 때문이다.

우리의 속과 주위는 너무나 타락하여 오염되지 않은 곳이 하나도 없다. 그러므로 우리의 정신이 인간 부패의 범위한도에서만 보게 되면, 적게 오염된 것을 보았을 때, 그것이 마치 가장 깨끗한 것처럼 우리를 즐겁게 한다. 그것은 마치 검은 것 외에는 아무것도 보지 못한 눈이 희끄무레한 것이나 거무스레한 물체를 볼 때 완전히 흰 것으로 판단하는 것과 같은 것이다."

성 알렉산드리아의 치릴로St. Cyril of Alexandria가 말했다.

"왜 당신이 이웃을 판단하려고 합니까? 이웃을 판단할 권한도 없는 당신이 이웃을 판단하려고 하면 하느님의 법은 당신이 남을 판단하는 것을 허락하지 않기 때문에 당신이 오히려 저주를 받게 될 것입니다."

34

묵상은 주님의 강론시간이다

그때에 예수님께서는 비유를 들어 제자들에게 이르셨다.

"눈먼 이가 눈먼 이를 인도할 수야 없지 않으냐? 둘 다 구덩이에 빠지지 않겠느냐?

제자는 스승보다 높지 않다. 그러나 누구든지 다 배우고 나면 스승처럼 될 것이다.

너는 어찌하여 형제의 눈 속에 있는 티는 보면서, 네 눈 속에 있는 들보는 깨닫지 못하느냐?

네 눈 속에 있는 들보는 보지 못하면서, 어떻게 형제에게 '아우야! 가만, 네 눈 속에 있는 티를 빼내 주겠다.'하고 말할 수 있느냐?

위선자야, 먼저 네 눈에서 들보를 빼내어라. 그래야 네가 형제의 눈에 있는 티를 뚜렷이 보고 빼낼 수 있을 것이다." (루카 6:39-42)

눈이 멀면 아무도 인도할 수가 없다. 그런데 눈이 멀지 않은 사람이 드문 것이 현실이다. 우리는 눈먼 사람을 따라 다니고 있는 셈이다. 마찬가지로 우리가 주님을 따른다고 하지만 눈이 먼 자기 자신이 생각하고 있는 주님일 뿐이다.

이처럼 모든 사람이 생각하는 하느님이 다 다르다.

따라서 다른 사람에게 하느님을 설명하려고 하는 것은 어불성설이다.

우리가 설명하는 것은 자신의 생각이지 하느님을 설명하는 것은 아니기 때문이다.

너무나 쉽게 들릴지 모르나 **하느님 가까이에 머물려고 애쓰기만 하면 된다.**

몹시 까다로운 성인聖人이든 단순한 성인이든 성인들은 모두 하느님 가까이에 머물려고만 했다. 하느님 가까이에 있기만 하면 된다.

힌두교에서는 '묵상'을 'satsang강론'이라고 부른다. 나무 아래에 조용히 앉아 있는 것은 일종의 'satsang'이다. 최근에 나무 가까이에 있어보지 않은 사람은 나무의 아름다움만 극구 칭찬한다. 나무는 아무 말이 없다. 그러나 우리들이 **나무 가까이에 있으면 침묵하게 된다.**

토머스 머튼Thomas Merton이 말했다.

"외로이 묵상하고 사는 삶은 소나무 숲 속의 바람도 다 말하지 못한 모든 것을 말해줍니다." 사람들이 예수님에 관하여 말하더라도 그들이 말한 것을 다 알고 있다는 생각을 하지 말아야 한다. 그들은 신학神學 이론과 자신의 생각에 대하여 말하고 있는지도 모른다.

그들이 많은 것을 말했지만 그들의 말 속에는 빛이 없다.

사람들이 말하는 것을 들을 것이 아니라 그들이 말하는 말뜻을 알아들어야 한다. 행간行間을 읽으라는 말이다.

아이러니하게도 사람들은 잘 모르기 때문에 말할 때가 많다.

조심스럽게 말하지 않거나, 거침없이 말하거나, 말에 진심이 없으면 그 말은 아무 가치가 없는 것이다.

침묵 중에 있으면 진리를 어렴풋이 보는 것이 아니라 진리를 정확하게 보게 된다. 침묵 중에 신학적인 지식을 터득하는 것이 아니라 진리를 알게 되는 것이다. 우리는 이성理性을 잃지 않기 위해 이것저것 모두 알려고 하는지도 모른다.

이성이 자신을 통제하는 수단이기 때문이다.

"너는 어찌하여 형제의 눈 속에 있는 티는 보면서, 내 눈 속에 있는 들보는 깨닫지 못하느냐?"고 하셨다. 어렴풋하지 않게 정확하게 알아야만 남의 진면목이 보이게 된다.

형제의 눈 속에는 티가 있지만 자신의 눈 속에 들보가 있다.

묵상은 우리의 삶 가운데서 하느님을 만나는 것이다. **하느님의 목소리를 듣는 시간이다.** 그러나 생각하자마자 하느님의 목소리가 들리는 것은 아니다. 한참 후에 들리게 된다.

하느님을 만난다는 것은 우리가 완전히 하느님께 속해 있고, 하느님께서 우리에게 당신을 온전히 내어주셨음을 느끼는 것이다. 그러나 우리는 하느님을 만나도 하느님의 현존을 보지 못할 때가 많다. 어렴풋이 보고, 믿기도 하고, 하느님의 현존에 바탕을 두고 살지만 때로는 완전히 모순되거나 불가능한 것처럼 보이기도 한다.

그러나 하느님께서는 늘 우리 곁에 계신다. 그 곳은 우리가 늘 되돌아가야 하는 어머니 품 속 같은 자리이기도 하다.

그래서 사도 바오로는 "기도는 우리 주 예수 그리스도의 하느님, 영광의 아버지께서 여러분에게 지혜와 계시의 영을 주시어 여러분이 그분을 알게 되고, 여러분 마음의 눈을 밝혀 주시어, 그분의 부르심으로 여러분이 지니게 된 희망이 어떠한 것인지, 성도들 사이에서 받게 될 그분 상속의 영광이 얼마나 풍성한지 여러분이 알게 되기를 비는 것입니다. 또 우리 믿는 이들을 위한 그분의 힘이 얼마나 엄청나게 큰지를 그분의 강한 능력의 활동으로 알게 되기를 비는 것입니다."하고 말했다. (에페소 1:17-19)

이 모든 것이 소망과 관련되어 있다. 그러나 소망은 눈으로 보지 못한다. 그래서 어느 정도까지는 소망을 이해하지만 실제로는 알지 못한다.

기도는 소외疎外에서 우리를 해방시켜준다. 우리가 참으로 온전히 자기 자신이 될 수 있는 것은 기도를 통해서이다. 우리는 말씀을 씹고 또 씹으면서 소화하고 살아야 한다.

이 방법 외에 달리 우리가 할 수 있는 일은 없다.

몇 번씩 읽고 되도록 남의 해석을 보지 않도록 해야 한다.

계속해서 말씀으로 돌아가야 한다. 이렇게 말씀을 씹고 또 씹으면 아마

도 몇 십 년이 지나서 그 말씀의 진정한 의미를 알 수 있게 될지도 모른다.

믿음은 이론이 아니다. 교리나 체계적인 사상이나 빈틈 없는 논리도 아니며 어떤 종교의식이나 조직체도 아니다.

신앙이란 하느님을 영접하는 것을 말한다. 하느님께 사로잡히는 것을 말한다. 이 믿음이 우리가 힘겨운 길을 갈 수 있게 하는 힘이다.

토머스 머튼이 말했다.

"여러분의 인생은 여러분이 추구한 목적대로 이루어집니다.

여러분이 바라는 대로 만들어지게 됩니다."

35

자신의 인생을 잃어버렸습니다

그때에 사람들이 어떤 중풍 병자를 그분께 데리고 왔다. 그 병자는 네 사람이 들것에 들고 있었는데, 군중 때문에 그분께 가까이 데려갈 수가 없었다. 그래서 그분께서 계신 자리의 지붕을 벗기고 구멍을 내어 중풍 병자가 누워 있는 들것을 달아 내려 보냈다. 예수님께서 그들의 믿음을 보시고 중풍 병자에게 말씀하셨다.

"얘야, 너는 죄를 용서받았다."

율법 학자 몇 사람이 거기에 앉아 있다가 마음속으로 의아하게 생각하였다. '이 자가 어떻게 저런 말을 할 수 있단 말인가? 하느님을 모독하는군.

하느님 한 분 외에 누가 죄를 용서할 수 있단 말인가?'

예수님께서는 곧바로 그들이 속으로 의아하게 생각하는 것을 당신 영으로 아시고 말씀하셨다. "너희는 어찌하여 마음속으로 의아하게 생각하느냐? 중풍 병자에게 '너는 죄를 용서받았다.'하고 말하는 것과 '일어나 네 들것을 가지고 걸어가라.'하고 말하는 것 가운데에서 어느 쪽이 더 쉬우냐? 이제 사람의 아들이 땅에서 죄를 용서하는 권한을 가지고 있음을 너희가 알게 해주겠다." 그러고 나서 중풍 병자에게 말씀하셨다.

"내가 너에게 말한다. 일어나 들것을 들고 집으로 돌아가거라."

그러자 그는 일어나 곧바로 들것을 가지고 모든 사람이 보는 앞에서 밖으로 걸어 나갔다. 이에 모든 사람이 크게 놀라 하느님을 찬양하며 말하였다. "이런 일은 일찍이 본 적이 없다." (마르코 2:3-12)

예수님께서 말씀하셨다.

"숨겨진 것도 드러나게 마련이고 감추어진 것도 드러나게 되어 있다."

(마르코 4:22)

생각이 어떻게 빛을 보게 될까? 생각이 행동이 되기 때문이다.

생각은 행동의 발단이다. 생각이 무르익으면 행동으로 옮겨지게 된다.

프랑스에서 약 15년 간 살았던 일본의 선사禪師 타이센 데쉬마루弟子丸泰仙, 1914~1982는 "서양문화는 쇠퇴하면서 퇴폐적으로 되어 버렸습니다. 우리는 행동하지 않고 너무 생각을 많이 하고 상상만 하기 때문에 허약하게 되고 말았습니다. 물론 우리들이 활동을 하지 않는 것은 아니지만 너무 신경과민적으로 행동하며 실제 행동으로는 잘 옮기지 못하고 있습니다. 우리는 행동에 옮길 정도로 깊이 생각하지 않습니다. 우리는 생각을 너무나 많이 하는 나머지 자기 자신도 알지 못하고 있습니다. 편견에 사로잡힌 철학자처럼 행동하는 사람이 되지 않고 남을 가르치려고만 합니다. 그러면서 **자극에만 반응하여 행동하고 있습니다. 여러분들은 자신의 인생을 잃어 버렸습니다.**"하고 말했다. 키에르케고르도 말했다.

"사람들은 너무나 절망하여 비록 자살은 하지 않았으나 무언가를 너무 오래 골똘히 생각한 나머지 생각에 빠져 죽어 가고 있습니다.

평생 동안 생각만 하고 살기 때문에 '자살'이라고 표현해도 좋을 듯 싶습니다."

예수님께서는 죄를 장애로 생각하셨다.

그리하여 중풍병자에게 "너는 죄를 용서받았다."하고 말하는 것과 "일어나 네 들것을 가지고 걸어가라."하고 말하는 것 가운데에서 어느 쪽이 더 쉬우냐 하고 물으셨던 것이다.

그 다음에는 "일어나라!"하고 말씀하시자 일어나 걸어갔다.

성 베드로 크리솔로고Peter Chrysologus, 380~450 대주교가 이를 "너의 잠자리를 들어라. 그리고 네가 가져왔던 매트를 들고 가거라."하고 해석했다. 타울러Johann Tauler, 1300~1361도 똑같이 해석했다. "중풍환자는 그가 가져왔던 것을 집어 들고 갔다."

어떤 환자든지 병이 낫고 나면 보여주는 모습이다. 그러나 치료는 다르다. 치료는 환자를 안심하게 만들거나 증세를 없애주지만 치유는 되지 않는다.

우리는 치유 받지 못하여 아직도 우리의 상처나 중독, 한계나 나쁜 버릇, 에고를 떨쳐버리지 못하고 지니고 다니고 있다. 사탄을 안고 다니는 셈이다. 그러나 중요한 것은 우리가 이것들을 신주단지 모시듯 애지중지하며 안고 다닐 뿐 이러한 것들이 우리를 안고 다니는 것이 아니라는 것이다.

36
자기 자신을 속이지 마라

그때에 예수님께서 제자들에게 말씀하셨다.

"깨어 있어라. 너희의 주인이 어느 날에 올지 너희가 모르기 때문이다. 이것을 명심하여라. 도둑이 밤 몇 시에 올지 집주인이 알면 깨어 있으면서 도둑이 자기 집을 뚫고 들어오도록 내버려 두지 않을 것이다. 그러니 너희도 준비하고 있어라. 너희가 생각하지도 않은 때에 사람의 아들이 올 것이기 때문이다." (마태오 24:42-44)

일본의 고토 즈이간後藤 瑞巖, 1879~1965 선사禪師는 매일 자신에게 말했다.

"스승님!" "예, 스승님!"

"깨어 있어라!" "예, 그러겠습니다."

"남에게 속지 마라!" "예, 속지 않겠습니다."

그는 매일 두 사람의 역을 하였지만 두 사람의 역할이 다르다는 것을 알았다.

자신이 두 얼굴을 하고 있는 것을 모르면

어느 쪽이 자고 있고 어느 쪽이 깨어 있는지 모르게 된다.

그러나 즈이간 선사는 알았다.

그는 깨어있을 때가 많았지만 확인할 필요가 있을 때마다

같은 질문을 하였다. 어떻게 보면 자기 자신과 놀이를 하고 있는 셈이었다.

그러나 **깨어있지 않은 사람은 자신을 통제할 수가 없게 된다.**

우리는 평생을 놀이를 하고 있다.

"나는 억울하게 당한 희생자다."

"아무도 믿을 수가 없다."

"모든 사람이 나를 도와야 한다."

"아무도 나에게 신경을 쓰지 않는다."

"나는 결코 부자가 될 수 없을 것 같아!"

"나는 그들과 달라!"

"세상 사람들은 모두 지옥에 갈 거야!"

"아무도 나를 이해하지 못해!"

"그래도 최선을 다해야 해!"

"무슨 소용이 있겠어?"…….

이러한 생각들은 깨어 있지 않기 때문에 생기는 것이다.

실제로 모든 신앙의 지도자들은 꼭 같이 말했다. "깨어 있어라!"

때로는 심리치료사가 사람들을 깨어 있게 도와주기도 하지만

자신이 깨어 있으려고 노력해야 한다. 그러나 깨어 있는 사람이 너무나 드물다.

즈이간 선사가 "남에게 속지 마라."하고 자신에게 말했지만 속이는 것은 비단 사람만이 아닐 것이다. 우리가 처해있는 환경도 우릴 속인다. 그러나 환경이 속이는 것이 아니라 **자기 자신을 속이는 것은 자신뿐이다.**

37

가장 시끄러운 소음

"아담 안에서 모든 사람이 죽는 것과 같이
그리스도 안에서 모든 사람이 살아날 것입니다." (1코린토 15:22)

그때에 예수님께서 제자들에게 말씀하셨다.
"사람의 아들이 영광에 싸여 모든 천사와 함께 오면
자기의 영광스러운 옥좌에 앉을 것이다.
그리고 모든 민족들이 사람의 아들 앞으로 모일 터인데,
그는 목자가 양과 염소를 가르듯이 그들을 가를 것이다.
그렇게 하여 양들은 자기 오른쪽에, 염소들은 왼쪽에 세울 것이다."
(마태오 25:31-33)

아일랜드 태생의 작가 루이스C. S. Lewis는
가장 시끄러운 소음은 듣지 않으려고 애쓸 때 생긴다고 말했다.
밤 늦게 짖는 개, 잠이 오지 않을 때
끊임없이 뚝뚝 떨어지는 물방울 소리는 우리를 괴롭히는 소음이다.
흐르는 시냇물도 바위와 같은 장애물을 만날 때까지는 작은 소리를 낸다.
기도는 시냇물과 같아서 중단하면 시끄러운 소음을 만들게 된다.
우리는 이 소음을 들으려고 하지 않지만 소음을 들으면서도 얼마든지 기도할 수 있다.

우리가 소음을 애써 무시하려고 하기 때문에 시끄러운 소음이 끊임없이 들리게 된다.

기도 중에 하느님과 대화를 하고 있었다면 소음이 들리지 않아야 한다.

몰아沒我의 경지에 돌입하지 못하니 소음이 들리는 것이다.

"아담 안에서 모든 사람이 죽는 것과 같이

그리스도 안에서 모든 사람이 살아날 것입니다."

오늘 두 번째 독서는 바오로 사도가 한 말이다.

아담 안에서 모든 사람이 죽는다는 것은

그리스도를 모르면 영원한 생명을 얻을 수 없다는 뜻이다.

그리고 오늘의 복음(마태오 25:31-46)에서는 최후의 심판 때를 말하고 있다.

양과 같이 착한 사람과 염소와 같이 악한 사람으로 나누어 심판하실 것이라고 말씀하셨다.

염소는 희생제물로 쓰는 것이 관례였다.

기준은 그리스도를 어떻게 대했느냐는 것이다.

이웃의 작은 이들을 예수님 대하듯 하였느냐는 것이다.

얼마나 많은 업적을 남겼는지는 묻지 않으신다.

"종교가 뭡니까?"하는 한 기자의 질문에 원불교 이선종 교무는

"종교는 뱀이다."라고 답했다. 이 교무가 부연 설명을 했다.

"뱀을 잡을 때 어디를 잡아야 합니까? 허리를 잡나요? 꼬리를 잡나요? 아닙니다.

머리를 잡아야 합니다. 그래야 물리지 않죠. 허리나 꼬리를 잡으면 도리어 물리고 맙니다.

종교도 마찬가지죠."

종교든 옳게 믿지 않으면 오히려 사설邪說에 얽매이고 만다는 이야기이다. 옳게 믿지 않으면 하느님 말씀도 소음에 지나지 않게 된다는 말도

될 것이다.

옳게 믿지 않으면 '회칠한 무덤'에 갇히게 된다.

"너희 뱀들아, 독사의 자식들아! 너희가 지옥의 형벌을 어떻게 피하랴?" (마태오 23:33)

진리는 변하지 않는다. 하늘의 진리를 '이理'라고 하고 땅의 진리를 '성性'이라고 한다.

이성理性을 갖고 살아야 한다는 것이 하느님의 말씀이다.

'분수를 알고 하느님 말씀에 순종하면서 착한 일을 하고 맡은 소명을 부지런히 다하고

사후死後에 죄를 남기지 말고 의롭게 살아 복덕을 많이 쌓아서

자손에게 남겨 주고 사랑을 듬뿍 베푸는 일'이 땅에서 해야 할 우리들의 일이다.

불자佛者들은 〈백팔百八 대참회문大懺悔文〉에서 많은 죄 중에서 가장 먼저

- **나는 어디서 왔는가, 어디로 갈 것인가를 생각하지 않고 살아온 죄를 참회하며 절합니다.**
- **나는 누구인가, 참 나는 어디 있는가를 망각한 채 살아온 죄를 참회하며 절합니다.**

하고 죄를 고백하고 있다. 이는 십계명에서 나무고 있는 죄와는 다르지만 우리들이 살아가면서 생각해야 할 참으로 중요한 명제인 것 같다.

오늘은 그리스도 왕 대 축일이다. 우리는 예수님을 왕으로 모신다.

그리고 미래를 주관하시는 분으로 고백한다.

진심으로 그렇게 고백하면 그리스도는 내 운명의 주인이 되어 주신다.

숱하게 많이 들어왔던 이 진리를 다시 기억하며 실천하라는 것이 '그리스도 왕 대 축일'의 교훈이다.

38

날숨이 있어야 들숨이 있게 된다

그때에 예수님께서 제자들에게 말씀하셨다.

"너희는 사람들에게 보이려고 그들 앞에서 의로운 일을 하지 않도록 조심하여라.

그러지 않으면 하늘에 계신 너희 아버지에게서 상을 받지 못한다.

그러므로 네가 자선을 베풀 때에는, 위선자들이 사람들에게 칭찬을 받으려고 회당과 거리에서 하듯이 스스로 나팔을 불지 마라. 내가 진실로 너희에게 말한다.

그들은 자기들이 받을 상을 이미 받았다. 네가 자선을 베풀 때에는 오른손이 하는 일을 왼손이 모르게 하여라. 그렇게 하여 네 자선을 숨겨 두어라. 그러면 숨은 일도 보시는 네 아버지께서 너에게 갚아 주실 것이다.

너희는 기도할 때에 위선자들처럼 해서는 안 된다. 그들은 사람들에게 드러내 보이려고 회당과 한길 모퉁이에 서서 기도하기를 좋아한다. 내가 진실로 너희에게 말한다.

그들은 자기들이 받을 상을 이미 받았다.

너는 기도할 때 골방에 들어가 문을 닫은 다음 숨어 계신 네 아버지께 기도하여라. 그러면 숨은 일도 보시는 네 아버지께서 너에게 갚아 주실 것이다.

너희는 단식할 때에 위선자들처럼 침통한 표정을 짓지 마라. 그들은 단식한다는 것을 사람들에게 드러내 보이려고 얼굴을 찌푸린다. 내가 진실로 너희에게 말한다.

그들은 자기들이 받을 상을 이미 받았다. 너는 단식할 때 머리에 기름을 바르고 얼굴을 씻어라. 그리하여 네가 단식한다는 것을 사람들에게 드러내 보이지 말고, 숨어 계신 네 아버지께 보여라. 그러면 숨은 일도 보시는 네 아버지께서 너에게 갚아 주실 것이다." (마태오 6:1-6,16-18)

옛날의 한 익명의 그리스도인은 **"숨을 내쉬지 않으면 어떻게 숨을 들이쉴 수 있겠는가? 그런데 하느님께 아무것도 드리지 않고 하느님으로부터 무엇을 받으려고 하는가?"**하고 말했다. 숨쉬는 것은 주고 받는 행위이다. 날숨이 있어야 들숨이 있게 된다.

그러나 천식, 기관지염, 폐기종과 같은 호흡기 질환을 앓아보아야 이 사실을 알게 된다. 이러한 병들과 유사한 영적인 병이 있다. **자유롭게 하느님과 아무 것도 주고 받지 못하고 있는 것이다. 그리고 이런 사실을 모르고 사는 것이다.**

어릴 때에는 "몰라!"라는 말을 많이 한다. 영문도 모른 체 한 일을 부모가 왜 그렇게 했느냐고 물을 때 아이들이 곧잘 하는 대답이다. 예를 들면 "왜 다른 사람을 도와야 하니?"하고 물으면 "몰라!"하고 답하고 "왜 착한 일을 해야 하니?"하고 물으면 "몰라!"하고 답한다. 마이스터 에크하르트가 말했다. "좋은 사람이 되기를 바란다면서 왜 주님을 사랑하는가? 나도 모르지만 주님을 위해서이다. 왜 진리를 사랑하는가? 진리를 위해서이다. 왜 정의를 사랑하는가? 정의를 위해서이다.

왜 사는가? 나도 모르지만 나는 사는 것을 좋아한다."

사람들은 아무 영문도 모른 체 어떤 일을 하면 무능력하고 무책임한 것처럼 보이고 합당한 이유에서 어떤 일을 하면 일을 잘하는 것 같고 상식에 맞는 것 같이 생각한다.

그러나 사실 우리는 로마 병사가 예수님의 옷을 가지려고 제비 뽑기를 했듯이 자신이 무슨 짓을 하고 있는지 모르고 행동할 때가 많다.

상업 광고는 무척 중요하다. 상품의 이미지를 어떻게 하든지 고객에게 전달하려고 하면 드러내 보여야 한다. 그러나 예수님께서는 남에게 보여주기 위해서 착한 일을 하면 "이미 상을 받은 것이다."하고 말씀하셨다. 다른 말로 하면 그것으로 끝났다는 말이다.

자신의 공로를 까먹었다는 말이다. 우리는 칭찬에 너무 굶주려 있고 칭찬 받으려고 일을 할 때가 많다. 자랑하려는 우리들의 마음을 읽고 그렇게 말씀하신 것 같다.

옛날의 한 작가가 말했다. "다른 사람들에게 보여주기 위하여 한 일은 바람에 날려 보내는 것과 같습니다. 사람의 칭찬과 휘파람소리가 무엇이 다릅니까?"

합당하다고 철석 같이 믿고 어떤 일을 했지만 괜한 짓을 했다고 자책한 경험이 많을 것이다. 그러나 예수님께서는 다른 경우에는 다르게 말씀하셨다.

"너희의 빛이 사람들 앞을 비추어, 그들이 너희의 착한 행실을 보고 하늘에 계신 너희 아버지를 찬양하게 하여라." (마태오 5:16)

오늘의 복음과 상반되는 말씀이다. 옛날의 한 작가가 말했다. **"우리가 한 모든 일을 숨기고 하느님께서 이를 드러내시는 것이 더 낫습니다. 하느님께서는 시의적절하게 모든 일을 드러내실 것입니다."** 자랑할 일이 있어도 주님 안에서만 자랑해야 한다는 것을 말한 것이다. **"자랑하려는 자는 주님 안에서 자랑해야 합니다."** (2코린토 10:10)

성자聖者가 하는 일은 "인간이 하는 일이 아니라서 모두 투명하다."

누가 보아도 합당한 일만 한다는 말이다.

우리들도 에고를 버리고 살면 하는 일이 모두 "투명하게 될 것이다."

사순 시기에는 과거와 달리 에고를 버리고 살아야 한다. 에고는 덕德의 반대말이다.

39
그릇된 마음으로 기도하면 재앙만 돌아 온다

"나를 보내신 아버지께서 이끌어 주지 않으시면 아무도 나에게 올 수 없다. 그리고 나에게 오는 사람은 내가 마지막 날에 다시 살릴 것이다."

'그들은 모두 하느님께 가르침을 받을 것이다.'라고 예언서들에 기록되어 있다. 아버지의 말씀을 듣고 배운 사람은 누구나 나에게 온다. 그렇다고 하느님에게서 온 이 말고 누가 아버지를 보았다는 말은 아니다. 하느님에게서 온 이만 아버지를 보았다. (요한 6:44-46)

믿음이 없는 사람은 하느님의 은총을 받을 수 없으므로 우리 모두 성자聖者들이 앞에 있다고 생각하고 하느님께 기도 드려야 한다. 무례한 사람은 주님의 은총에서 제외되므로 우리는 예를 갖추고 존경으로 하느님의 은총을 구해야 한다. 무례한 사람은 고통으로부터 자신을 지켜내지 못하고 세상 만방에 불을 지른다.

사거나 팔거나 말하거나 듣지도 않았는데도 하느님께서는 사막에 있는 모세의 백성들에게 만나와 메추리로 잔치상을 마련해주셨다.

그런데 모세의 백성 가운데 무례한 사람들은 "마늘과 콩은 왜 없느냐?"고 투덜댔다.

하느님께서 마련해 주신 잔치와 빵은 그 즉시 끝장나버리고 곡식을 심기 위한 삽과 수확하기 위한 낫으로 우리들이 힘들게 땅을 파서 농사를

짓도록 하셨다.

그리고 예수님께서 하느님을 설득하시고 기도하시자 하느님께서 다시 풍성한 식탁을 마련해주셨다. 그런데 또 다시 무례한 사람들이 예를 갖추지 않고 존경하지도 않으면서 식사에 초대받은 욕심 많은 손님처럼 음식을 싸가지고 집으로 돌아갔다.

예수님께서는 그들에게 "이 음식은 없어지지 않고 줄어들지도 않고 영원히 주어질 것이다."하고 말씀하시면서 진심으로 하느님을 존경하라고 당부하셨다.

그러나 믿지도 않고 욕심을 채우기 위하여 하느님의 식탁에 가는 것은 하느님을 거부하고 배은망덕한 짓을 하는 것이 된다. 또 거지 같은 얼굴을 하고 탐욕에 눈먼 사람의 얼굴을 하고 있는 이러한 사람들 때문에 하느님께서는 자비의 문을 닫아버리셨다.

이들이 가난한 사람에게 자선을 베풀기를 거부한 후에는 비 구름이 오지 않았다(무슬림은 가난하지 않으면 일 년에 가용 재산의 2.5%를 기부하게 하고 있다).

그리고 간음姦淫이 끊이지 않아 역병疫病이 만방으로 퍼져나갔다.

그대에게 어둠과 슬픔이 오는 것은 그대의 뻔뻔스러움과 오만 때문이다.

하느님의 길에서 뻔뻔스럽게 행동하는 사람은 영성의 길을 가고 있는 진실한 사람을 등쳐먹는 노상강도이며 사람이 아니다. 하느님께 예를 갖추고 존경하면 하느님께서 빛이 되어주시며 존경을 하게 되면 천사들도 순수해지게 된다. 그러나 오만하면 태양이 사라지고 마귀가 교만을 드러내면서 세상을 혼란스럽게 만들어 버린다.루미의 『마스나비』 중에서

"기도는 하느님과의 대화로 시작하지만 하느님의 말씀을 듣는 것으로 끝난다." (풀톤 신Fulton Sheen 대주교)

40
기쁨이 없는 평화는 아무 가치가 없다

한 미국인 중년 부인이 병이 들어 고통이 심해지고 절망하면서 "God is nowhere하느님은 없다!"하고 하느님을 원망하였다. 그러나 병문안 온 믿음이 깊은 딸은 어머니가 적어 둔 글을 "God is now here하느님은 지금 여기에 계신다!"라고 읽었다. 살아가면서 '지금 여기에 계신 하느님'을 체험하는 영성이 그리스도인들이 추구하는 영성이다.

옛 현자들이 말했다. "실천이 따르지 않는 말은 아무 가치가 없으며, 경건함이 토대가 되지 않은 신학연구, 진실이 깃들지 않은 자선행위, 적재적소에 쓰이지 않는 돈, 신실함이 담겨 있지 않는 우정, 건강하지 못한 삶, 기쁨이 없는 평화는 아무 가치가 없다."

기쁨이 없는 평화는 어떤 평화일까? 평화가 없는 기쁨도 있을 수 있을까? 왜 기쁘고 평화가 있어야 할까?

우리가 하느님을 믿는 것은 성령 안에서 누리는 의로움과 평화와 기쁨을 얻기 위해서이다. (로마 14:17)

그러나 영국의 모험소설가이자 정치가였던 존 버컨John Buchan, 1875~1940은 "기쁨 없는 평화도 있을 수 있고 평화 없는 기쁨도 있을 수 있지만 기쁨과 평화가 함께 있어야 행복하게 된다."고 말했다.

하느님을 본받고 살게 되면 성령을 받게 되어 아무 걱정이 없고 기쁘고 평화롭게 된다. 모든 잘못을 자신의 탓으로 여기고 항상 감사하며 남을 축복하고 살게 된다.

그러나 우리들은 감사할 줄 모르고 축하할 줄 모른다. 모든 것을 자기 중심으로 생각하고 이기적으로 살고 있기 때문이다. 그리하여 종교의 필요성을 기복신앙에 두고 산다.

하느님을 두려워하지 않고 남에게 베풀지도 않고 복을 받겠다는 얌체 같은 생각을 하는 것이 기복신앙이다. 그러나 마지막 날에 우리 모두 심판을 받게 된다. 쓸모 가치에 따라 심판을 받지 않고 하느님을 얼마나 본받고 살았느냐 하는 것이 그 기준이 된다.

하늘나라가 아니라 이 세상에서도 사람은 쓸모 가치에 따라 가치가 결정되는 것이 아니다. 인간은 존재한다는 그 사실만으로도 거룩하고 존귀한 존재이다. 온 우주와도 바꿀 수 없는 귀한 영혼이다. 자본주의 사회 안에서 살아가는 우리는 오직 유용가치 혹은 이용가치에 따라 사물과 사람을 판단하는 데 길들여져 왔지만 하느님은 그런 분이 아니다.

오히려 하느님께서는 쓸모 없는 자들을 더 불쌍히 여기시고 그래서 더 귀하게 여기신다고 성경은 여러 곳에서 증거하고 있다. 주님은 의인義人이 아니라 죄인을 부르러 오셨기 때문이다. 어쩌면 이 세상에서는 의인을 찾아보기 힘들기 때문인지도 모른다.

그러므로 그리스도인은 모름지기 쓸모 없는 자, 연약한 자를 더욱 사랑하는 법을 배워야 한다. 아니 모든 존재하는 모든 것을 사랑하고 품는 법을 배워야 한다.

다른 사람을 쓸모 없다거나 연약하다고 생각하는 것은 자신의 가치관에 따라 판단한 것이다. 이면裏面에는 그 사람보다 내가 더 낫다는 교만이 숨어있다.

주님께서 우리들에게 가장 바라시는 것은 성령의 열매를 맺는 것이다.

비록 생명은 그 자체로서 소중하고 아름답고 거룩하지만 주님께서는 모든 생명이 풍성한 기쁨을 누리기를 원하신다.

즉 **풍성한 생명의 열매를 맺어서 하느님에게 영광과 기쁨을 돌리고 많은 사람들을 유익하게 할 수 있게 하고 자신도 기쁨과 평화를 누리기를**

간절히 바라신다. 이것이 하느님과 하나가 되고 이웃과 하나가 된다는 뜻이다. 길은 하나밖에 없다.

어떤 종교를 믿든 기쁨과 평화를 얻으려면 제대로 믿는 수밖에 없다.

그래서 주님은 열매를 맺지 못하는 무화과 나무를 저주하셨으며 입으로만 "주여, 주여!"하면서 선한 일을 행하지 않는 잘못된 그리스도인들을 구원에서 배제하셨다.

우리 모두 있는 그대로 사랑을 받기를 원하지만 누구나 기왕이면 크게 쓰여지기를 바란다.

주님께서 예루살렘 성전으로 입성하실 때 많은 군중들이 겉옷을 벗어 길에 깔고 종려 나무 가지를 흔들면서 주님을 크게 환영하였다. 그래서 우리는 이 날을 기념하여 '종려주일'이라 부르지만, 예루살렘 입성 때에 종려보다 더 중요한 역할을 한 다른 존재에 대해서는 거의 관심을 기울이지 않는다. 무엇을 말하는가? 예수님을 크게 환호한 군중을 말하는가?

아니다. 물론 이 날에 군중의 환호가 없었다면, 예수님의 행차도 초라했을 것이다.

그리고 성경이 이 사건을 이처럼 상세히 기록하지 않았을지도 모른다.

하지만 종려나무를 들고 주님을 환영하던 그 군중은 얼마 지나지 않아 바로 그 손으로 "십자가에 못 박으시오!"하고 소리쳤다. 물론 예수님을 십자가에 못박는 일도 부활을 맞기 위한 소명召命이었을지도 모른다. 역사의 무대에서, 그리고 영화나 소설에서 악역을 한 자들이 없었다면 드라마는 시시해지고 주인공의 가치도 크게 드러나지 않았을 것이다. 예수님을 십자가에 못박게 한 우리들의 조상 덕분에 오늘 우리는 십자가의 무한한 은혜를 누릴 수 있게 되었다. 유다가 있었기 때문에 주님의 희생도 가능하였다.

하지만 주님은 유다를 향하여 **"차라리 그가 태어나지 않았더라면 더 좋았을 것이다."**고 말씀하셨다. 이보다 더 큰 모욕은 없다. 길에 핀 들풀도 다 존재할 이유와 가치가 있는데 사람이 존재할 가치가 없다는 말은 정신적인 사형선고와 다름이 없다.

"그러므로 사랑받는 자녀답게 하느님을 본받는 사람이 되십시오.

그리스도께서 우리를 사랑하시고 또 우리를 위하여 당신 자신을 하느님께 바치는 향기로운 예물과 제물로 내놓으신 것처럼 여러분도 사랑 안에서 살아가십시오. 성도들에게 걸맞게 여러분 사이에서는 불륜이나 온갖 더러움이나 탐욕은 입에 올리는 일조차 없어야 합니다.

추잡한 말이나 어리석은 말이나 상스러운 농담처럼 온당치 못한 것들도 마찬가지입니다. 여러분은 감사의 말만 해야 합니다. 이것을 꼭 알아두십시오. 불륜을 저지르는 자나 더러운 자나 탐욕을 부리는 자 곧 우상숭배자는 그리스도와 하느님의 나라에서 받을 몫이 없습니다. 여러분은 어느 누구의 허황한 말에도 속아 넘어가지 마십시오.

그런 것 때문에 하느님의 진노가 순종하지 않는 자들에게 내립니다.

그러므로 그런 자들과 상종하지 마십시오.

여러분은 한때 어둠이었지만 지금은 주님 안에 있는 빛입니다. 빛의 자녀답게 살아가십시오. 빛의 열매는 모든 선과 의로움과 진실입니다. 무엇이 주님 마음에 드는 것인지 가려내십시오. 열매를 맺지 못하는 어둠의 일에 가담하지 말고 오히려 그것을 밖으로 드러내십시오.

사실 그들이 은밀히 저지르는 일들은 말하기조차 부끄러운 것입니다.

밖으로 드러나는 것은 모두 빛으로 밝혀집니다. 밝혀진 것은 모두 빛입니다.

그래서 이런 말씀이 있습니다.

'잠자는 사람아, 깨어나라. 죽은 이들 가운데에서 일어나라.

그리스도께서 너를 비추어 주시리라.'

그러므로 미련한 사람이 아니라 지혜로운 사람으로서 어떻게 살아가야 하는지 잘 살펴보십시오. 시간을 잘 쓰십시오. 지금은 악한 때입니다.

그러니 어리석은 자가 되지 말고 주님의 뜻이 무엇인지 깨달으십시오."

(에페소 5:1-17)

41
네가 은총을 더 많이 받아야 할 이유라도 있느냐?

사람들과 만나서 대화를 나누다 보면 서로 깎아 내리고 서로 위로 올라가려고 하는 것을 많이 본다. 그리하여 누구에게 좋은 일이 생기면 축하해 주기는 커녕 시샘을 하는 것을 많이 본다. **현대인들이 축하와 감사에 인색하다는 것을 여실히 보여주고 있는 것이다.**

선의善意의 경쟁심은 서로를 발전시키는 원동력이 될 수 있다.

그러나 시기심猜忌心에서 비롯된 경쟁심은 그 사람을 정서가 불안한 사람, 소인배小人輩로 만든다. 필경 경쟁상대가 자신보다 더 노력을 많이 했거나 요령이 있어서 자신보다 더 나아졌을 텐데 자신의 분수를 모르고 시기만 한다. 이른바 배가 아픈 것이다.

알량한 자존심이 "네가 상대방보다 못할 수 있느냐?"하면서 심술을 부추긴 것이다.

질투는 자신이 가지고 있는 외심, 열등감, 불안 등을 바른 상식 삼이 사소한 불씨에도 타오르는 화염과도 같다.

셰익스피어의 희곡 『오셀로』에 "오, 주인이여, 질투심을 조심해요. 그것은 희생물을 비웃으며 잡아먹는 **녹색 눈의 괴물**green-eyed monster이랍니다."는 대사가 나온다.

그렇다. 질투는 자신을 괴롭히고 파멸로 이끄는 괴물이다.

나는 묻고 싶다. 자신이 상대방보다 더 나아야 할 무슨 타당한 이유라도 있는가?

하느님은 다 같이 우리를 사랑하신다고 했다. 하느님께서 경쟁 상대방을 더 사랑하셔서 자신보다 더 낫게 만드신 것은 아닐 것이다. 그렇다면 경쟁에 진 원인은 자신에게 있는 것이다.

예수님께서는 **"적게 용서 받은 사람은 적게 사랑한다."**하고 말씀하셨다. (루카 7:47)

'적게 용서 받은 사람'이란 '아직도 고통을 더 겪어야 하거나, 자기 자신을 몰라서 죄를 많이 짓고도 적게 고백하고 적게 회개한 사람'을 말한다. 용서는 하느님만이 하실 수 있다.

따라서 용서를 받으려면 하느님을 만나야 한다.

또 '부활하지 못한 사람'은 '사랑을 모른다'는 것을 말씀하신 것 같다.

'사랑'은 쉽게 알아지는 것도 아니고 쉽게 할 수 있는 것도 아니다.

사랑은 고통 속에 피는 꽃이기 때문이다. **누구나 온갖 박해를 받고 극심한 고통을 겪고 나서야 에고를 버리는 것을 보면 이를 잘 알 수 있다.**

에고가 시퍼렇게 살아 있는 한 '사랑'이 싹트지를 못한다.

자기 자신을 모르면 자신도 사랑하지 못하고 이웃도 사랑하지 못한다.

영국의 시인 알렉산더 포프Alexander Pope가 1734년에 출간한 시집『인간론An Essay on Man』에 다음과 같은 시가 나온다.

네 자신을 알라

네 자신을 알라, 주제넘게 신神을 분석하려 들지 마라.
인간의 올바른 연구 대상은 인간이다.
신神보다 결코 높을 수 없는 중간 위치라는 어중간한 곳에 자리 잡고 있는 우매하면서도 현명하고 무례하면서도 위대한 존재.

의심이 많은 사람이 보면 너무나 많은 지식을 가진,
그러나 금욕주의자의 긍지를 갖기엔 너무나도 연약한 인간은
어중간한 위치에 있으면서
행동할 것인가 말 것인가를 항상 망설이고,
자기 자신을 신으로 여겨야 하는지 짐승으로 여겨야 하는지 몰라 하고,
영혼을 좋아해야 할지 육체를 더 좋아해야 할지 항상 망설인다.
태어났지만 죽어야만 하고, 합리적으로 생각한다고 하면서도 언제나 잘못을 범한다.
그의 이성理性이 그러하기에,
너무 적게 생각하든 너무 많이 생각하든 무지無知한 건 마찬가지.
온통 혼란한 생각과 감정의 카오스caos,
언제나 자기 자신에게 속거나 깨닫는다.
반半은 일어나도록, 반은 쓰러지도록 창조된
만물의 영장이면서도 만물의 먹이.
진리의 유일한 심판자이면서도 끝없는 오류 속에 던져져 있다.
영광, 웃음거리 그리고 세상은 알 수 없는 것!
....

"위험한 상상은 그 본질이 독약인데
맛이 고약한 줄 처음엔 거의 모르다가
약간씩 핏속으로 퍼지기 시작하면 유황불처럼 타는 거야."
(오셀로 3막 3장)

42

보름달

너희가 보는 것을 보는 눈은 행복하다.

내가 너희에게 말한다.

많은 예언자와 임금이 너희가 보는 것을 보려고 하였지만 보지 못하였고 너희가 듣는 것을 들으려고 하였지만 듣지 못하였다." (루카 10:23-24)

어느 날 밤 프란치스코 성인이 아씨시 거리를 배회하다가

둥근 보름달이 두둥실 하늘에 떠 있는 것을 보았다.

온 세상이 공중에 떠서 흘러가고 있는 것 같았다.

그런데 아무리 둘러보아도 문밖으로 나와서 그 위대한 기적을 즐기는 사람이 없었다.

그는 교회로 달려가 종탑으로 올라가서는 마치 큰 일이라도 난 것처럼

종을 울리기 시작했다.

깜짝 놀라 잠에서 깬 사람들은 불이라도 난 줄 알고 옷도 제대로 못 입은 채 교회로 달려 갔다.

그들이 프린치스코 성인에게 물었다.

"도대체 왜 종을 치는 거요? 무슨 일이라도 났소?"

종탑 꼭대기에서 프린치스코 성인이 대답했다.

"여러분, 고개를 들어 하늘을 보세요. 하늘에 떠 있는 저 달을 좀 보시라고요!"

인생을 기나긴 나그네의 길에 비유하는 수가 많다.

그런데 그 길은 다양하지 못하여 거의 매일 왔던 길을 반복하여 오가면서 보고 싶은 것만 보고 듣고 싶은 것만 들으면서 살고 있는 것이 현실이다.

이렇듯 다람쥐 쳇바퀴 돌듯 살다가 삶이 답답하게 여겨지고 고통스럽게 여겨지면 일상에서 벗어나 멀리 여행을 떠난다.

그러나 여행을 가서 자연을 탐닉하면서 답답하고 고통스러운 마음을 털어버렸다고 생각했지만 귀가 길에 고통이 사라지기는커녕 찰거머리 같이 그것이 꼭 붙어 따라다니는 것을 경험한 적이 많았다.

프랑스의 심리치료사 기 코르노Guy Corneau의 『마음의 치유』를 보고 나의 여태까지의 여행 목적이 잘못되었음을 깨달았다.

"애정이나 우정으로부터의 치유보다 더 앞서 이루어져야 하는 치유는 자연으로부터의 치유라 생각한다.

과학이 발달하고 생활이 편해질수록 사람들은 치유 받지 못하며 살아간다.

가장 큰 이유는 자연으로부터 치유 받지 못하기 때문이다.

자연은 어머니 같은 포근함과 거대함으로 세상 모든 생물들을 치유하는 능력을 가지고 있다.

사람이든 동물이든 곤충이든 식물이든 미생물이든 자연과 더불어 살며 충분히 치유 받으며 살아야 한다.

하지만 산업이 발달하고 생활이 편해지면서 사람들은 자연을 파괴하고, 자연을 해치고, 자연의 이치를 거스르며, 자연과 떨어져 살고 있다.

심지어 땅에서 마저도 떨어져 살고 있는 사람들이 많으니…

고층빌딩, 고층 아파트로는 더 이상 땅의 기운이 올라가지 못하고 있다. 대지의 기운마저 충분히 받지 못하는 사람들이 무슨 힘이 있고 무슨 즐거움이 있겠는가?"

프란치스코 성인의 보름달 이야기는 그리스의 소설가이자 시인인 니코스 카잔차키스Nikos Kazantzkis, 1883~1957가 쓴 글이다.

평생 인간의 자유에 대하여 탐구하였으며 생전에 써 놓은 묘비명이 유명하다.

"나는 아무것도 바라지 않는다. 나는 아무것도 두려워하지 않는다. 나는 자유다."

"예수께서는 당신을 믿는 유다인들에게 이렇게 말씀하셨다.

'너희가 내 말을 마음에 새기고 산다면 너희는 참으로 나의 제자이다.

그러면 너희는 진리를 알게 될 것이며 진리가 너희를 자유롭게 할 것이다.'" (요한 8:31-32)

카잔차키스의 비명碑銘은 이 요한 복음의 말씀을 다르게 말한 것이다.

어떤 구속으로부터의 자유인가? 무엇에 휘둘리고 있는가?

마음의 여유가 없으면, 마음의 평화가 없으면 아무리 좋은 경치든 음악이든 보이지 않고 들리지도 않는다.

그리고 하느님의 말씀은 뒷전이 된다.

그 아름다운 경관을 보고도 기뻐하지 않듯 하느님을 만나고도 기뻐하지 않는다.

43

부끄러워서 얼굴을 들 수가 없습니다

저녁 제사 때에 나 에즈라는 단식을 그치고 일어나서,

의복과 겉옷은 찢어진 채 무릎을 꿇고 두 손을 펼쳐 주 나의 하느님께 말씀드렸다.

"저의 하느님, 너무나 부끄럽고 수치스러워서,

저의 하느님, 당신께 제 얼굴을 들 수가 없습니다.

저희 죄악은 머리 위로 불어났고 저희 잘못은 하늘까지 커졌습니다.

저희 조상 때부터 이날까지, 저희는 큰 잘못을 저지르며 살아왔습니다.

그리고 저희의 죄악 때문에 오늘 이처럼, 임금들과 사제들과 더불어 저희가 여러 나라 임금들과 칼에 넘겨지고, 포로살이와 약탈과 부끄러운 일을 당하도록 넘겨지고 말았습니다.

그러나 이제 잠깐이나마 주 하느님께서 은혜를 내리시어, 저희에게 생존자를 남겨 주시고, 당신의 거룩한 곳에 저희를 위하여 터전을 마련해 주셨습니다. 하느님께서는 저희 눈을 비추시고, 종살이하는 저희를 조금이나마 되살려 주셨습니다. (에즈라기 9:5-8)

에즈라는 이異민족간의 혼인 이야기를 듣고는 의복과 겉옷까지 찢고 머리카락과 수염을 뜯고는 넋을 잃고 앉아 있었다. 그러다가 무릎을 꿇고 두 손을 펼치고 하느님께 기도 드렸다. 만약 에즈라가 지금 살아있다면 너무나 많은 이민족간의 결혼 때문에 무척 당황했을 것이라는 생각이 든다. 가톨릭 신자와 개신교 신자 사이의 결혼도 문제가 없는 것은 아니지만, 가톨릭 신자들은 그리스도인이 비 신자와 결혼한다거나 그리스도인처럼 살지 않는 사람과 결혼하는 것은 '이민족간의 결혼'으로 생각하지 않는 반면에 열심히 믿지 않는 가톨릭 신자들 사이의 결혼에 대해서는 에즈라가 통탄한 '이민족간의 결혼'처럼 생각한다. 무언가 대단히 잘못됐다는 생각이 든다.

어떻게 예수님을 사랑하는 사람이 예수님을 사랑하지 않는 사람과 결혼할 수 있는가 하고 분개할지 모르지만 그리스도인이라면 배우자가 가톨릭을 믿든 믿지 않든 그리스도 안에서 살도록 배우자를 이끌어야 한다.

어제 우리 집 앞에 개신교 신자가 전도하러 왔다. 현관 문에는 '천주교 교우의 집'이라는 문패가 분명히 붙어 있었다. 문을 열어주지 않았지만 괘씸한 생각이 들었다. 왜 같은 하느님을 믿는 가톨릭 신자의 집이라는 것을 알면서도 노크했을까 하는 의문이 생겼다.

그들이 믿는 '하나님'과 우리들이 믿는 '하느님'은 분명히 다르다.

그러나 영어권에서는 같은 'God'을 모시고 있다.

서울의 어느 본당이든 냉담자가 60% 이상이 된다고 들었다.

교무금을 내는 나머지 신자들 중에도 열심히 믿지 않는 주일主日 신자가 많다는 것을 개신교 전도사들이 노리고 있다는 생각이 들었다.

에즈라는 이민족간의 혼인문제 때문에 통탄한 것이 아니라

조상 때부터 지금까지 제대로 하느님을 믿지 않고 기복적祈福的으로 믿고 살았기에 죄악이 많아졌다는 점을 통탄한 것이다. 제대로 믿어 예수님을 본받고 살았다면 죄악이 생길 리가 없다. 하느님을 믿기만 하면 어떻게 하늘나라에 갈 수 있겠는가?

자기 자신의 마음이 지옥인 사람이 어떻게 하늘나라에 가겠다고 하는지 알 수가 없다.

인도의 간디가 "**그리스도는 존경하지만 그리스도인은 좋아하지 않는다.**"고 한 말은 그리스도인들이면 귀담아 들어야 할 말인 것 같다.

그러나 분명한 것은 회개하면 하느님께서 새로운 기회를 주신다는 것이다. 새로운 기회는 새로운 삶의 시작이 될 수 있다. 하늘나라의 문으로 들어서는 것이기도 하다.

44
교황 요한 23세의 느긋함을 위한 십계명

교황 요한 23세1958~1963년 재위의 이름은 안젤로 주세페 론칼리Angelo Giuseppe Roncalli로, 1881년 이탈리아 베르가모Bergamo에서 출생하여 1904년 사제로 서품되어 주교 비서 겸 신학교 교수로 일했다.

그 후 주교나 대주교로서 불가리아, 그리스, 파리 등지의 교황 대사를 거쳐 1953년에 추기경이 되었다. 1958년 교황 비오 12세에 이어 261대 교황으로 선출되었고, 이때 추기경을 23명에서 87명으로 대폭 늘리고 2차 바티칸 공의회를 개최하였다.

이는 모든 그리스도인의 일치와 교회의 쇄신, 그리고 교회의 가르침과 조직을 현대에 맞도록 개혁할 필요성을 느꼈기 때문이다.

교황님은 자신을 위하여 매일의 생활수칙을 만들어 자신의 십계명으로 삼았다.

교황님의 깊이와 소박함과 겸손을 엿볼 수 있게 한다.

또 '가톨릭'이 일상생활 속의 진리를 실천하도록 하려는 것임을 잘 말해 주고 있다.

1. 오늘만이라도,

나는 내 삶의 문제를 한꺼번에 해결하려고 하지 않고 단지 하루를 살아가기 위해 노력해야겠다 Only for today, I will seek to live the livelong day positively without wishing to solve the problems of my life all at once.

2. 오늘만이라도,

나는 매우 조심스럽게 행동하며 복장을 단정하게 해야겠다.

나는 목소리를 높이지 않을 것이며 예의 바르게 행동하며 아무도 비판하지 않을 것이며, 남을 바로잡아 주려고 하지도 않을 것이다.

오직 나 자신만을 비판하고 바로잡으려 해야겠다Only for today, I will take the greatest care of my appearance: I will dress modestly; I will not raise my voice; I will be courteous in my behavior; I will not criticize anyone; I will not claim to improve or to discipline anyone except myself.

3. 오늘만이라도,

나는 내 자신이 행복하기 위해 창조되었고, 타인을 위해서가 아니라 이 세상을 위해서

창조되었다는 확신 속에서 행복해 해야겠다Only for today, I will be happy in the certainty that I was created to be happy, not only in the other world but also in this one.

4. 오늘만이라도,

나는 여러 가지 상황이나 사정들을 나의 소망에 적응시키려고 하지 않고 내가 그것에 적응해야겠다Only for today, I will adapt to circumstances, without requiring all circumstances to be adapted to my own wishes.

5. 오늘만이라도,

나는 내게 주어진 시간의 10분 동안을 독서해야겠다.

육신의 삶에 음식이 필요하듯이 영혼의 삶에도 좋은 독서가 필요하다Only for today, I will devote 10 minutes of my time to some good reading, remembering that just as food is necessary to the life of the body, so good reading is necessary to the life of the soul.

6. 오늘만이라도,

나는 착하게 행동해야겠다. 그리고 그것을 아무에게도 말하지 않아야겠다Only for today, I will do one good deed and not tell anyone about it).

7. 오늘만이라도,

내가 싫어하는 일을 최소한 한 가지는 해야겠다.
내 마음에 상처를 받더라도 그것을 아무도 눈치 채지 못하도록 조심해야겠다Only for today, I will do at least one thing I do not like doing; and if my feelings are hurt, I will make sure that no one notices.

8. 오늘만이라도,

나는 설령 그것이 내 뜻과는 정반대가 되더라도 하느님의 섭리가 이 세상에 나 이외에는 아무도 없는 것처럼 나를 보살피고 있다는 것을 확실하게 믿어야겠다Only for today, I will firmly believe, despite appearances, that the good Providence of God cares for me as no one else who exists in this world.

9. 오늘만이라도,

나는 아무것도 두려워하지 않아야겠다. 특히 아름다운 것을 보고 기뻐하거나 그것을 좋아하게 되는 것을 두려워하지 않아야겠다. 만약 그 일이 나의 생명을 걸고 꼭 해야 할 일이라고 믿는다면, 나를 깜짝 놀라게 할지도 모르는 그 일을 12시간 안에 반드시 할 수 있을 것이다Only for today, I will have no fears. In particular, I will not be afraid to enjoy what is beautiful and to believe in goodness. Indeed, for 12 hours, I can certainly do what might cause me consternation were I to believe I had to do it all my life.

10. 오늘만이라도,

나는 정확한 계획표를 작성할 것이다. 나는 계획을 정확히 실행할 수 없을지라도 작성할 것이다. 그리고 두 가지 악, 즉 '조급히 서두는 것' 과 '결단을 내리지 못하고 우유부단하게 행동하는 것'을 경계할 것이다Only for today, I will make a plan for myself: I may not follow it to the letter, but I will make it. And I will be on guard against two evils: hastiness and indecision.

45

참된 신앙은 어떠한 것인가

참된 신앙이란 어떠한 것을 말하는가?

어떻게 하면 자신을 합리화시키는 것이 아니라 참된 신앙이라는 것을 알 수 있을까?

어떻게 하면 우리가 믿고 있는 신앙을 자신의 목적에 맞게 이용하여 자기 나름의 하느님을 만들고 있지 않다는 것을 알 수 있을까?

독일의 신학자이고 루터교 목사였던 파울 요하네스 틸리히Paul Johannes Tillich, 1886~1965는 종교를 **'사이비 종교**Pseudo-religion', **'유사 종교** Quasi-religion', **'참된 종교**True-religion'라는 용어를 써서 구분했다.

'사이비 종교'는 분명한 종교 언어를 쓰고 때로는 실감을 느끼게 하지만 사람을 개화시켜 인간능력 이상으로 끌어 올리지 못한다. 결국 인간의 의식이라는 쳇바퀴를 돌며 초월세계로 이끌지는 못한다. '신'이라는 용어를 쓰지만 '신'은 인간의 깊은 내면 이상으로 이끌지는 못한다. '신'은 상상을 뛰어 넘는 힘을 갖고 있고, 전형典型을 보여주지만 실제로 홍해를 가르고 예수를 부활시키는 그런 초월적인 힘을 갖지 않았다.

그럼에도 불구하고 이 '신'은 사람들의 심연深淵과 같은 내면을 찾게 만든다. 적극적으로 생각하게 만들고 광신도狂信徒를 양산하는 종교이다.

'유사 종교'는 종교 용어는 쓰지 않지만 개인의 내면과는 관계 없이 추종하게 만든다. 수많은 이데올로기가 유사종교이다. 이는 더 높은 이상을 위하여 희생을 요구한다. 인류의 보다 높은 꿈을 위하여 개인의 꿈은 무시한다. 마르크스주의, 그린피스Green Peace, 여권 신장 운동Feminism은 공동 선善을 위하여 우리의 꿈과 심지어는 삶까지도 희생을 요구한다. 종교적인 용어를 쓰지 않고 때로는 무신론을 주장하지만 '유사종교'는 '참된 종교'와 같은 경지를 이룬다. 즉 추종자들을 이타적으로 만들고 사기 희생을 하게 하고 공동이익을 추구한다.

'참된 종교'는 종교 용어를 쓰기도 하고 쓰지 않기도 하며 추종자들에게 희망을 주고 인간의 가장 높은 내면이상으로 이끌며 가장 높은 공동 선善을 추구한다. 그리고 우리를 초월하여 계시지만 항상 우리와 함께 계시며 우리들에게 거짓 없이 응답하기를 바라시는 초월자이신 하느님께로 이끈다. 다른 종교와 달리 '참된 종교'는 실제로 우리 내부에 있는 기氣를 재활용하지 않는다. 바깥으로부터 초월자로부터 기를 가져오게 한다. 하느님은 인간의 의식을 사용하지 않는다.

그러면 기를 받았다는 것을 어떻게 알 수 있을까? 우리들의 행동이 사이비 종교나 유사 종교, 참된 종교 중 어떤 것을 따르고 있는 것인가?

예수님께서는 **"열매를 보고 알 수 있다."**고 하셨다.

믿음의 진정성은 성실성이나 열정이나 교리에 충실한 태도나 의로운 행동을 한다거나 미사에 빠지지 않는다거나 희생을 한다는 것으로는 판단할 수 없다.

이 모든 것이 거짓일 수 있다. 불안, 광신, 증오 때문에 그러한 행동들을 하거나 걱정하지 못하게 이들 행동을 복합적으로 하는 수가 있기 때문이다.

한 예를 들면 배가 불러도 평화를 느끼고 돈이 많아도 기쁠 수 있는 것이다.

예수님께서는 우리에게 그러한 평화와 기쁨은 주시지 않는다고 분명히 말씀하셨다.

탕자의 우화에서 큰 아들은 아버지의 집을 떠나지 않았을 뿐만 아니라 나쁜 짓도 하지 않았지만 아버지를 기쁘게 해드리지는 못했던 것은 주님께서 주시는 기쁨을 몰랐기 때문이었다.

그러면 어떻게 '참된 종교'를 판단할 수 있는가?

사도 바오로가 갈라티아 신자들에게 보낸 편지에서 한 말보다 더 간단하고 분명한 기준은 없을 것이다.

"성령의 인도에 따라 살아가십시오. 그러면 육의 욕망을 채우지 않게 될 것입니다. 육이 욕망하는 것은 성령을 거스르고, 성령께서 바라시는 것은 육을 거스릅니다.

이 둘은 서로 반대되기 때문에 여러분은 자기가 원하는 것을 할 수 없게 됩니다.

그러나 여러분이 성령의 인도를 받으면 율법 아래 있는 것이 아닙니다.

육의 행실은 자명합니다. 그것은 곧 **불륜, 더러움, 방탕, 우상 숭배, 마술, 적개심, 분쟁, 시기, 격분, 이기심, 분열, 분파, 질투, 만취, 흥청대는 술판, 그 밖에 이와 비슷한 것들**입니다.

내가 여러분에게 이미 경고한 그대로 이제 다시 경고합니다.

이런 짓을 저지르는 자들은 하느님의 나라를 차지하지 못할 것입니다.

그러나 **성령의 열매는 사랑, 기쁨, 평화, 인내, 호의, 선의, 성실, 온유, 절제입니다.**

이러한 것들을 막는 법은 없습니다." (갈라티아 5:16-23)

사도 바오로는 '더러운 영靈', 즉 '속세의 영Sarx'과 '성령聖靈'에 따라 살 수 있다고 말하고 있는 것이다. '더러운 영'의 인도를 받게 되면 불륜, 더러움, 방탕, 우상 숭배, 마술, 적개심, 분쟁, 시기, 격분, 이기심, 분열, 분파, 질투, 만취, 흥청대는 술판을 벌이고 사는 반면에 **성령의 인도를 받게 되면 베풀며 살게 되고 기쁨과 평화를 얻게 되고 참게 되고 선하게 되고 '오랜 고통을 겪게 되고' 담담하게 되고 충실하게 되고 온유하게 되며 정숙하게 된다.** 간단히 말하면 평소에 시기하고 화를 내고 슬퍼하고 편가르기를 하고 중상모략을 하고 성적性的인 비행非行을 저지르고 교만하면 결코 성령에 따라 산다고 말할 수 없을 것이다.

롤하이저 신부님의 칼럼을 편집

46
변 모

그때에 갈릴래아 카나에서 혼인잔치가 있었는데, 예수님의 어머니도 거기에 계셨다. 예수님도 제자들과 함께 그 혼인잔치에 초대를 받으셨다.

그런데 포도주가 떨어지자, 예수님의 어머니가 예수님께 "포도주가 없구나."하였다. 예수님께서 어머니에게 말씀하셨다. "여인이시여, 저에게 무엇을 바라십니까? 아직 저의 때가 오지 않았습니다." 그분의 어머니는 일꾼들에게 "무엇이든지 그가 시키는 대로 하여라."하고 말했다.

거기에는 유다인들의 정결례淨潔禮에 쓰는 돌로 된 물독 여섯 개가 놓여 있었는데, 모두 두세 동이들이20~30 개론였다. 예수님께서 일꾼들에게 "물독에 물을 채워라."하고 말씀하셨다.

그들이 물독마다 가득 채우자 예수님께서 그들에게 다시 "이제는 그것을 퍼서 시종장侍從長에게 날라다 주어라."하셨다. 그들은 곧 그것을 날라갔다.

시종장은 포도주가 된 물을 맛보고 그것이 어디에서 났는지 알지 못하였지만 물을 퍼 간 일꾼들은 알고 있었다. 그래서 시종장이 신랑을 불러 그에게 말하였다.

"누구든지 먼저 좋은 포도주를 내놓고, 손님들이 취하면 그보다 못한 것을 내놓는데, 지금까지 좋은 포도주를 남겨 두셨군요."

이렇게 예수님께서는 처음으로 갈릴래아 카나에서 표징을 일으키시어, 당신의 영광을 드러내셨다. 그리하여 제자들은 예수님을 믿게 되었다.
(요한 2:1-11)

성경학자들은 카나의 혼인잔치에서 예수님께서 처음으로 기적을 일으킨 것에 대하여 의문을 가졌다. 예수님께서는 왜 율법에 어긋나는 포도주를 수천 병이나 만드셨을까?

그래서 어떤 학자들은 포도주스를 만드셨다고 주장하기도 했다. 그러나 시종장은 분명히 더 좋은 포도주가 남았다고 말했다. 많은 사람들이 물로 포도주를 만든 적이 있다. 최소한 6주 이상 걸린다고 한다. 그러나 예수님께서는 힘들이지 않고 즉시 만드셨다. 한 마디 말씀이나 명령도 없이 포도주를 만드셨다.

루이스C. S. Lewis는 예수님께서 일으키신 모든 기적들은 자연법칙에 따라 일어났다고 말했다. 결코 마술도 아니었고 말장난도 아니었다. 하느님께서는 자연이 오랜 시간 동안 만들어 내는 것을 순식간에 만드셨다. **"하느님께서는 자연이라는 캔버스에 이미 그려 놓았거나 그리려고 하지만 너무 커서 우리들이 미처 깨닫지 못하므로, 우리들을 위하여 작은 편지지에 기적을 담아 보여주실 뿐이다."**

물이 포도주로 바뀐 것은 놀라운 변화이며 마술이 아니다.

그리고 구두쇠가 하느님 같은 자선을 베푸는 것도 마술이 아니다. 죄인이 성자로 탈바꿈하는 것도 마술이 아니다. **이 모든 것은 기적이다.** 예수님의 현존 안에서는 이러한 일들이 항상 일어난다. 요한은 카나의 기적을 '첫 번째 기적'이라고 했다.

이는 기적이기는 했지만 손님들을 위한 호의로 그렇게 하신 것이 아니라 **예수님 자신**영광을 우리들에게 드러내셔서**과 당신의 제자로서의 우리들의 삶을 가르쳐주시기 위한 것이었다.**

예수님께서는 높은 산에서 베드로와 야고보와 요한의 눈에 모습이 변하시어 나타나셨다. (마태오 17:2, 마르코 9:2) 덩달아서 제자들도 변모하고 있다. "우리는 모두 너울을 벗은 얼굴로 주님의 영광을 거울로 보듯 어렴풋이 바라보면서 더욱 더 영광스럽게 그분과 같은 모습으로 바뀌어 갑니다.

이는 영이신 주님께서 이루시는 일입니다." (2코린토 3:18) "그리스도께서는 만물을 당신께 복종시킬 수도 있는 그 권능으로, 우리의 비천한 몸을 당신의 영광스러운 몸과 같은 모습으로 변화시켜 주실 것입니다." (필리피 3:21)

변모는 하느님만이 하실 수 있지만 마술이 아니라 끊임없이 변화하는 것이다. **우리는 일상생활을 계속하고 있지만 물이 포도주로 바뀐 것처럼 하느님의 은총을 받아 서서히 변모하고 있는 것이다. 이런 의미에서 우리들의 삶은 '신성한' 것이라고 할 수 있다.** 땀을 흘려 얻은 평범한 빵이 그리스도의 몸으로 바뀌고 있다. **성체성사를 한 후에도 성변화聖變化가 매 순간 이루어지고 있다.** 이는 마술이 아니다. 성사도 마술이 아니다. 우리들이 일상생활을 하면서 이를 느끼지 못하면 마술로 생각하게 된다.

우리는 깊이 묵상을 하지 못하기 때문에 영성이 점점 더 황폐화되어 가고 있다. 우리들 마음 속에 변모를 새기지 못하면 이방인과 다를 바 없게 된다.

"그리스도 예수님께서 지니셨던 바로 그 마음을 우리 안에 간직해야 한다." (필리피 2:5)

토마스 머튼이 말했다. "영성 생활은 먼저 일상적인 삶이 되어야 합니다. **영성 생활은 알고 공부하는 것이 아니라 삶 자체를 진실되게 사는 것입니다.** 예수님께서는 일상 생활을 축성하기 위해 항상 다른 사람들과 같은 일상생활을 하셨습니다. **영성 생활을 원하면 먼저 일상 생활을 제대로 살도록 해야 합니다.**"

하느님을 따라 살게 되면 얼굴에 빛이 나는 변모가 일어나게 된다.

47
하느님께서 모습을 드러내시지 않는 까닭

우리는 극심한 고통을 겪게 되면 하느님을 찾는다. 그러나 하느님께서는 모습을 드러내시지 않는다. "하느님을 보면 죽는다."는 말씀이 있듯 하느님을 뵙지 못하여 원망할 때가 많다. 잘라루딘 루미는 『마스나비』중에 나오는 〈왕이 두 종을 시험하다〉에서 다음과 같이 말하고 있다.

왕은 예수님을 말하고 한 종은 믿음이 있고 한 종은 믿음이 없는 것으로 하여 왕과 종의 대화를 통하여 부활과, 고통과, 하느님께서 모습을 드러내시지 않는 까닭을 설명하고 있다.

그 종이 대답했다.
"왕이시여, 그의 훌륭한 행동을 들으시고도 모르는 척 하시는 폐하의 말을 듣고는 저의 마음이 무척 괴롭습니다. 사랑하는 왕이시여, 그의 훌륭한 행동을 모르신다면 저는 무척 실망할 것이옵니다."
마지막 심판 날에도 회개하지 못하면 어떤 말이나 행동을 해도 아무 소용이 없이 하느님으로부터 거부당할 것이다. 일이 생길 때마다 새로운 모습으로 바뀌어 심판 날이 되면 전혀 새로운 사람이 되어 있어야 한다. **사람은 보는 만큼 변하기 마련이다.**
목자들에게는 양떼가 모두 잘 적응하는 것처럼 보인다. 부활하게 되면 어떤 원칙에 따라 모든 것이 새롭게 되고 질서정연하게 된다. 너희는 너희의 부모가 오로지 한 목표를 향하여 애썼던 것과 하나도 다름없이 살지 않았느냐? 사람들이 세우는 건물들을 보아라.

건물들은 건축가의 마음에 따라 지어지게 된다. 우리에게는 이 집이 아주 훌륭하여 모든 문들은 지붕과 마루와 잘 조화를 이루고 있는 것처럼 보인다. 그러나 건축가의 생각에 따라 도구들과 기둥들이 여기로 옮겨진 데에 불과하다.

그러면 모든 가치 있는 것들의 원천이 무엇이었던가?

당연히 상상과 생각이 그 원천이었다. 너희들이 오늘 이 세상에서 보는 모든 원소는 이와 같이 창조주의 생각에 따라 만들어진 것이다.

친구여, 생각을 먼저 한 후에 행동을 하는 법이다. 세상도 이와 같이 만들어진 것이라는 것을 똑똑히 알아라! 열매들은 처음에는 한낱 생각에 지나지 않았지만 마침내 볼 수 있게 모습을 드러낸다. 우리가 나무를 심는 주된 목적은 아마 열매를 보기 위한 것일 것이다.

가지들과 잎들과 뿌리들은 가장 먼저 모습을 드러내지만 모두 열매를 맺게 하기 위하여 생긴 것들이다. **하늘나라의 비밀도 가지나 잎이나 뿌리와 같은 예언자의 말이 아니라 창조주가 만든 것이다. 그러나 너희가 좋아하는 우화와 같이 예언자의 말은 만물을 변화시킨다. 모든 일들은 한낱 사건에 지나지 않았지만 마지막 심판 날에는 진리를 알게 만든다.**

온갖 사건들이 지금까지 이어져왔지만 생각은 생생하게 사건들을 다시 떠오르게 하였다.

모든 사람들의 생각은 전지전능한 하느님으로부터 나왔으며 모든 사건도 하느님께서 일으키신 것이다. 이 세상은 너희를 시험하기 위한 장소에 불과하다.

그러나 너희는 저 세상에서는 상급을 받게 될 것이다.

그 종이 이어서 말했다.

"왕이시여, **당신의 종이 죄를 지으면 그 사건이 사슬이 되어 지옥으로 끌려가게 됩니다.**

그가 당신을 잘 모시면 당연히 당신으로부터 명예의 관복冠服을 얻을 수 있을 것입니다. 달걀이 병아리가 **되었을 수도 있고 병아리가 달걀**

을 만들 수도 있으며 그 사건이 결과를 일으키게 했을 수도 있고 결과가 그 사건을 있게 했을 수도 있습니다.

이는 결코 터무니없는 이야기가 아닙니다!"

그러자 왕이 말했다.

"아! 이 종아, 네 말이 사실이라면 왜 그 사건을 미리 막지 못했느냐?"

종이 답했다.

"지혜가 그것을 꽁꽁 숨겨두었기 때문에 지금과 같은 덧없는 세상에 드러나지 않습니다.

왜냐하면 바르게 생각했다면 모든 사람이 하느님을 믿었을 것이고 그랬다면 시험도 받지 않았을 것입니다. 만약 당신께서 숨어 계시지 않고 당당하게 모습을 드러내셨더라면 모든 사람들이 바르게 살았을 것입니다. 그러셨다면 감히 누가 우상을 숭배했겠습니까? 어느 누가 감히 진리를 비웃으려고 했겠습니까?

또 부활이 오늘 이루어진다면 이 세상 어느 누가 심판날인 오늘 죄를 지으려고 하겠습니까?"

그러자 왕이 말했다.

"하느님께서는 믿음이 없는 사람은 나쁜 사람을 만나게 하셨지만 믿음이 깊은 사람을 만나지 못하게는 하시지 않았다. 만약 내가 한 왕족을 지하감옥에 넣는다면 이 사실을 다른 사람에게는 숨겨도 나의 식솔들에게는 숨기지 않는다.

하느님께선 내가 모든 행동의 옳고 그름을 판단하게 하셨고 그 행동의 결과도 알게 하셨다. 나에게 한 행동만 보여다오. 그러면 나는 분명히 그 결과를 알 수 있다. 구름은 나로부터 영광스러운 달을 가리지 않는다."

그러자 종이 말했다.

"그러시면 이미 다 알고 계시겠지만 여태까지 저가 한 말에 대해서는 어떻게 생각하십니까? 당신께서는 모든 것을 다 알고 계시지 않습니까?"

왕이 대답했다.

"이 세상은 모든 것을 이미 보여주었다. 무엇이든지 알려면 똑똑히 알아라.

하느님께서는 우리들이 하느님의 지혜를 갖기 전까지는 이 세상이 깊은 고통에 빠지도록 하시려고 결심하셨다. 또 너희가 선한 행동이나 악한 행동을 드러내지 않고는 이 세상에 1초도 가만히 있을 수 없게 만드셨다.

이는 너희 내면 깊숙이 있는 영혼을 드러내게 하시기 위함이다.

너희의 몸은 물레와 같은데 하느님께서 실 끝을 계속하여 끌어당기시면 어떻게 돌지 않을 수 있겠느냐? 하느님께서 이와 같이 계속 끌어당기시기 때문에 너희는 쉬지 못하게 되고, 너희가 게으를 때에는 고생을 하도록 하셨다.

두 세상 모두 계속하여 새 생명을 탄생시키고 있다.

따라서 두 세상 모두 모성애를 갖도록 만드시고 또한 걸맞은 결과를 낳게 하셨다. 일단 결과가 생기게 되면 다시 이 결과가 원인을 만들어 행동으로 드러나게 하신다. 세대世代는 이렇게 하여 이어져 왔다. 눈을 뜬 사람들은 이를 대낮처럼 볼 수가 있다!"

루미의 생각대로라면 '죽을 것 같은 고통'은 부활의 전조前兆이다.

인간의 어리석음과 미련함에 대해 정곡을 찔러 말하고 있는 것 같다.

48
하느님은 손도 안 대고 코를 푸신다

종교에 대한 의문과 같이 하느님의 선하심에 대한 해묵은 의문이 있다.

그렇게 선하신 하느님께서 어떻게 어떤 사람을 영원히 지옥으로 보내실 수 있을까?

자비로우시고 사랑이신 하느님께서 어떻게 영원히 지옥에 가도록 벌하실 수 있을까?

이는 어리석기 짝이 없는 질문이다.

하느님께서는 아무도 지옥에 보내지 않고 영원한 벌을 내리지도 않는다. 하느님께서는우리들에게 영원한 생명을 주셨지만 영원한 생명을 받아들이느냐는 우리 각자의 선택에 맡기셨다.

예수님께서는 우리에게 "**하느님은 아무도 심판하시지 않는다.**"고 말씀하셨다.

우리 자신이 자신을 심판하고 있을 뿐이다.

하느님은 지옥을 만들지도 않았을 뿐더러 아무도 지옥으로 보내지 않는다. 그렇다고 지옥이 없다는 말은 아니며 우리가 지옥에 갈 가능성이 없다는 말도 아니다.

이에 대해 예수님께서는 다음과 같이 설명하셨다.

"하느님께서는 이 세상에 당신의 생명을 보내셨으며 그 생명을 취하느냐 거부하느냐는 전적으로 우리 자신에게 달려 있다. 그 선택을 하기 위하여 우리 스스로 판단한다. 생명을 선택하면 하늘을 선택한 것이 된다.

생명을 선택하면 하느님께서는 우리를 아무데도 보내시지 않는다."

지옥은 우리들이 고통을 겪도록 하기 위하여 하느님께서 만드신 벌이 아니다. **지옥에는 당연히 있어야 할 것이 없는 곳이다.**

즉 하느님께서 우리에게 주신 생명이 없는 곳이다.

이렇게 말한다고 해서 지옥이 없다거나 지옥에 갈 가능성이 없다는 말은 아니다.

지옥은 엄연히 존재하지만 정의를 위해, 복수하기 위해 하느님께서 만드신 벌이 아니며 무딘 마음을 가진 사람이나 잘못을 저지르고도 회개하지 않는 사람을 밝혀내기 위한 곳도 아니다. **지옥은 생명이 없고 사랑이 없고 용서가 없고 이웃이 없는 곳**으로 하느님께서는 아무도 거기에 보내시지 않는다.

사랑이 없거나 이웃이 없으면 결국 가게 되는 곳이며 살아 있을 때 우리들에게 제공된 사랑과 이웃을 거부하여 자초한 결과이다. 하느님께서는 손도 안 대고 코를 푸신 것이다.

존 쉐아John Shea가 말한 바와 같이 "**지옥은 사랑과 용서와 이웃을 거부한 생명의 꽃으로 가득 찬 곳으로, 행복한 사람을 놀라게 하려고 만들어진 곳이 아니다.**"

사르트르가 말했다. "**지옥은 타인이다.**" 이의 역逆도 성립한다.

지옥은 다른 사람과 더불어 살면서 우리 스스로 선택하여 경험하는 곳이다.

인생은 삼위일체가 있는 공동체 생활에 참여하여 더불어 사는 것을 뜻한다.

성경에서 말하고 있다. "하느님은 사랑이시고 사랑 안에 머무는 사람은 하느님 안에 머무는 것이 되고 하느님께서 우리 안에 머무르게 된다." 이러한 사랑은 낭만적인 사랑이 아니다. 성경에서는 '낭만적인 사랑에 빠진 사람'이 하느님 안에 머문다고 말하고 있지 않다.

성경에서는 "**하느님께서는 우리와 함께 계시며 이웃과 더불어 사는 사**

람은 하느님의 생명 안에 사는 사람이다."고 말하고 있다. 이의 역逆도 성립한다. **더불어 살지 않으면 영원한 생명 바깥에 살게 되며 그곳이 곧 지옥이라는 것이다.**

그런데 과연 지옥은 어떠한 곳인가? 지옥을 성경의 여러 곳에서 표현하고 있지만 아주 다양하며 모호하다. 그러나 사람들은 지옥을 영원히 불타오르는 불바다로 생각하고 있는 수가 많다. 성경에서는 지옥을 "하느님의 분노를 경험하는 곳", "결혼식이나 무도회 바깥에 있는 것", "절치부심切齒腐心하면서 슬퍼하고 눈물 짓는 것", "게헨나*로 넘겨지는 것", "벌레들에게 잡아 먹히는 것", "불", "연회宴會에 초대받지 못하는 것", "하느님 왕국의 바깥에 있는 것", "슬픈 마음으로 사는 것", "영원한 생명을 잃는 것"으로 표현하고 있다. 다양하게 표현하고 있지만 같은 곳을 말하고 있다.

지옥은 무례하게 이웃과 더불어 살지 않을 때 경험하는 고통과 슬픔이고 불이며 스스로 자초自招한 것이다. 하느님께서 그렇게 만드신 것이 결코 아니다. **하느님은 죽음을 다루시지 않을뿐더러 아무도 지옥에 보내시지 않는다.** 예수님께서 하느님에 대해서 말씀하실 때 하느님께서 생명과 죽음을 다루신다고 말씀하신 적이 없으며 생명만 다루신다고 말씀하셨다.

죽음의 원천은 거짓말을 하는 곳, 자기 합리화, 괴로움, 무딘 마음, 지옥과 같은 곳이다. 하느님께서 지옥을 만드시지도 않았고 아무도 지옥에 보내지 않으신다고 말한다고 해서 악이 없다거나 죄가 없다거나 벌이 없다는 것이 아니며 어디까지나 자기 스스로 심판하는 데에 따르며 심판하는 사람이 지옥을 잘 알고 있다는 뜻이다.

하느님께서는 지옥을 만들지도 않으셨고 아무도 그곳에 보내지도 않으며 우리들이 지옥을 만들고 스스로 지옥에 가는 것이다.

---

* "불붙는 지옥"으로 번역되는 희랍어 "게헨나 투 푸로스(gehenna tu puros)"는 히브리어 "게힌놈(gehinnom)"에서 온 것으로 원래 의미는 "불의 게헨나"라는 말이다. 예루살렘 서남쪽에 위치한 골짜기로 이방인, "물록 신"에게 제사를 지내던 산당이 있던 곳이었다. (2열왕 23:10) 요시아 왕 때 예루살렘의 우상들과 신전을 파괴시켜 그 잔해들과 시체들을 이 골짜기에 내다 버렸는데 이스라엘 사람들에게는 생각하는 것조차 혐오스러운 장소를 뜻하는 곳이었다.

요한 복음에서 예수님께서 분명히 말씀하셨다.

"나는 빛으로서 이 세상에 왔다. 나를 믿는 사람은 누구나 어둠 속에 머무르지 않게 하려는 것이다. 누가 내 말을 듣고 그것을 지키지 않는다 해도 나는 그를 심판하지 않는다.

나는 세상을 심판하러 온 것이 아니라 세상을 구원하러 왔기 때문이다.

나를 물리치고 내 말을 받아들이지 않는 자를 심판하는 것이 따로 있다. 내가 한 바로 그 말이 마지막 날에 그를 심판할 것이다. 내가 스스로 말하지 않고, 나를 보내신 아버지께서 무엇을 말하고 무엇을 이야기할 것인지 친히 나에게 명령하셨기 때문이다.

나는 그분의 명령이 영원한 생명임을 안다. 그래서 내가 하는 말은 아버지께서 나에게 말씀하신 그대로 하는 말이다." (요한 12:46-50)

예수님께서는 지옥을 만드실 필요도 없었고 악인을 지옥에 보내실 필요도 없었다.

49

귀머거리와 장님

우리는 남의 소리를 듣지 못한다. 자연의 소리도 듣지 못한다.

그래서 심지어는 하느님의 목소리도 듣지 못하고 자기 말만 하고 산다.

그러나 성경을 보면 하느님은 작은 목소리로 말씀하시는 것이 아니라 우렛소리 같이 쩌렁쩌렁 태산이 울릴 정도로 큰 소리로 말씀하시고 계신다.

또한 명약관화한 진실도 보지 못하고 살고 있다.

"주님께서 하늘에 우렛소리 내시고 지극히 높으신 분께서 당신 소리 울려 퍼지게 하셨네." (2사무엘 22:14)

"그때에 예수님께서 이르셨다. '나는 이 세상을 심판하러 왔다.

보지 못한 이들은 보고, 보는 이들은 눈먼 자가 되게 하려는 것이다.'

예수님과 함께 있던 몇몇 바리사이가 이 말씀을 듣고 예수님께,

'우리도 눈먼 자라는 말은 아니겠지요?'하고 말하였다.

예수님께서 그들에게 이르셨다.

'너희가 눈먼 사람이었으면 오히려 죄가 없었을 것이다.

그러나 지금 너희가 '우리는 잘 본다.'하고 있으니, 너희 죄는 그대로 남아 있다." (요한 9:39-41)

조선시대의 이계耳溪 홍양호洪良浩, 1724~1802가 쓴 〈질뢰疾雷〉라는 시에서

"우렛소리에 산이 무너져도 귀머거리는 듣지 못하고,
해가 중천에 솟아도 소경은 보지 못한다.
어리석은 자는 도덕과 문장의 아름다움을 알지 못하며,
속인은 왕도와 패도, 의義와 리理의 구분을 변별하지 못한다.
아아! 세상의 남아들이여, 눈과 귀가 있다고 말하지 말라.
총명은 눈과 귀에 있는 것이 아니라 오직 한 조각 영각靈覺에 있는 것이다."라고 노래하고 있다.

요한 복음에서 '보고 듣는 사람'이란

자신이 눈뜨고 귀 열고 산다는 것을 자각하지 못하고 피상적으로 보고 듣는 사람을 말한다. 자연의 경이로움도 모르고 사람들은 진면목을 보지 못하고 하느님이 우렛소리 같이 우렁차게 말씀하시는 진리도 듣지 못하고 산다.

그래서 예수님께서는 '보는 이들은 눈먼 자가 되게 하리라.'하고 말씀하셨다.

또 '보고 듣는 사람'이란 세상일에만 관심을 쏟는 사람이어서 내면의 세계, 하늘나라의 일을 생각하지 않는 사람이다. 내면의 세계가 닫혀 있는 사람이다.

사물을 보지 못하는 사람을 장님이라고 부른다.

그러나 자기 안의 세계를 볼 줄 모르는 사람, 자신의 영혼을 바라볼 줄 모르는 사람, 내면의 세계에 대해 눈이 닫혀 있고 귀가 먹은 사람은 '영각靈覺 장애인'이라고 한다.

또 '보고 듣는 사람'이란 교만한 사람을 말한다.

'서울에 갔다 온 사람이 간 적이 없는 사람에게 못 이긴다.'는 말이 있듯 보고 들은 적이 없는 것을 보고 들었다고 우긴다.

자신이 보고 들은 것이 전부인양, 절대 진리인양 떠들어 대는 것이다.

예수님께서는 자기 독선에 빠져 사는 사람들, 자기 입장 외에는 헤아릴 줄 모르는 사람들, 함부로 판단하는 사람들, 자기 견해 자기 생각 자기 판단을 절대화하는 사람들, 이런 사람들의 눈을 멀게 하시겠다고 하셨다.

반면에 **'보지 못하거나 듣지 못하는 사람'**이란

첫째, **눈이 감겨 있고 귀가 멀어있다는 것을 자각하며 사는 사람들이다.**
그래서 보고 듣고 느끼고자 하는 갈망이 늘 충만하다.
이런 갈망이 보지 못하거나 듣지 못하는 사람들에게 가장 큰 은총이다.
작은 것에 감동할 줄 알고 감사할 줄 알며,
남들이 당연하게 여기는 것을 다르게 여길 줄 알며, 보고 듣는 것의 소중함을 알고, 산다는 것이 은총이라는 것을 아는 사람들이다.
주님께서는 이런 사람들을 보게 하시려고 이 세상에 오신 것이다.

둘째, '보지 못하고 듣지 못하는 사람'은 **시선이 내면을 향해 있는 사람이다.** 내면으로의 여행이 얼마나 신비하고 즐겁고 놀라운 일인지 아는 사람이다. 세상일은 알지 못하는 신선하고도 영롱한 눈을 가진 사람이다.

셋째, **겸손한 사람을 말한다.** 보아도 보지 못하는 사람처럼 사는 사람이다. **함부로 판단하지 않고 자신의 눈과 귀를 의심할 줄 아는 사람이다.**
자기가 보고 들은 것을 절대화하지 않고 이면裏面의 것들을 생각하는 사람이다. 겸손하게 이웃의 마음을 헤아려줄 줄 아는 사람이다.
또 남의 도움을 받을 줄 알고 타인에게 자신을 맡길 줄 알고 당신 없이는 나아갈 수 없습니다 하고 자신의 손을 내미는 사람이다.
혼자서 모든 것을 처리하려는 현대인의 교만하고 이기적인 경향에 맞서는 겸손한 영적인 태도를 갖고 있는 사람이다.
자신의 부족과 한계를 정직하게 인정하고 이웃의 소중함과 존재가치를 인정하는 사람이다.
주님께서는 이런 사람들에게 새로운 세계를 약속하시고 "보지 못하는 이는 보게 하시겠다."고 말씀하셨다.

언제나 신앙의 중심점을 잃지 않고 회복하는 것을 영성靈性이라고 한다.

주님께 모든 초점을 맞추어 언제 어디서나 주님과 일치하는 삶을 사는 것이 영성이다.

항상 깨어있는 것이 영성이다.

주님의 첫째 계명이 '사랑'이다.

내가 쓰고 남은 것을 주는 것이 아니라 이웃이 필요한 것을 주는 것이 사랑이다. 이러한 사랑을 하지 못하는 사람은 '보지 못하고 듣지 못하는 사람'이다.

나는 어떤 사람인가?

50
마음이 병든 사람

그때에 예수님께서 다시 회당에 들어가셨는데, 그곳에 한쪽 손이 오그라든 사람이 있었다. 사람들은 예수님을 고발하려고, 그분께서 안식일에 그 사람을 고쳐 주시는지 지켜보고 있었다.

예수님께서 손이 오그라든 사람에게 "일어나 가운데로 나와라."하시고 그들에게 말씀하셨다. "안식일에 좋은 일을 하는 것이 합당하냐? 남을 해치는 일을 하는 것이 합당하냐? 목숨을 구하는 것이 합당하냐? 죽이는 것이 합당하냐?" 그러나 그들은 입을 열지 않았다. 그분께서는 노기를 띠고 그들을 둘러보셨다. 그리고 그들의 마음이 완고한 것을 몹시 슬퍼하시면서 그 사람에게 "손을 뻗어라."하고 말씀하셨다.

그가 손을 뻗자 그 손이 다시 성하여졌다.

바리사이들은 나가서 곧바로 헤로데 당원들과 더불어 예수님을 어떻게 없앨까 모의를 하였다. (마르코 3:1-6)

34년 간을 의원으로 지낸 미국의 팁 오닐Tip O'Neil 전 하원의장의 사무실 벽에는 험프리Hebert Humphrey 부통령이 한 연설문이 붙어 있었다.

"정부의 도덕성은 사람들을 어떻게 다루느냐에 따라 판가름 납니다.

인생의 여명기인 어린이를, 인생의 황혼기인 노인을, 인생의 그늘에 있는 병자와 가난한 사람과 장애자를 어떻게 다루느냐에 따라 판가름 납니다."

셰익스피어의 『베니스의 상인』에서 포셔Portia는 판사로 변장하여 법정에 나타나 유대인 고리대금업자 샤일록Shylock에게 하는 명연설을 했다.

"자비심은 강요한다고 생기는 것이 아니라네.

그건 단비처럼 **하늘에서 땅 위에 떨어지는 것으로, 이중二重의 축복이 내린다네. 자비심을 베푸는 사람과 받는 사람을 다 같이 축복을 받게 한다네.**

그리하여 가장 힘 있는 자에게서 최상의 힘을 발휘하게 만든다네.

옥좌에 앉아 있는 왕에게는 왕관보다 자비심이 더 어울린다네.

그의 왕홀王笏은 무상한 권력과 경외와 존엄성을 상징하며 왕을 두려워하게 만들지만 자비심은 이 왕홀의 위력보다 더 강하다네. **왕의 가슴 깊이 자리 잡고 있는 자비심은 하느님 자신의 특성이기도 하다네. 정의 안에서 자비심이 드러날 때, 이 땅의 권세는 하느님의 권세에 가장 가까워진다네.**

그러니 유대인이여, 그대는 정의라고 변명하지만 잘 생각해 보게.

정의를 생각한다면 이 세상에 아무도 구원 받을 사람이 없을 것이네.

우리가 자비심을 달라고 기도 드리면 바로 그 기도는 우리에게 자비를 베풀도록 가르쳐 준다네."

험프리 부통령과 셰익스피어는 자비심의 위력에 대하여 말했다.

측은지심에서 예수님께서는 손이 오그라든 사람에게 자비를 베푸셨다. 과연 왕다운 모습을 보여주신 것이다. 그러나 예수님께서 병든 사람을 치유하는 것은 아무 어려움이 없었지만 마음이 병든 사람은 어려웠다. 바리사이들이 그러했다.

알렉산드리아의 주교 성 아타나시우스St. Athanasius가 말했다.

"그는 손만 오그라들었지만 옆에 서 있던 사람들은 마음이 병들어 오그라져 있었습니다. 그리하여 그들은 장애자를 보지도 못했을 뿐더러 기적을 일으키려고 하시는 분에 대해서도 아무 기대를 하지 않았습니다. 그러나 주님께서는 기적을 일으키기 전에 먼저 말씀으로 그들의 완고한 마음을 어루만져 주셨습니다. 주님께서는 그들의 마음 속 깊이 있는 악을 보셨기 때문에 그들을 순화시키기 위해 먼저 '안식일에 좋은 일을 하는 것이 합당하냐? 남을 해치는 일을 하는 것이 합당하냐? 목숨을 구하는 것이 합당하냐? 죽이는 것이 합당하냐?'고 물으셨습니다. 그런데 그들에게 먼저 '안식일에 자비를 베푸는 것이 옳은 일인가?'하고 물으셨다면 그들은 아마 '당신은 율법에 어긋나는 말을 하고 있소.'하고 답했을 것이 뻔하다. 그래서 주님께서는 손수 안식일을 만드셨기 때문에 "이 방법 외에는 생명을 구하는 방법이 없다."고 그들에게 율법에 담긴 뜻을 설명했습니다.

또 유대인들은 사람이 안식일을 지키지 않았을 때에도 구제해주었습니다. 사람들뿐만 아니라 소나 나귀에게도 적용하여 구제해주었습니다.
(마태오 12:11)

이렇게 율법은 편의에 맞게 되어 있었으므로 유대인들은 안식일에도 식사를 준비할 수 있었습니다. 그런데 예수님께서는 그들이 인정하려고 하지 않는 점을 꼬집어 물으셨습니다. "안식일에 좋은 일을 하는 것이 합당하냐?" 그러나 그때까지 그들은 기분이 언짢았으므로 많은 사람들이 "예"라고 답하지 않았습니다."

복음서를 보면 예수님께서 화를 내는 것을 보기 어려운데 오늘 복음에서는 화를 내고 계신다. 다른 한 번은 성전에서 장사꾼들을 몰아낼 때였다. **사람들이 마음의 문을 굳게 닫고 있었기 때문에 화를 내신 것이다. 마음을 닫고 있는 사람과 논쟁을 벌여 봤자 아무 소용이 없다. 들으려고 하지 않을 때에는 화를 내는 수밖에 없다.** 예수님도 어쩔 수가 없으셨던 것이다. **예수님께서 우리들에게 자아를 버리라고 하신 것은 아집으로 소리치고 주장하기를 그만두라는 뜻이다. 그런데 나이 들수록 옹고집이 되는 것은 하느님에 대한 반항 같기도 하다.**

아우구스티노 성인이 말했다. "**선한 사람의 사랑이나 거룩한 자비에서 생기는 분노도 악이라고 하지만 이러한 악은 덕德으로 불러야 한다고 생각합니다.** 이러한 분노와 같은 감정이 정당한 것이라면 아무도 그것이 병이라든지 좋지 않은 격정이라고 감히 말해서는 안 됩니다. 스스로 종의 모습을 취하고 아무 죄도 없이 죄를 짊어진 주님께서는 이 때문에 이러한 감정을 드러내셨습니다. 사람의 몸과 영혼을 취하신 주님께서는 당신의 인간적인 감정을 숨기려고 하지 않았습니다. 따라서 율법 해석자들은 복음에서 그리스도께서 슬퍼하시거나 화를 내는 장면이 나올 때에는 무분별하셔서 그렇게 했다고는 말하지 않았습니다."

"주님의 깊은 뜻을 찾지 못한다면 계속 살아갈 이유가 없네."

영화 〈위대한 침묵〉 중에서

51
존경심

그때에 사람들이 마귀 들려 말 못하는 사람 하나를 예수님께 데려왔다. 마귀가 쫓겨나자 말 못하는 이가 말을 하였다. 그러자 군중은 놀라워하며,

"이런 일은 이스라엘에서 한 번도 본 적이 없다."하고 말하였다.

그러나 바리사이들은 "저 사람은 마귀 우두머리의 힘을 빌려 마귀들을 쫓아낸다."하였다.

예수님께서는 모든 고을과 마을을 두루 다니면서 회당에서 가르치고 하늘 나라의 복음을 선포하시며, 병자와 허약한 이들을 모두 고쳐 주셨다. 그분은 군중을 보시고 가엾은 마음이 들었다. 그들이 목자 없는 양들처럼 시달리며 기가 꺾여 있었기 때문이다.

그래서 제자들에게 말씀하셨다.

"수확할 것은 많은데 일꾼은 적다. 그러니 수확할 밭의 주인님께 일꾼들을 보내 주십사고 청하여라." (마태오 9:32-38)

요한 크리소스토모John Chrysostom 성인이 말했다.

"착한 일을 한 사람은 그들의 행동이 다른 사람들에게 감동을 주었기 때문에 다른 사람의 비난을 받는 수가 많다. 그러나 만약 하느님을 위하여 동료들에게 착한 일을 하고 있다면 동료들이 무슨 일을 하고 있든 착한 일을 멈추지 말아야 한다."

다른 사람에게 감동을 주면 '존중human respect'을 받는다고 말하지만 이

는 잘못된 용어이다. 실제로는 자기 자신이나 다른 사람들의 존경을 받지 못하기 때문이다.

가톨릭 영성 신학에서는 라틴어를 잘못 번역하여 많은 오해를 유발하고 있다. '존경respect'이라는 단어는 라틴어 'respicere'에서 나왔는데 이는 **'너무 자꾸 뒤를 돌아 본다**too look back'는 뜻이다. 이런 맥락에서 보면 **자신이 한 착한 행동이 다른 사람들에게 어떻게 비치고 있는가를 점검한다는 것을 뜻한다. 이른바 '왼 손이 한 짓을 오른 손이 알게 하려는 심사가 밑바닥에 깔려 있고' '생색을 내려는 심보가 숨어 있는 것'이다.**

결국 '칭찬을 받으려고 행동을 한 셈이다.' 자신이 생각해도 의로운 행동을 하지 않은 것 같아 다른 사람의 반응을 보는 것이다. 그리하여 '존경'을 **'하느님께서 자신에게 명하신 의무를 다른 사람이 못하게 하는 것**Another person prohibiting you from doing your duty commanded by God'으로 정의하기도 한다. 라틴어 말뜻대로라면 '남에게 감동을 주었는가 찾아 내려고 하다' 또는 '자신의 명성이 자자한지 알려고 하다'라고 번역해야 할 것이다.

'존경'이란 단어가 비록 번역은 잘못되었지만 인간의 약점을 아주 잘 반영하고 있어서 개인적인 생각으로는 아주 번역이 잘된 것 같다.

칭찬에 인색하고 굶주려 있는 우리들을 말하고 있다.

우리 모두 존경 받을 가치가 있으며 자신에게 고유한 특성을 갖고 있으며 자신의 잠재력을 발휘하기 위한 기회와 그에 합당한 대우를 받을 만한 가치를 지니고 있다.

그러나 생색을 내는 것은 자기가 자신을 과대 평가하고 있다는 것을 드러내는 것이다. 자신의 행동에 대한 평가는 제3자가 하는 법이다.

그러나 성경의 어디를 보아도 예수님께서는 그런 행동을 하시지 않았다. 오늘의 복음에서도 바리사이들이 예수님께서 하신 행동을 보고 흠을 잡으려고 했으나 아무런 잘못도 발견하지 못했다. 그들은 마귀 우두머리의 힘을 빌려 마귀들을 쫓아 낸다고 생각했다. 아마 현대의 우리들도 그렇게 생각하는 사람이 많을 것이다. 많은 심리학자들은 **"우리들은 의심하**

는 문화 속에 살고 있기 때문에 아주 훌륭한 동기에서 일을 해도 다른 사람들이 이를 위선으로 받아 들이는 수가 많다. 선善을 멀리하고 현재 자신이 하고 있는 부당한 일을 합리화하여 정당한 선이라고 믿고 있기 때문이다."고 말하고 있다.

예수님께서는 칭찬을 받으려고 마귀들을 쫓아 내신 것이 아니다.

마귀 들린 사람들을 애처롭게 생각하시어 오로지 사랑으로 그들을 치유해주셨다.

예수님께서는 바리사이들의 비아냥거림을 묵살하고 모든 고을과 마을을 방문하려고 아무 말씀없이 떠나셨다.

그들과 맞서 보아야 괜히 힘만 빠지기 때문이었다.

'의로움'이란 하느님의 눈으로 보아서 옳은 일을 하는 것을 말하는 것이지 인간의 눈으로 봐서 옳은 일을 하는 것을 말하는 것이 아니다.

52

죽음은 인생의 끝이 아니다

생물체의 육체를 치료하는 것이 의료medication이고, **오염된 의식을 정화淨化하는 것을 명상meditation이라고 한다.**

인도의 영적 스승이었던 파라마한사 요가난다 Paramahansa Yogananda가 말했다.

"정신적인 고통에서 헤어나지 못할 때에는 애써 잠을 자려고 해보십시오. 그렇게 잠을 자고 난 후 깨어났을 때에는 정신적인 긴장이 풀리고 걱정도 사라졌다는 것을 알게 됩니다. 잠의 잠재의식 속으로 들어가게 되면 몸과 함께 있던 영혼이 일시적으로 고통을 없애 줍니다. **가장 좋은 방법은 깊은 명상을 통하여 하느님과 함께 있는 초의식超意識 상태에 들어가는 것입니다.**

비록 우리가 죽더라도 지구는 궤도에 따라 계속 돌 것이며 일은 평상시와 다름 없이 진행될 것이라는 것을 생각하면서 '그런데 내가 왜 걱정하지?' 하고 반문해보아야 합니다."

인절환 교수는 〈명상瞑想과 의식의 정화淨化〉라는 제목의 글에서 다음과 같이 말했다. "'청천靑天 하늘엔 별도 많고 우리네 살림살이 말도 많다.'는 아리랑 노래 구절과 같이 우리의 삶에는 말도 많고 크고 작은 일에 스트레스를 받는다. 사람은 모태에서 태어나 천진난만한 어린이로 자라는 동안 다른 포유류와 달리 가장 긴 동안 부모의 보살핌을 받으며 성인으로 성숙해 간다. 부모들은 자식에게 독립심을 길러 스스로 살아갈 수 있는 힘, '나'라는 관념을 넣어주고 있지만 이를 지나치게 내세우다 보면 자아自我, ego는 **강해지고 나이를 먹을수록 정신적으로 불안정ill being하게 된다.** 이 불안정성을 산스크리스트어로 두카dukkha라 하는데, **이것이 즉 고통 또는 고뇌이다. 인간이 참되고 보람되게 살아 가려면 이 불안정성을 안녕well being으로 돌려야만 편안하고 기쁨에 찬 인생을 살 수 있는 것이다.**

명상을 무슨 고차원적인 것으로 생각하기 쉬우나 **근대사회의 스트레스에서 인류의 심신 상태를 보호하고, 그 불균형의 상태의 균형을 다시 회복시키기 위한 하나의 심리적인 행行으로 명상이 있는 것이다.** 요가라든가 기공氣功, 불교의 선禪은 조식調息, 숨 가다듬기, 조신調身, 몸 가다듬기, 조심操心, 마음 가다듬기이라 하듯이 마음을 가라 앉히는 일종의 자기 제어 방법이다. 과학적으로 볼 때 명상을 하면 뇌파가 알파파를 증가시켜 편안한 마음의 정신, 생리학적 상태를 만들어 낸다는 것이다. 또한 지금 여기에 있는 자기의 육체에서 자유롭게 되는 작용도 있다. 이는 고도高度의 정신상태라 할 수 있으며 자신의 육체에서 정신이 해방되어 궁극적으로는 우리들의 의식이 우주와 동조하여 명상을 통하여 'Coming Home'의 우주 의식을 갖게 된다는 것이다. 이런 사실을 믿으라는 것이 아니라 체험으로 느끼라는 것이다. 바꾸어 말하면 우리들의 의식이 우주와 하나가 되어 에고가 없는 순진무구한 최고의 단계의 의식상태가 되어 지혜롭고 행복하게 살자는 것이다."

엊그제 아내가 아끼던 분이 세상을 떠나자 나도 우울했지만 아내는 한숨도 자지 못했다. 참으로 **'잘 사셨던 분'**이 하느님의 품으로 가셨는데 왜 우울한 생각을 하게 되었을까?

말이 통하던 사람이 거의 없었기 때문이 아니었나 하는 생각이 들었다.

깨어 있는 분이었기에 더욱 더 애석하고 그리운 것이 아닌가 하는 생각이 들었다.

랍비 루이스 빈스탁Rabbi Louis Binstock의 『The Road to Successful

Living』에 다음과 같은 대목이 나온다. "역사상 남녀노소를 막론하고 모든 사람들이 성공에 열정을 다 바쳤습니다. 반 세기 동안 그들은 물질적인 성공 즉 명예와 돈과 지위와 권력이 인생의 가장 중요한 목표라고 배워왔고 실제로 그렇게 생각해왔습니다. 그런데 그것이 잘못되었다는 것이 증명되었습니다. **많은 사람들이 성공하기 위해서는 쉬지 않고 뛰고, 경쟁자를 밟고 일어서고, 가장 슬픈 것은 심지어 친구나 사랑하는 사람까지도 밟고 일어서서 정상頂上에 오른다는 것입니다. 그러나 그들이 정상에 서고 나면 자신이 너무나 외롭고 불행하다고 생각합니다.**

그들이 저에게 물었습니다. '무엇이 잘못된 것일까요?'"

재물이란 우상을 섬기고 탐욕에서 벗어나지 못했으며 자비를 베풀고 살지 않는 것이 잘못된 것이다. 하늘나라는 눈곱만큼도 생각하지 않고 산 결과이다.

요가난다가 말했다.

"살아 있는 것이 인생의 전부는 아닙니다. 전체 내지 중심에서 바라보면 죽음은 단지 다른 삶으로의 전이轉移이며 형태의 변화로서 우주의 중심을 향하여 한 인간이 이동해가는 경험에 불과합니다."

영원한 생명을 얻게 되면 기쁘고 평화롭게 되며 영원히 죽지 않는다는 말이다.

돌아가신 분은 비록 불교 신자였지만 영원한 생명을 얻으신 분 같았다.

죽지 않으면 영원한 생명을 얻지 못하므로 죽음은 시작일 뿐이다.

가볍게 행동하여 하느님의 은총인 복福을 털어버리지는 않았는지,
화를 잘 내어 복을 발로 차버리지는 않았는지,
악한 말을 하여 복을 잘라버리지는 않았는지,
악한 행동을 하여 복을 뿌리째 뽑아 내지는 않았는지,
자신을 속여서 복을 썩게 하지는 않았는지 뒤돌아 보아야 한다.
그리고 남의 잘못을 이해하지 못하고 용서하지 못하면서

자신의 잘못은 관대하게 이해하고 넉넉하게 용서하는
이기적이고 위선적인 사람이 아니었는지 뒤돌아보아야 한다.

그러면 누구나 자신의 인생에 대하여 무한 책임을 질 수밖에 없다는 것을 깨닫게 된다.

죽기 전前의 죄업罪業은 습성習性으로 나타나 대대손손代代孫孫 이어지기 때문이다.

53

현재의 마음 가짐을 알려면 통장의 잔고를 먼저 보십시오

한 심리 상담사가 말했다. **"현재의 마음 가짐을 알려면 통장의 잔고를 먼저 보십시오."** 미국의 제28대 대통령 우드로우 윌슨Woodrow Wilson, 1856~1924도 비슷한 말을 했다.

"자신의 배가 고픈데도 이웃을 사랑하는 사람은 아무도 없습니다."

중국 주나라 시대 제나라의 재상이던 관중管仲은 바다에 면한 제나라의 특성을 살려 소금을 전매함으로써 나라의 부富를 축적했다.

관중은 **"창고가 가득 차야 예의와 염치를 안다."**라는 명언을 남겼으며 우리 옛 속담의 **"곳간에서 인심 난다."**라는 말도 같은 뜻이다. 우리는 영혼과 몸으로 이루어져 있으므로 몸을 말하지 않고는 영혼을 말할 수 없다. 즉 사람들에게 이 땅에서 필요한 것을 말하지 않고는 하늘나라에 대한 것을 말할 수 없다.

폴 뉴먼Paul Newman, 1925~2008은 험난하기 짝이 없는 영화계에서 오래 동안 수퍼 스타로 남아 있으려고 무척 노력했다. 예일대를 중퇴한 엘리트 배우였던 그는 자신의 재능을 최대한 활용하려고 부단히 애썼기 때문에 전 세계의 팬들이 그를 칭송하였다. 그러나 많은 사람들이 폴 뉴먼의 선행善行을 잘 모른다. 그저 배우로만 알고있어서 영화 속에서뿐 아니라 삶도 멋지게 잘 살고 간 성숙한 신사였다는 것을 모른다.

요즘 떠들썩 하게 살다 세상에 스산한 바람을 일으키고 가는 사람들에

비하면, 살았을 때도 죽음을 맞으면서도 훈훈한 바람을 세상에 일으키고 간 사람인 줄을 모른다.

그는 첫 번째 부인과의 사이에서 낳은 유일한 아들 스콧이 1978년 알콜과 약물중독으로 숨지자 〈스콧 뉴먼 재단〉을 설립하고 약물반대 영화를 만들기 위해 모금활동을 벌였다.

또 1982년 만든 인공조미료나 방부제가 없는 친환경 드레싱을 제조 판매하는 〈Newman's Own〉이라는 회사는 초기 자본금 1만2,000달러에 첫해 수익만 92만달러를 올리는 대성공을 거뒀지만 다음해 수익금 100%를 자선단체에 기부했다.

뉴먼은 단 한 푼의 월급도 받지 않았다. 이렇게 해서 최근까지 미국과 해외에 기부한 금액은 2억6,500만달러나 되었다. 이밖에도 난치병 아이들을 위한 산골짜기캠프를 미국 31개 주와 해외 28개국에 건설하고 가난한 예술가들을 돕기 위한 식당 경영에 나서는 등 나눔과 베풂의 삶에 정열을 바쳤다. 그가 영화 〈로드 투 퍼디션Road to Perdition〉 중에서 한 대사대로 하늘나라에 가려고 열심히 살았다.

"이봐 마이클, 눈을 크게 뜨고 보게! 이것이 우리가 선택한 인생이고, 끌고 온 인생이야.

단 하나 확신할 수 있는 것은 우리 중 누구도 천국에 가지 못할 것이라는 거지."

그는 생전에 이런 말을 했다.

"우리처럼 부유한 사람들에 대한 감세는 범죄와 다를 바 없습니다. 우리는 지금도 충분히 사치스럽게 살고 있습니다."

"나는 무척 운이 좋았습니다. 행운을 타고난 사람들은 그들보다 불운한 사람들을 도와야 합니다."

그러나 우리나라의 경우 사회적 책임에 관심을 갖는 기업이 늘고 있다지만, 뉴먼처럼 노블레스 오블리주에 대한 투철한 원칙과 신념을 가진 기업인들은 찾아보기 드문 것이 현실이다. 또 연예인들이나 방송인들 언론

계 인사들은 자신이 잘나서 유명인사가 된 걸로 생각하고 오만방자한 행동을 하는 사람들이 많다.

루카 복음(16:9)에 "내가 너희에게 말한다. 불의한 재물로 친구들을 만들어라. 그래서 재물이 없어지면 너희가 영원한 안식처를 얻게 될 것이다."는 말씀이 나온다.

재물을 지나치게 추구하면 탐욕 때문에 눈이 어두워져 부정직하게 될 수 있으며 그 재물이 다 없어져야 친구를 잃고 허무함을 느끼게 되며 회개하게 된다는 말씀이다.

빌리 그라함Billy Graham 목사는 뉴먼을 염두에 두고 "하느님께서는 우리에게 두 손을 주셨습니다. 한 손은 주는 손이고 다른 한 손은 받는 손입니다."하고 말했다.

영국의 한 무덤의 비명碑銘에 "나는 가졌던 것을 잃어버렸습니다. 내가 써버렸던 것은 가지게 되었습니다. 내가 주어버렸던 것은 얻게 되었습니다."라고 적혀 있다.

탈무드에서도 "우리는 두 손을 불끈 쥐고 태어나서 빈 손으로 죽는다. 살아가면서 모든 것을 가지려고 애쓰다가 죽을 때에는 가지고 있던 모든 것을 버리고 간다."하고 말하고 있다. 이 때문에 수의壽衣에는 주머니가 없으며 장의차는 무장武裝을 할 필요가 없다.

우리 모두 익히 알고 있는 사실이지만 죽어서 가져가지도 못할 것을 끝까지 움켜쥐고 놓지 않는다. 우리 모두 하느님께서 "베풀면서 복을 쌓아라"고 하신 말씀을 듣지 않고 있다. 뉴먼이 하느님께서 주신 재능을 베푸는 데 썼던 것처럼 우리 가톨릭신자들도 그래야 한다.

그러나 최근 미국에서 갤럽 여론조사를 한 것을 보면 다른 종교인들보다 가톨릭신자들이 자선을 덜 베푸는 것으로 되어 있다. 아마 우리나라는 더 심하면 심했지 더 낫지는 않을 것이다. 뉴먼만큼 베풀 수는 없다하더라도 부자든 가난하든 우리는 조금이라도 잘 베풀지 않는다. 안타깝게도 자식에게도 이기적인 삶만 보여주고 자비를 베푸는 모습을 보여주지 않는다. 결국 복福은 자식에게도 오지 않고 자신에게도 오지 않는다.

우리는 '하늘나라로 가지 않고' 역행하여 '파멸의 길Road to Perdition', '지옥'으로 가고 있는지도 모른다.

54
못과 가시

“예수님께서 말씀하셨다. ‘사람의 아들은 반드시 많은 고난을 받고 원로들과 대사제들과 율법학자들에게 버림을 받아 그들의 손에 죽었다가 사흘 만에 다시 살아날 것이다.’” (마르코 8:31)

작가 미상의 한 오래된 시詩가 있다.

하느님의 아드님이 나를 위해서 죽으셨다는 것을
잊지 않기 위해
못 하나를 지갑에 넣어 두었다.

주머니에 손을 넣어
지갑을 꺼내어 열어볼 때마다
거기에 못이 있으면
예수님이 나를 위하여 지불한 값을 생각한다.

또 지갑 안에 있는 못은
나의 모든 행동과 모든 말에서
예수님을 보다 더 잘 모시게 일깨워준다.

이 시에 나오는 못은 하느님께서 바오로 사도에게 주셨던 ‘가시’와 같은 것으로 감사하지 못하고 교민하거나 무지無知할 때,
내면의 깊숙한 곳을 콕콕 찌르며 우리를 일깨우는 데 쓰기 위한 것이다.

바오로 사도가 고백하였듯이 '이미 은총을 넉넉히 받았는데도' 감사하지 못하고 자꾸만 욕심을 부리는 교만을 깨우쳐 주기 위한 '가시'인 것이다. (2코린토 12:7-10 참조)

어제 나는 예수님을 위하여 무엇을 했는가, 오늘은 무엇을 할 것인가?

진 브라운Gene Brown은 말했다.
"오늘의 기회는 어제의 실패를 지운다."

55
무시 당한다는 것은

인간은 선한 사람이 아니면 '깨어 있는 사람' 또는 무지無知한 사람, 나쁜 사람으로 분류할 수 있을 것 같다. 나쁜 사람이란 자신이 악한 짓을 하고 있음을 알고도 나쁜 짓을 하는 사람이다. 그리고 주님께서 선한 사람은 하느님 아버지밖에 계시지 않다고 말씀하셨으므로 사람은 '깨어 있는 사람'이나 무지한 사람이나 나쁜 사람밖에 없다. (마태오 19:17)

대부분의 사람들은 자신이 무슨 짓을 하는 줄도 모르고 그 짓을 하는 수가 많은 것 같다. (루카 23:23)

진리를 모르거나 자기 합리화를 하여 자신이 옳은 일을 하거나 옳은 말을 한다고 생각하기 때문이다. 그리하여 다른 사람에게 말이나 행동으로 상처를 준다.

일반적으로 노인들은 옹고집이 꺾이거나 무시 당하면 의례히 삐치게 된다. 무시 당한다는 것은 자신의 뜻대로 되지 않고 상대방의 뜻대로 된다는 것을 의미하기 때문이다. 그리하여 자신의 뜻이 경륜에서 우러난 진리였다면 위엄이 사라져버렸기 때문에 무시한 그 사람을 다시는 만나지 않으려고 한다. 특히 자식들에게 무시를 당하면 무척 서러워하게 된다.

그리고 오로지 자식에게만 열고 있던 입을 다물게 된다. 그렇지 않아도 기복신앙을 믿는 사람들에게 말씀을 전해도 우이독경牛耳讀經이 되고 마는 것 같아 글을 쓰는 것이 무척 망설여졌던 터였다.

주님께서 "여우들도 굴이 있고 하늘의 새들도 보금자리가 있지만, 사람의 아들은 머리를 기댈 곳조차 없다."고 하셨듯이 기댈 곳도 없어지고 말할 데도 없어지고 만다. (마태오 8:20)

옛 어른들이 말대꾸를 하지 못하게 한 것은 권위주의의 발로가 아니라 '경청傾聽'의 버릇을 들이기 위한 것이었다. 경륜의 깊이가 비교도 되지 않는 어린 사람이 즉흥적으로 반발하는 것이 합당하지 않기 때문이었다.

겸손하지 못하면 상대방을 무시하게 된다.

예수님을 생각해 본다. '말씀'이 사람이 되시어 본보기가 되셨지만 인간은 따르지 않았다.

주님의 위엄도 땅에 떨어졌다.

괴테의 시 **〈거룩한 갈망〉**이 생각이 났다.

지혜로운 사람에게만 말하라, 아니면 침묵을 지켜라.
그렇게 하지 않으면 사람들은 금방 비웃을 것이리니.
나는 참으로 살아있는 것을 찬양한다.
죽을 때까지 불타오르는 것을 좋아하기 때문이다.

그대가 태어났고, 지금도 누군가를 태어나도록 해 주는,
사랑의 밤 그 심연 속에서,
침묵의 촛불이 타오르는 것을 볼 때면 기묘한 느낌이 그대를 엄습할 것이리니.

이제 그대는 더 이상 암흑의 그늘에 사로잡혀 있지 않다.
더 고귀한 사랑에 대한 갈망이 그대를 더 높이 비상飛翔하게 만들었기 때문이다.

아무리 먼 거리도 그대를 주춤거리게 하지 못하리니,
이제 마술에 걸린 것처럼 훨훨 날아가 그곳에 이르게 될 것이다.
그리하여 마침내 빛에 사로잡힌 그대는 나비가 되어 영원한 사랑을 찾

아 가버릴 것이다.

죽어서 충만함을 스스로 겪어보지 않는다면
그대는 암흑의 지상地上에 머무는 근심스런 나그네에 불과할 뿐이리.

56

사랑할 시간이 없다

"아, 남을 심판하는 사람이여, 그대가 누구든 변명의 여지가 없습니다. 남을 심판하면서 똑같은 짓을 저지르고 있으니, 남을 심판하는 바로 그것으로 자신을 단죄하고 있기 때문입니다. 아, 그러한 짓을 저지르는 자들을 심판하면서도 스스로 같은 짓을 하는 사람이여, 그대는 하느님의 심판을 모면할 수 있으리라고 생각합니까?" (로마 2:1, 3)

한 유머 작가가 말했다.

"내가 돈을 벌려고 노력하면 욕심쟁이가 되고 그렇게 하지 않으면 게으른 사람이 되어버린다. 만약 내가 돈을 모으면 인색한 사람이 되고 그렇지 않으면 무책임한 사람이 되어버린다. 그리고 만약 내가 돈에 욕심이 없으면 바보가 되고 그렇게 하지 않으면 이기적인 사람이 되어버린다."

무엇을 하더라도 남의 심판을 받게 된다는 것을 말하고 있다.

어떤 사람이 말했다. "당신이 무엇을 하든 마음의 평화를 갖고, 심판하는 사람을 무시하십시오. 어떤 바보도 심판할 수 있고 대부분의 바보들이 그렇게 합니다."

알렉산드리아의 성 치릴로 주교 학자St. Cyril of Alexandria, 375~444는 위선에 대하여 다음과 같이 말했다. "위선은 하느님과 모든 사람들이 증오하는 고질병입니다. 위선자는 자신이 어떻게 보일까 하는 것은 안중에 없습니다. 위선자는 선善의 명성을 빌리고 그의 치부를 숨깁니다. 그는 자신이 칭찬하거나 감탄한 일을 절대로 하지 않습니다.

누구나 자신의 위선을 오랫동안 숨기는 것은 불가능합니다.

세월이 흘러 그림의 색깔이 마르면 칠한 곳이 떨어지듯 위선행위는 오래지 않아 밝혀지고 맙니다."

회당의 앞자리에 앉으면 모든 사람을 볼 수 있게 된다. 그래서 바리사이들은 그 자리를 고집했다. 위선자가 앉기에 가장 적합한 장소이기 때문이다. 그들은 믿음이 없지만 믿음이 있는 것처럼 보이려고만 했다. 의로움과는 거리가 멀었다. **의로움이란 '하느님의 눈으로 봐서 하느님이 받아들일 수 있는 옳은 행동'을 뜻한다.** 바오로 사도는 '믿음'을 통하여 "의롭게 된다"고 말하였다.

교회가 위선의 온상溫床이라는 생각이 들 때가 많다. 올바른 믿음을 갖고 교회에 나가는 사람은 드물고 믿는 척 하면서 실제 목적인 기복 신앙을 감추고 있기 때문이다. 그래서 교회 안에서 바리사이가 아닌 사람을 찾아보기가 어려운 것이다.

마음은 그 사람의 내면을 나타내고 얼굴은 외면을 나타낸다. 사랑은 마음으로부터 나온다. 아무리 얼굴 화장을 잘해도 믿음이 깊은 사람의 얼굴에서 보이는 평화를 만들어내지 못한다. 사랑이 없으면 하는 일 모두가 천박하게 되고 잘못되게 된다. 이는 우리들이 살아가면서 시행착오를 통해 터득한 진리이다. 그래서 그리스도께서는 '사랑'을 첫째 계명으로 말씀하셨던 것이다. **먼저 '사랑'하지 않으면 '기쁨과 평화'가 오지 않는다는 것을 깨닫지 못하면 옳은 신앙을 갖지 못하게 된다.**

마더 데레사 수녀님이 말했다.

"다른 사람을 심판하면 그만큼 그 사람을 사랑하는 시간을 버리는 것이 됩니다."

57

많이 사랑해 본 사람일수록 더 많이 사랑하게 된다

"누구든지 가진 자는 더 받아 넉넉해지고, 가진 것이 없는 자는 가진 것마저 빼앗길 것이다." (마태오 25:29)

오늘 복음은 모든 것이 하느님의 선물이라는 말을 하지 않고 투자와 이익에 대하여 말하고 있다. 한 다국적 기업의 임원이 정곡을 찔러 말했다.

"모든 것을 가진 사람에게는 더욱 더 주어져 넘치게 되지만 아무것도 가진 것이 없는 사람은 가진 것마저 빼앗기게 됩니다." 이것이 비즈니스 세계의 진리이다. 돈이 돈을 낳는다는 말이다.

이 진리가 영성靈性의 세계에서도 통할까?

그런데 하필이면 'The Doctor of Grace' 'The Doctor of the Church' 라고 불리는 성 아우구스티노 주교 학자354~430 기념일에 이런 말씀이 나오고 있는 것은 무슨 이유일까?

비즈니스 세계는 오로지 '외적인 일'과 '번영'만 생각하게 되지만 영성의 세계에는 '내적인 일'도 생각해야 한다.

그러면 영성의 세계에도 비즈니스 세계의 진리가 어떻게 통할까?

영성의 세계에는 '은총'밖에 없지만 진리를 알면서도 전하지 않으면 수동적인 사람이 되어버린다. 그러나 스스로 노력하지 않으면 내면 깊이 들

어 갈 수가 없다.

또 우리가 사랑하는 사람들에게 진리를 말하더라도 듣는 사람이 들으려고 하지 않으면 아무 소용이 없다는 것도 잘 안다. 심지어는 가르치려고 드느냐고 대드는 사람도 있다.

하느님으로부터 아무리 많은 은총을 받았더라도 그 은총을 나의 것으로 만들지 않으면 아무 쓸모 없는 것이 되어버린다.

영성 생활을 하게 되면 은총밖에 없다고 말하는 것은 진리이지만 내적인 갈등을 많이 겪게 되는 것은 어쩔 수 없다.

그리고 하느님으로부터 선물을 많이 받을수록 더 많이 받게 된다는 것도 경험하게 된다.

많이 알수록 더 많이 알 수 있게 되고 많이 사랑해본 사람일수록 더 많이 사랑하게 된다.

또 기도를 많이 해본 사람일수록 더 많은 기도를 하게 된다.

그러나 때가 되어야 깨닫는 것은 어쩔 수 없는 일인 것 같다.

시행착오를 실컷 범하고 난 뒤에야 스스로 깨닫는 수밖에 없기 때문이다.

아우구스티노 성인은 『고백록』에서 다음과 같이 털어놓고 있다.

"뒤늦게야 당신을 사랑했습니다.

이렇듯 오래고, 이렇듯 새로운 아름다움이시여, 이렇게 뒤늦게야 당신을 사랑했습니다.

저 안에 당신께서 계시지만 저는 밖에서, 저 밖에서 헛되이 당신을 찾았습니다.

당신의 아름다운 피조물에 이끌려 더러운 저의 육체를 그 속에 던져버렸습니다.

당신께서 항상 제 곁에 계셨지만 저는 당신과 함께 있지 않았습니다.

당신 안에 있지 않으면 존재하지도 못할 것들이 저를 당신으로부터 멀리 떨어뜨려 놓았습니다.

당신께서는 부르시고 소리치시어 저의 막힌 귀를 뚫어 주셨습니다.

당신께서는 비추시고 밝히시어 저의 눈의 암흑을 거두셨습니다.

당신께서 향기를 풍기시어 나는 그것을 마시고 당신을 향해 숨을 쉬게 되었습니다.

당신의 맛을 보고 나니 저는 허기와 갈증을 느낍니다.

당신께서 저를 만져 주시니 제 마음은 평화를 찾아 불타오릅니다."

58
불 같은 성령

"하늘 나라는 어떤 사람이 여행을 떠나면서 종들을 불러 재산을 맡기는 것과 같다. 그는 각자의 능력에 따라 한 사람에게는 다섯 탈렌트, 다른 사람에게는 두 탈렌트, 또 다른 사람에게는 한 탈렌트를 주고 여행을 떠났다." (마태오 25:14-15)

탈렌트는 이스라엘의 화폐 단위로 은 30kg에 해당되는 노동자 한 사람이 이십 년을 벌어야 되는 큰돈이었다. 오늘의 복음(마태오 25:14-30)에서는 사람이 태어날 때 누구나 하느님으로부터 탈렌트를 받는데 이를 잘 못 쓰는 경우가 많음을 말하고 있다.

하느님께서는 자기 자신을 위해 쓰라고 탈렌트를 주신 것이 아니라 이웃을 사랑하고 섬김은 물론 우리에게 주신 소명을 완수하라고 주신 것이다.

홀로코스트에서 살아 남고 1986년에 노벨 평화상을 받은 유대인 작가이며 교수이며 정치가인 엘리 위젤Ellie Wiesel, 1928- 은 그의 책 『불 같은 성령Souls on Fire』에서 우리들이 흔히 알고 있는 탈렌트와 다르게 말하고 있다.

"우리들이 마지막 날에 창조주를 만나면

'너희에게 내 백성을 사랑하고 섬기라고 준 탈렌트를 땅에서 어떻게 사용하였느냐?'는 질문을 받지 않고 '너희는 내가 너희를 창조할 때 바랐던 사람이 되기 위하여 그 탈렌트를 썼느냐?'는 질문을 받을 것이다."

과연 하느님께서 우리에게 주신 소명을 알고 탈렌트를 사용했느냐는 질문이다. 이웃을 사랑하고 섬기는 것은 당연하며 우리에게 준 더 큰 소명을 완수하였느냐는 질문이다.

그런데 우리는 자신을 세상의 중심에 두고 살고 있기 때문에

이 탈렌트를 엉뚱한 데에 사용하고 있는 수가 많다.

그래서 로마 시대의 정치가, 웅변가, 문학가, 철학자였던

마르쿠스 툴리우스 키케로Marcus Tullius Cicero, BC 106-BC 43는

사람의 잘못 여섯 가지를 다음과 같이 꼬집었다.

첫째, 남을 깎아 내리면 자기가 올라간다고 착각한다.

둘째, 바꾸거나 고칠 수 없는 일로 걱정한다.

셋째, 어떤 일을, 자기가 이룰 수 없으니까 불가능한 일이라고 주장한다.

넷째, 대중의 편견을 생각 없이 따른다.

다섯째, 생각의 발전과 진보를 무시하여 독서하고 공부하는 습관을 들이지 않는다.

여섯째, 다른 사람에게 자신처럼 생각하고 행동하라고 강요한다.

심리학자이며 가톨릭 신부인 존 포웰John Powell*은 인생에는 단지 두 비극밖에 없다고 말했다.

젊은 나이에 죽는 것은 비극이 아니라고 말하였다.

"세파에 시달리고 살면서 **진심으로 사랑하지 않는 것**과 풍파에 시달리며 살면서도 **사랑하는 사람에게 사랑한다고 말하지 않는 것**, 이 두 가지 비극이다."

성령을 받으면 천상天上의 지혜를 얻게 된다.

---

* 우리나라에서는 『왜 사랑하기를 두려워하는가?』, 『내 영혼을 울린 이야기』, 『그분의 손길』, 『행복의 조건』 등의 많은 저서가 번역 되어 있다.

59
사랑이 식었어!

다니엘 베리건Daniel Berrigan 신부님이 쓴 『기나긴 인생여정의 십계명 Ten Commandments for the Long Haul』은 오늘날 어떻게 하면 예언자적인 삶을 살 수 있는가에 대한 지침서이다. 베리건신부님은 예언자라면 어떻게 사랑의 맹세를 하고 자기 소외疎外의 맹세를 하지 않을 수 있는가를 잘 설명하고 있다. **사랑과 진실의 주님 안에 살면서 제정신으로 제자리에서 분별의 지혜를 지니고 사는 것이 예언자적인 삶일 것이다.** 오늘날 우리들이 결혼생활을 하면서 가족과 함께 지내면서 또 친구 사이에서 교회 안에서 영성 생활을 하면서 결缺하기 쉬운 지혜를 싣고 있다. 책 중에 **"차를 몰고 장거리 여행을 할 때에는 스트레치를 한 두 번씩 해야 합니다. 여행 내내 당신이 재미 있게 해줄 것이라고 생각하는 사람과는 아무 데도 가지 마십시오. 그리고 함께 여행하는 사람을 힘들게 하지 마십시오. 커피를 마시려고 쉴 때에는 웃으려고 노력하십시오."**하는 대목이 나온다.

인생의 반려자伴侶者를 염두에 두고 한 말이다.

오늘날 우리는 항상 깨어 있어야 하고 항상 친절해야 하고 항상 열정적이어야 하고 감정에 충실해야 한다는 강박관념 때문에 다른 사람들과 자신을 십자가에 못박는 수가 많다.

우리는 언제나 마음이 안정되어 있어야 하며 지루해서도 안되며, 삶에 지쳐도 다른 일을 찾으려고 해서도 안 된다고 생각한다. 그리하여 "당신은 너무나 주의산만하고 지쳐 있어서 내 말을 듣지 못해!", "너는 식사를 하면서도 다른 생각을 하고 있어!", "너는 교회를 따분하다고 생각하고 있어!", "너는 회사 일만 생각해!", "처음 만났을 때처럼 나를 사랑하지 않아!", "너무 변했어!"하고 말하면서 다른 사람이나 자신에게 죄를 뒤집어 씌운다. 이런 말 속에는 건전함도 있지만 솔직하지 못한 면도 있다.

여하튼 우리 뇌리에 의무감이나 당위성이 깊숙이 박혀 있는 것이다.

결혼 생활에 대한 최근의 연구를 보면 아침에 출근하면서 집을 떠나기 전이나 저녁에 퇴근하고 와서 껴안아 주고 키스해주는 것이 습관이 되어 있다고 지적하고 있다.

이 연구에서는 비록 잡념에서 헤어나지 못하고 서둘러 하고 마지못해 의무감에서 하기는 하지만, 습관적으로 하는 키스도 피곤함을 잊고 부부간에 정절貞節을 지키고 사랑의 약속을 지킨다는 의미도 있다고 말하고 있다. 이는 우리들이 혼란스럽고 지치고 화가 나 있어도 또 지루하게 느끼고 불안하게 느끼고 다른 데 마음을 뺏기고 있어도 또 깨어있지 않아도 우리 머리 깊숙이 박혀 있는 습관이다. 이는 불가피한 변화나 압력에도 불구하고 여전히 서로 사랑하고 약속을 지킨다는 것을 의미한다.

그러나 오늘날에는 이것이 잘 이해되지 않을 때가 많다. **사랑이나 가족, 교회, 기도를 너무 이상적으로만 생각하여 현실을 십자가에 못박고 있기 때문이다. 오늘날의 대중문화는 사랑은 항상 낭만적이어야 하고 짜릿해야 하고 흥미진진해야 한다고 믿게 하고 있다. 그래서 그렇지 않으면 사랑이 식었다고 말한다. 또 사제나 기도를 이끄는 사람들은 교회의 모든 의식儀式은 열정적이어야 하며, 지루하게 느끼거나 자꾸 시계를 보거나 감정이 북받치지 않으면 잘못된 것이라고 믿게 만든다.** 어딜 가도 우리는 의무 때문에 일만 하지 말라는 주의를 받고 사랑의 몸짓과 기도 또는 미사 참례가 판에 박힌 듯 변화가 없으면 잘못된 것이라는 말을 듣는다.

그런데 마음에도 없는데 그런 일을 할 수는 없을 것이다.

즉흥적으로 그런 일을 한다면 그것은 위선이고 기만일 것이다.

반면에 이러한 지적에도 합당한 면이 있다.

마음에도 없는 의무 실천은 결코 바람직한 것은 아니지만 사랑하는 사람 사이의 관계, 가족, 교회, 기도는 오랜 기간 동안 관습과 판에 박힌듯한 절차에 따라 유지되어 왔다는 것을 알아야 한다. **버릇이 마음을 붙들어두고 있었던 셈이다.**

신혼생활이 아니라 일상생활에 충실해야 원만한 결혼생활을 할 수 있다. 가족과 함께 생활할 때면 음식을 빨리 먹거나 깨작거리면서 먹더라도 매일 식탁에 둘러 앉아 함께 식사를 하지만 연회나 의식儀式을 거행하면서 식사하는 사람은 없다. 그러나 가족은 매일 함께 식사하는 것이 '이벤트'가 되어야 한다고 생각하는 경향이 있다. 하지만 아무도 매일 연회에 참석할 수 있을 만한 에너지를 갖고 있지 않다. 또 **실제로 아무도 단조로움으로 인한 싫증, 잡념雜念, 유혹, 자기 중심적인 삶에서 쉽게 벗어나지 못하기 때문에 항상 깨어있기가 어려운 것이 현실이다.** MEMarriage Encounter에서 말하고 있듯 **"사랑은 결심을 통하여 보여줄 수 있는 것이다."**

기도도 마찬가지이다. 누구나 기도하면서 분심分心을 느끼게 된다. **그러나 기도하는 습관을 들이고, 미사에 참례하고, 자신이 한 행동에 대한 책임을 지고, 감정에 치우치지 않는 기도를 하는 버릇을 들이게 되면 평생 기도를 차분하게 드릴 수 있으며 머리와 마음을 지배할 수 있게 된다.**

이 자리에 서 있는 것은

후고(後考)

이 자리에 서 있는 것이
하느님의 소명召命이라는 것을 나는 까맣게 몰랐다.
하느님께서 자식을 주시어 사랑을 가르쳐 주셨고
빵만으로는 살지 못한다고 일깨워주셨건만.

자식 외에는 눈길 한 번 주지 않던 나에게

사랑을 알게 하신 것은
그런 게 사랑이 아니라는 것을,
하느님과 부모형제와 이웃이
결코 귀찮은 존재가 아니라는 것을
예언하신 것이라는 것을 나는 몰랐다.

그런데도 소매 자락만 스쳤을 뿐
만남이 없었으니 이별도 없었다는 것을
나는 애써 자위自慰하고 있었다.

60

우리는 제대로 축하할 줄을 모른다

대부분의 사람들은 먹고 살기에 급급하여 축하할 여유가 없다.

그리하여 어떤 일을 축하해주려고 하지만 제대로 축하하는 방법을 모른다.

그래서 축하하라고 하면 무언가를 뻑적지근하게 과도하게 해야 한다는 생각만 한다.

먹고 마시고 이야기하고 노는 일상적인 일을 과하게 해야만 축하한다고 생각하기 때문이다.

과도해야 축하하게 된다고 생각하기 때문에 배불리 먹고 과음하고 큰 소리로 떠들고, 취하여 고성방가高聲放歌하고 새벽까지 파티를 하는 것을 연상한다.

워낙 열광적으로 놀기 때문에 **정작 순수한 기쁨을 맛보지 못한다.**

이따금씩 가뭄에 콩 나듯이 **제대로 축하하게 되는데 이 때에는 마음 속 깊이 서로를 사랑하게 되고 더 깊이 알게 되고 더욱 더 즐거워하게 된다.**

그러나 우리 모두 몹시도 그런 기회를 갖지 못할 뿐더러 열광하게 되면 전혀 그런 기분을 느끼지 못하며, 어떤 후유증 때문에 개운한 느낌을 갖지 못한다.

왜 그럴까?

그 이유는 복잡하고 심오하기 때문에 사람들이 잘 모른다.

진심으로 축하할 줄 모르는 것은 하느님으로부터 선물로 받은 순수하고 단순한 삶, 기쁨, 사랑, 즐거움을 향유할 마음의 여유가 없기 때문인 것 같다. 여유가 없다기 보다는 죄에 파묻혀 있기 때문에 그러한 여유를 찾지 못하는 것 같기도 하다.

과거의 신화 즉 즐긴다는 것은 하느님으로부터 무언가를 훔치는 것이라는 생각을 무의식적으로 하는 것 같다.

이 때문에 종교를 비난하는 사람들이 많지만 이러한 신경증은 교회 안팎에 보편적이 되어 있는 것 같다. 신성한 분위기 안에서 즐거워하는 것은 왠지 죄를 짓는 것 같기 때문이다. 그리고 이 때문에 반역적으로 즐거워하거나하느님 몰래 즐기려 하거나 아무 기쁨도 없이 의무만 다해야 한다진정한 기쁨이나 즐거움을 전혀 느끼지 못하고 의무만 다하는 듯한 삶.

우리 모두 진정으로 축하할 줄을 모른다.

하느님 아버지밖에 선한 사람이 없으므로 어쩔 수 없이 악인으로 살면서 계명이란 의무에 시달리며 살고 있기 때문이 아닌가 싶다.

나는 개인적으로 사람들이 즐길 줄 모르는 것은 쾌락주의에 빠져 있어 불건전하게 즐거움을 찾으려 하기 때문이라고 생각한다. 간단히 말하면 모두들 진정으로 즐거워하는 것을 실컷 즐기는 것으로 착각하고 있다. 이 때문에 마약에 취한듯한 황홀경에 빠지거나 의식을 잃을 정도가 되어야 즐거운 것으로 생각하기도 한다.

운동선수들이 승리를 축하하기 위하여 샴페인을 터뜨리고 마디 그라Mardi Gras; 참회 화요일, 재의 수요일 바로 전 날, 사순절이 시작되기 전 사흘간의 축제 중 마지막날, Shrove Tuesday, Fat Tuesday, Pancake Day, Dollar Day라고도 함에 아무 생각 없이 광란하는 것이 이의 단적인 예이다.

그러나 광란은 즐거워하는 것이 아니며 의식을 잃는 것이 즐거워하는 것이 아니다.

오히려 약하며 만족하지 못한다는 증거이다.

축하의 목적은 생일, 결혼식, 성공, 승리, 졸업, 탄생, 연말연시와 같은 날의 의미를 다시 생각하게 하고 강조하는 것이다.

이러한 특정의 날이나 사건을 함께 나누고 찬양하고 널리 알리는 것이다. 누구나 축하하는 마음을 갖고 태어났으며 이는 아주 건강하다는 증거이기도 하다.

어떤 일을 축하한다는 것은 무슨 뜻인가?

그 때를 축하한다는 것은 찬양하고 함께 나누며 마음 속 깊이 간직하고 부각시키는 것이다.

또 우리는 다른 사람들과 더 가까워지기 위하여, 명랑해지기 위하여, 느낌을 더 생생하게 갖기 위하여, 무아지경에 이르기 위하여, 쉬거나 편한 마음을 갖기 위하여 축하를 한다.

그러나 진정으로 즐길 여유가 없기 때문에 과도한 쾌락을 추구하며 의식을 잃을 정도로 즐기려고 한다.

그리하여 우리는 후유증을 갖고 또 공허하게 느끼면서 지쳐서 그리고 혼자인 것 같은 기분으로 귀가 할 때가 많다.

후유증을 느끼는 것은 무언가가 잘못 되었다는 증거이다.

그러나 진정으로 즐기려고 애써야 한다.

그리스도는 이 땅에 오시자 일상의 삶 안에서의 혼인잔치와 축제와 기념을 선포하셨다.

그러나 주님께서는 많은 사람들이 즐기는 것을 포기하고 사는 것을 보고 충격을 받으셨다.

사람들은 즐기고 살라는 메시지를 금욕주의의 메시지로 받아들이면서 수님을 받아들이지 않았다. 사람들은 지금도 여전히 그렇게 살고 있다.

사람들은 복음에서 예수님께서 아무 죄도 짓지 않고 즐겁게 사시는 것을 보고도 믿지 않으려고 한다. 거기에 문제가 있다.

우리들은 죄를 짓지 않고 예수님의 이름으로 신앙 안에서 살 생각을 하지 않고 또 하느님께서 주신 삶의 기쁨을 누릴 생각을 하지 않고 숨으려고만 한다.

사람들은 여전히 끊임없이 즐거움과 기쁨을 추구하고 있지만 단순히

그리고 신앙 안에서 즐길 생각을 하지 않고 신앙과 거룩함에서 벗어나서 "하느님 몰래 즐기려고만 한다."

이 때문에 과도하게 즐기려 하고 의식을 잃게 되는 것이다.

하느님께서는 우리들이 인생을 즐기면서 사는 것을 허락하셨다.

이것이 신앙교육의 초점이 되어야 한다.

기쁨은 하느님의 선물이지 금지된 선악과善惡果가 아니다.

롤하이저 신부님의 칼럼을 편집

61

기도하는 것인가 떼를 쓰는 것인가

해마다 입시철이 다가오면 수험생을 가진 부모들은 열심히 기도를 한다. 간절하게 기도하면 하느님께서 다 들어주신다고 생각하기 때문이다. 그러나 **이 기도가 주님께 떼를 쓰는 것인지 아니면 기도를 드리는 것인지 모르겠다. '떼'**의 사전적 의미는 **'부당한 요구나 청을 들어 달라고 고집하는 짓'**이다. 주님의 첫째 계명인 사랑을 지키지도 않는 사람의 기도를 과연 들어주실까 하는 생각이 든다. 만약 예수님께서 이기적인 이런 사람들의 기도를 들어주시면 그렇지 않아도 이기적인 세상을 더욱 더 이기적으로 만드는 결과가 될 것이므로 절대로 그런 기도를 들어주시지 않을 것 같다. 그런데 왜 그런 생각을 하게 되었을까? 청하면 모든 것을 들어주신다는 생각을 하기 때문이다. 그러나 하느님께서는 당신을 기쁘게 해주는 사람을 좋아하신다. 보채기만 하는 사람을 좋아하실 리가 없다. 예쁜 짓을 해야 기도를 들어주신다.

예수님께서는 수많은 병자들이나 불구자들을 고쳐주셨지만 그들은 믿음이 깊은 사람들이나 회개한 사람들이었다.

복음서에는 우리들이 하느님의 이름으로 무엇이든 청하기만 하면 확실히 그것을 받을 수 있다고 예수님이 여러 번 말씀하시는 것을 볼 수 있다.

예를 들면 마태오 복음서에서 "청하는 사람은 누구나 받을 수 있기 때문에 청하기만 하면 받게 된다."고 말씀하셨다. 또 요한 복음서에는 "나의 이름으로 무엇이든 청하면 아버지께서 허락하실 것이다."라고 되어 있다.

그런데 청하였는데도 왜 받지 못했는가? **우리는 어떤 것을 위하여 예**

수님의 이름으로 기도하지만 응답을 받지 못할 때가 많다. 그리고 때로는 하늘을 향하여 큰 소리로 외치면서 기도하지만 하늘은 닫혀 있는듯한 느낌을 받기도 한다. 예수님의 이름으로 무엇이든지 청하기만 하면 하느님께서 다 들어주신다고 하신 예수님의 말씀은 빈 말인가?

영성작가들과 호교론자護教論者들은 이와 같은 의문에 대하여 다음과 같이 답하고 있다. **잘못 청하였기 때문에 우리의 기도가 응답을 받지 못했다는 것이다.** 어머니가 사랑하는 아이가 칼을 갖고 놀겠다고 조르면 들어주지 않는 것과 같다. 또는 **기도의 응답을 받았지만 알아차리지 못했기 때문이라는 것이다.**

한 때 루이스C. S. Lewis는 기도에 대한 응답도 받지 못하는데 무작정 하느님께 감사를 드린다고 빈정대기도 했다. 이러한 응답들은 예수님께서 하신 응답이 아니지만 나름대로 의미가 있다. **사실 예수님께서 우리의 기도를 모두 들어주신다고 약속하셨을 때 옳은 것을 청해야 한다는 조건을 달지 않으셨다. 예수님의 이름으로 무엇이든지 청하라고 하셨다. 그런데 왜 우리의 기도를 들어주시지 않는 것일까?**

유명한 신약성경학자인 제롬 머피 오코너Jerome Murphy-O'Connor는 "나머지 신약성경에서도 마찬가지지만, 마태오 **복음서에서는 청원 기도는 공동체 내에서 철저히 자선慈善을 베풀어야 이루어진다고 말하고 있습니다. 따라서 어떤 사람을 위하여 기도하려면 그 사람을 돕기 위하여 손을 내밀어야 하고, 정의와 평화를 기도하려면 실제로 정의와 평화를 위하여 일해야 합니다. 우리가 '그리스도를 통하여' 기도할 때에는 하늘에 계신 부활하신 그리스도를 통해서 뿐만 아니라 땅에 있는 '그리스도의 몸'인 우리들 자신을 통해서도 기도하는 것입니다. 우리는 자신의 기도에 응답을 받을 수 있도록 스스로 노력해야 합니다. 따라서 우리의 기도가 응답을 받지 못한다는 생각이 들 때에는 그리스도의 몸인 우리 자신이 자신의 기도에 응답 받기 위하여 진심으로 '그리스도를 통하여' 기도하지 않았고, 또 충분히 노력하지 않았다는 것을 깨달아야 합니다.**"하고 말했다.

칼 라너Karl Rahner는 요한 복음에서 예수님의 이름으로 무엇이든지 청하면 들어 주신다고 하신 약속에 대하여 다음과 같이 묵상하였다.

“예수님의 이름으로 어떤 것을 청한다는 것은 말로써 하느님께 빌고 불순한 것을 바라고 갈라진 마음이나 욕망을 위하여 또는 사악한 마음으로 기도한다는 뜻이 아닙니다.

예수님의 이름으로 기도한다는 것은 예수님 안에 들어 가서, 하느님 곁에서 살고, 사랑과 믿음 안에서 하느님과 하나가 되는 것을 의미합니다. 만약 믿음으로 하느님께서 우리 안에 계시고, 사랑 안에 그리고 은총 안에, 성령 안에 계시면 우리의 갈망은 우리 내면의 중심, 즉 하느님 자신으로부터 나오게 되며 우리들의 모든 갈망과 바람이 모아져서 하느님과 성령 안에서 용해되어 비로소 아버지께서 우리의 기도를 들으시게 됩니다. 이렇게 되면 우리들의 갈망은 단순해지고 솔직해지고 조화를 이루게 되고 침착하게 되고 꾸밈이 없게 됩니다.

그러면 바오로 사도가 로마서에서 말한 대로 우리에게 이루어지게 됩니다. 우리가 어떻게 기도해야 할지 모르지만 성령께서 중재하시어 ‘압빠! 아버지!’하고 우리 대신 기도해주십니다. 하느님께서는 성령과 예수님께서 말씀하시기를 바라십니다. 성령께서는 우리 대신 하느님을 그리워하고 하느님에게 청하십니다.

이런 기도 안에는 모든 것이 내포되어 있습니다. 우리들이 이렇게 기도하면 하느님께서 여러 가지 방법으로 우리의 기도에 응답하시는 것을 보게 됩니다. 우리의 기도가 응답을 받는 것은 예수님의 이름으로 기도하고, 주님께서 우리 안에 사시도록 하고, 우리의 존재를 그분으로 채우고, 승리하도록 하고, 문란한 삶과 수천 가지의 갈망을 하나로 모으기 때문입니다.

즉 예수님의 이름으로 기도한다는 것은 기도의 응답을 받도록 하는 것이며, 하느님을 받아 들이고 하느님의 축복을 받아 들이는 것이며, 또 눈물을 흘리고 있을 때나 고통 중에 있을 때나 빈곤 중에 있을 때나 기도의 응답을 받지 못했다고 느낄 때에도 하느님 안에서 쉬며, 순례 중에 있어 주님과 멀리 있더라도 완전한 기쁨을 얻기 위한 것입니다.”

이렇게 기도할 때까지는 예수님께서는 우리에게

"이제까지 너희는 나의 이름으로 아무것도 청하지 않았다. 너희가 기도를 수없이 했고 또 기도하려고 했지만 아직까지 너희의 기도의 짐을 질 힘을 나에게 주지 않았다."하고 말씀하고 계신다.

유대인 철학자이며 의사였던 모세 벤 마이몬Moshe ben Maimon, 1135-1204은 "이성과 계시는 상반되는 것이 아닙니다. 꾸란이나 토라모세5경의 영원한 뜻을 새기면서 우의적寓意的, allegory 해석을 해도 이 둘은 서로에게 문제를 일으키지 않습니다."하고 말했다.

그는 모든 역사 속에서 일어나는 문제들은 불변의 원칙에 뿌리를 두고 풀어야 한다면서 4가지 원칙을 제시했다.

"첫째, 개인은 자신의 권리보다 의무를 중요시하는 건강한 사회에서만 자신을 발전시킬 수 있다.

둘째, 신神에게 충실한 건전한 사회의 목적은 부富의 축적이 아니라 사람을 발전시키는 것이며 인간은 자신의 이성을 최대로 발전시켰을 때 진보한다.

셋째, 인간의 이성은 우리의 이성을 훨씬 뛰어넘는 신의 이성에 참여할 뿐이라는 것을 알아야 한다.

넷째, 새로운 역사는 모세와 같은 예언자가 우리 가운데 나타나 새로운 법을 제시할 때 가능해진다."

그러면서 '이성理性은 인간 안에 존재하는 신성神性을 증언하는 소중한 것'이라고 강조했다.

굳건한 믿음이 없는 사람에게 성령이 임할 수는 없을 것이다.

62

내가 기도하는 이유

"예수님께서는 기도하시려고 산으로 나가시어, 밤을 새우며 하느님께 기도하셨다." (루카 6:12)

마크 링크Mark Link 신부님이 말했다.

"나는 그리스도인이기 때문에 또 그리스도인이라면 마땅히 해야 하기 때문에 그리고 **힘이 필요하기 때문에 기도합니다.**

삶이 항상 혼란스럽기 때문에 무엇이 옳은 일인가를 알기 위하여 **빛이 필요하기 때문에 기도합니다.**

의심이 많아 믿음을 키우는데 **도움이 필요하기 때문에 기도합니다.**

나는 무언가를 결정할 때마다 어떻게 해야할지를 몰라 **인도를 받기 위해 기도합니다.**

나에게 주어진 것은 모두 받은 것이므로 **감사해야 하기 때문에 기도합니다.**

예수님께서 기도하셨고 또 기도가 매우 중요하다고 생각하셨기 때문에 나도 기도해야 한다는 생각으로 기도합니다."

심지어 예수님의 제자들도 그리스도의 말씀이 너무 어렵다는 것을 인정하고 그리스도를 떠났다. (요한 6:67) 그러나 말씀이 어려웠던 것이 아니라 세상 것에 눈이 팔려 있었기 때문이었다. 오늘날의 **우리는 하느님을 만나서 "예, 주님, 우리가 당신과 함께 있는데 어디로 갈 수 있겠습니까?" 하거나 "주님, 당신의 말씀은 너무 어려워서 더 이상 따라 갈 수가 없습니**

다."하고 분명히 말해야 한다.

예수님 시대의 사람들이 그러했듯이 우리도 기회주의자들이 되어 있기 때문이다. **우리는 십자가를 지고 가시는 예수님을 따라가지 않고 있다.** 예수님을 따라간다는 것은 위험을 자초한다는 말이다. 십자가를 지고 가시는 예수님을 따라가는 일은 결코 쉽지 않다. 그러나 우리는 따르려고 애써 보지도 않고 남의 눈치를 보면서 위험을 피하려고만 한다. 그리스도께서는 "내 편에 서지 않는 자는 나를 반대하는 자고, 나와 함께 모아들이지 않는 자는 흩어 버리는 자다."하고 말씀하셨다. (루카 11:23)

하지만 부모도 버리고 형제 자매도 버리고 나를 따르라는 말씀대로 하는 사람은 드문 것이 사실이다. 부모와 형제 자매를 버릴 수는 없다. 부모로부터 받은 옳지 않은 가정교육과 악습을 버리라는 말씀일 것이다. 우리는 이런 모든 마귀를 세례를 받을 때 끊는다고 약속해 놓고 끊지 않고 있다.

한 선생님이 수업 시간에 말했다. "내가 소녀였을 때 할머니가 아주 큰 오이가 든 병을 주셨습니다. 내가 주둥이가 좁은 병 속에 어떻게 저 큰 오이가 들어갔을까 하고 생각하고 있으니 할머니가 '대단한 비밀'이라고 하셨습니다. 어느날 할머니의 뜰에 병이 있는 것을 발견했습니다. 유심히 그 병 속을 들여다 보니 작은 오이 덩굴이 들어 있었습니다. 할머니는 오이를 그 병 속에서 키우신 것이었습니다. 할머니는 나에게 그 '대단한 비밀'을 말씀해주셨습니다. '어릴 때 만들어지는 좋은 습관은 병 속에 작은 오이를 넣는 것과 같다. 네 안에 그 습관이 점점 자라 너무 강해져서 아무도 그 습관을 버리게 하지 못한단다.'"

과연 우리는 그리스도와 함께 있는가? 링크 신부님처럼 기도할 수 있는가?

십자가를 지고 가시는 예수님을 따라가지 않으면서 응답을 받으려고 하는가?

63

몸으로 하는 기도와 말로 하는 기도

그때에 예수님께서 제자들에게 말씀하셨다.

"너희는 기도할 때에 다른 민족 사람들처럼 빈말을 되풀이하지 마라. 그들은 말을 많이 해야 들어 주시는 줄로 생각한다. 그러니 그들을 닮지 마라.

너희 아버지께서는 너희가 청하기도 전에 무엇이 필요한지 알고 계신다. 그러므로 너희는 이렇게 기도하여라.

'하늘에 계신 저희 아버지, 아버지의 이름을 거룩히 드러내시며, 아버지의 나라가 오게 하시며, 아버지의 뜻이 하늘에서와 같이 땅에서도 이루어지게 하소서.

오늘 저희에게 일용할 양식을 주시고, 저희에게 잘못한 이를 저희도 용서하였듯이 저희 잘못을 용서하시고, 저희를 유혹에 빠지지 않게 하시고, 저희를 악에서 구하소서.'

너희가 다른 사람들의 허물을 용서하면, 하늘의 너희 아버지께서도 너희를 용서하실 것이다. 그러나 너희가 다른 사람들을 용서하지 않으면, 아버지께서도 너희의 허물을 용서하지 않으실 것이다." (마태오 6:7-15)

많은 신자들이 기도를 말로 하는 것이라고 알고 있는 것은 무척 안타까운 일이다.

우리들은 예수님께서 "너희는 기도할 때에 다른 민족 사람들처럼 빈말을 되풀이하지 마라. 그들은 말을 많이 해야 들어 주시는 줄로 생각한다."

고 말씀하셨음에도 불구하고 기도를 말로 하고 있다. 옛날의 익명의 그리스도인 작가가 한 말은 많은 것을 생각하게 한다. "바알Baal의 예언자들이 그들의 신을 끊임없이 찾자, 엘리야가 그들을 놀리며 말했습니다. '더 큰 소리로 불러 보시오. 아마 당신의 신은 자고 있을 것이오.'(1열왕기 18:27)

이와 마찬가지로 기도하면서 너무 많은 말을 하는 사람들은 하느님께서 주무시고 계신 것으로 알고 하느님을 원망합니다."

예수님의 제자들이 기도하는 법을 가르쳐달라고 조르자 예수님께서는 당신께서 성부聖父에게 드리는 기도를 가르쳐주셨다. 따라서 그 기도 안에는 예수님의 생애와 죽음과 부활과 같은 신비가 전혀 들어 있지 않다. 예수님께서는 성부만 생각하시고 자신에 대한 생각은 전혀 하시지 않았기 때문인 것 같다. 우리가 주의 기도를 할 때는 예수님에게 기도하는 것이 아니라 성부께 기도를 드리고 있는 것이다. 우리는 예수님의 기도를 하고 있기 때문에 예수님의 눈을 통하여 찾고 예수님처럼 보고 있는 것이 된다. 그러나 사실은 우리는 그리스도 안에서 기도하고 있다. 우리는 성찬 기도의 마지막에 아버지께 고한다. "**그리스도를 통하여, 그리스도와 함께, 그리스도 안에서,** 성령으로 하나 되어, 전능하신 천주 성부, 모든 영예와 영광을 영원히 받으소서!"

그리고 모든 기도를 '우리 주 그리스도를 통하여' 라는 말로 끝내고 있다. '통하여, 함께, 안에서'라는 말은 우리들과 예수님과의 관계를 말한다.

마태오 복음에서 예수님은 하느님께 바치는 청원기도가 항상 확실하게 이루어진다고 말씀하신다. "구하라, 받을 것이다. 찾으라, 얻을 것이다. 문을 두드리라, 열릴 것이다. 누구든지 구하면 받고, 찾으면 얻고, 문을 두드리면 열릴 것이다."

그러나 실제로는 기도가 항상 받아 들여지지는 않는다. 수없이 구하였지만 받지 못하였고, 찾았지만 찾지 못하였고, 두드렸지만 문은 굳게 닫혀 꿈쩍도 하지 않았다. 그런데 예수님께서는 이와는 정반대로 약속하고 계시는 것처럼 말씀하셨다.

하느님은 왜 항상 우리의 기도를 들어주시지 않을까?

우리의 믿음이 부족했을 수도 있고, 잘못된 것을 청했을 지도 모르고 아니면 하느님께서 우리가 구한 것을 다른 방식으로 들어주셨을지도 모른다. 하느님께서는 사랑이 넘치는 부모로서 우리에게 무엇이 좋은지를 우리보다 더 잘 알고 계신다.

세상에 어느 부모가 자기 자식이 칼을 갖고 놀고 싶다고 보챌 때 그것을 주겠는가? 하느님께서 우리의 기도를 들어주시지 않은 더 깊은 지혜를 언젠가는 이해할 것이다.

루이스C. S. Lewis는 우리가 영원의 상태에 이르면 하느님께서 우리의 기도에 응답하시지 않은 것에 감사하느라 대부분의 시간을 보낼 것이라고 말하였다. 우리가 간구하는 기도가 왜 종종 응답되지 않는가에 대한 많은 이유들에는, 실제로는 그 어느 것도 실제 이유가 되지 않지만, 우리가 모르는 어떤 진리와 지혜가 숨어 있다.

그러나 마태오 복음에 근거하여 생각할 때 이런 이유들은 참된 이유가 될 수 없다. 마태오는 모든 복음사가福音史家 중에서도 그리스도 공동체 안에서 청원기도와 구체적인 행동을 가장 깊게 연계시킨 사람이다. 마태오에게는 청원기도는 믿음과 사랑의 공동체 안에서 구체적인 행동과 연결되는 만큼만 힘을 가지게 되는 것이었다.

그리스도인으로서 **우리가 하느님께 '그리스도의 이름으로'하고 기도하면 하느님께서 그 기도에 응답하려고 하실 때에는 요회를 먼저 생각하신다. 다시 말하면 응답하시기 위한 하느님의 능력이 이제는 부분적으로는 인간의 행동에 달려있다는 말이다.**

그리스도인으로서 우리는 모든 기도를 "이것을 우리의 주님이신 그리스도를 통하여 청합니다."하고 끝맺는다. 이 공식은 하나의 형식 그 이상의 것으로 하느님께 기도가 끝났다는 것을 알리는 예식적인 신호라 할 수 있다.

'그리스도의 이름으로' 기도할 때 우리는 그리스도의 몸을 통하여 기도하는 것이며, 이 몸은 예수님과 성체와 이 땅에 살고 있는 신자들의 몸인 것이다. 우리는 이 모든 몸을 통해 기도하는 것이다. 따라서 하늘에 계신 하느님에게만 청원을 하며 응답해달라고 요구하는 것이 아니다. 그리스도인으로서 기도한다는 것은 기도하는 것이 이루어지게 실제로 몸으로 행동할 것을 요구하는 것이다.

64
신앙과 성직자

한평생 성실한 학자였던 막스 뮐러Friedrich Max Müller, 1823~1900는 그의 생애에 오직 한 편의 소설을 남겼는데 그 작품이 바로 『독일인의 사랑』이다.

이기적인 격정은 이미 사랑이 아님을 나직이 역설하는 이 철학적 사랑 이야기 외에도 그는 『고대 산스크리트 문학가』, 『신비주의학』, 『종교의 기원과 생성』, 『동양 고대성전 전집』등의 저서를 남겼고 옥스퍼드 대학에서 〈리그 베다〉를 간행했으며 1875년까지 교수로 재직하였다.

『독일인의 사랑』에 다음과 같은 대목이 나온다.

"신학자들이 우리들로 부터 종교란 것을 송두리째 빼앗아 가지 않은 것이 도리어 신기롭습니다.

경건한 사람들이 신학자들에게 '그만하십시오.'하고 말리지 않았다면 그들은 우리들로부터 종교를 몽땅 빼앗아 가버렸을 것입니다. 어떤 종교든 성직자聖職者가 필요하지만 이 세상이 어떤 종교를 막론하고 즉 그리스도교의 신부나 목사, 바라문교의 승려, 불교의 승려, 라마승, 바리사이 율법학자 같은 **성직자들에 의하여 피해를 입고 파괴되지 않은 종교는 없습니다.**

그들은 대부분의 신자들이 알아 듣지 못하는 말로 다투고 있습니다. **자기네들이 복음서로부터 성령聖靈을 받고 그 성령을 통하여 신자들을**

감화시킬 생각은 하지 않고 성령을 받은 사람들이 복음서를 썼기 때문에 진리를 싣고 있다는 것을 증명하는데 바쁩니다. 그러나 그런 증명은 그들이 참된 믿음이 없다는 것을 은폐하기 위한 궁여지책에 지나지 않습니다. 복음서 저자들이 놀라운 방법으로 성령을 받았다는 사실을 성령을 받지 않은 성직자들이 어떻게 알 수 있겠습니까?"

아버지가 영국의 성공회 주교였지만 1918년 로마 가톨릭 신부 서품을 받은 로널드 녹스Ronald Knox, 1888~1957) 몬시뇰이 성체성사에 관한 강론에서 이렇게 말했다.

"2000년의 역사 동안 교회와 그리스도인은 예수님의 주요한 계명과 수많은 부르심을 끊임없이 무시해왔습니다. 우리들은 너무나 모자라서 예수님의 조언을 받아들이지 못하거나 그 조언을 듣고도 자기 나름대로 해석하여 들은 척 하지도 않았습니다.

그리하여 대부분 원수를 사랑하고, 왼 뺨을 맞으면 오른 뺨을 내놓고, 일곱 번씩 이른 번 용서하고, 성체성사를 모시기 전에 먼저 반목하고 있는 형제에게 가고, 믿음과 같은 수준으로 의로운 행동을 하고, 교리보다 자비를 더 높이 사며, 간음하지 말고, 도둑질하지 말고, 다른 사람을 바보라고 말하지 않고, 거짓말을 하지 않고, 질투하지 말라는 말씀을 지키지 않았습니다.

우리 모두 개인이나 단체가 믿음이 없이 자기 변명만 하고 살았습니다. 그러나 대부분의 사람들은 성체를 기념하고 어떤 환경에서도 함께 만나 주님의 말씀을 나누며 예수님을 기억하며 빵을 나누고 포도주를 마시라는 예수님의 계명만은 끊임 없이 지켜왔습니다. 저는 나이가 들어 감에 따라 교회와 저에게 따라다니는 이 악령 같은 죄의식에 더욱 더 시달리게 되었습니다. 그래서 많은 이유로 저는 매일 가능할 때마다 성체를 기념하려고 합니다.

성체 안에는 많은 깊은 뜻이 있습니다. 즉 역사 안에서 하느님의 육화

肉化가 계속 실현되게 하며, 하느님께서 육체적으로 우리를 껴안아 주시게 하고, 공동체를 더욱 공고하게 만들어 주시며, 하느님께서 우리들에게 자양을 공급해주는 새로운 만나이며, 신자로서 함께 식사를 하게 해주시며, 전례 시에 그리스도의 희생을 기념하게 하며, 하느님의 용서와 화해의 선물이기도 하며, 제자의 길로 이끌어 주시는 초대이기도 하며, 가난한 사람에게 활짝 열려있는 연회이기도 하며, 그리스도께서 다시 돌아오시기를 기다리며 거행하는 전야제이기도 하며, 세상 사람들을 위하여 그리스도께서 바치는 사제의 기도이기도 합니다.

그러나 저는 순전히 저 개인적인 목적으로 매일 성체를 기념합니다. 즉 저가 참다운 믿음을 가질 수 있는 유일한 기회이기도 하며, 이 때에 저의 신앙심을 헤아릴 수 있기 때문입니다. 저는 언제나 저가 느끼는 것과 생각하는 것을 통제하지 못하고, 도덕이나 영성의 깊이를 알지 못하지만 저가 미숙할뿐더러 때로는 의심을 하고 미혹에서 벗어나지 못하고 있음에도 불구하고 이때만은 깨어있게 됩니다. 그래서 저는 규칙적으로 성체를 기념합니다. 그리고 늙어가면서 성체성사는 저에게 더욱 더 의미가 있게 되었습니다. 그러나 하느님을 잘 알지 못하고 종교를 잘 알지 못하고 인생을 알지 못한다는 생각을 많이 하게 되었습니다. 많이 알게 됨에 따라 자신의 한계를 깨닫게 되었습니다. 젊었을 때 그렇게 자신만만하던 것들이 이제는 하느님의 길에서 많이 멀어져 자가당착自家撞着 속에 살고 있는 느낌입니다.

우리들이 살고 있는 모든 것이 신비이고 우주와 영적인 세계의 방대함을 깨달을수록 하느님을 더 알 수 없게 되었습니다. 진정으로 하느님께서는 우리를 초월해 계시며 말로 표현할 수도 없으며 상상할 수도 없고 느낄 수조차도 없는 존재입니다. 우리는 하느님을 알 수는 있습니다만 이해할 수는 없습니다. 그리고 신학 면에서나 교회학 면에서 더욱더 겸손해져야 합니다. **대부분의 우리들은 자신이 하고 있는 일을 모릅니다.**

성체성사는 예수님께서 우리들에게 알려주신 의식이므로 하느님을 확신할 수 있는 시간이기도 합니다. 또 나이 들어감에 따라 위선 속에 살았다는 것과 인간은 연약하며 자기합리화를 하면서 살아가는 존재라는 것을 알게 되었습니다.

지금까지 저 자신이 자기 합리화를 하거나 편견을 갖고 있었다는 사실과 그리스도를 제대로 따르지 못하고 있다는 것을 까맣게 몰랐습니다.

그렇지 않을 때에도 저가 알고 행하고 있는 것이 의로운 것이라는 확신을 갖지 못했습니다.

그리고 예수님께서 돌아가시기 전 날 밤에 우리들에게 당신을 기념하고 믿도록 하기 위해 빵을 떼고 포도주를 마시게 한 것은, 다른 모든 것을 확신하지 못하더라도, 주님께서 돌아 오기를 기다리면서 우리들이 행해야 할 의식이라는 것을 깨닫게 해주려고 하신 일입니다. 주님께서도 신랑신부에게 당부의 말씀을 하셨지만 본 훼퍼Dietrich Bonheffer가 결혼에 대하여 혼인하는 사람들에게 적절히 잘 말했습니다.

'이제부터 여러분은 사랑 안에 있습니다. 여러분의 사랑이 여러분의 결혼을 지속시킬 것이라고 믿을 것입니다. 그러나 그렇지 않습니다. 여러분의 결혼이 사랑을 지속시킬 것입니다.'

마찬가지로 성체성사는 그리스도를 담아 행하는 의식입니다.

우리들은 믿음, 자선, 용서, 소망을 지속시킬 수는 없지만 성체성사를 통해서는 지속시킬 수가 있습니다. 우리는 항상 깨어 있을 수도 없고 따뜻한 마음을 가지고 있을 수 없습니다. 우리는 항상 하느님의 길을 알 수는 없습니다. 그리고 어느 정도 믿음이 있어야 도덕적이 되고 인간적이 되는지를 모릅니다.

그러나 성체성사를 빠지지 않고 모시게 되면 그것을 알 수 있게 됩니다."

65

대안학교와 사관학교

예수님께서 성전에 가서 가르치고 계실 때,
수석 사제들과 백성의 원로들이 예수님께 다가와 말하였다.
"당신은 무슨 권한으로 이런 일을 하는 것이오?
그리고 누가 당신에게 이런 권한을 주었소?"
그러자 예수님께서 말씀하셨다.
"나도 너희에게 한 가지 묻겠다.
너희가 나에게 대답하면, 나도 무슨 권한으로 이런 일을 하는지 너희에게 말해 주겠다.
요한의 세례가 어디에서 온 것이냐? 하늘에서냐, 아니면 사람에게서냐?"
그들은 저희끼리 의논하였다.
"'하늘에서 왔다.'하면, '어찌하여 그를 믿지 않았느냐?'하고 우리에게 말할 것이오.
그렇다고 '사람에게서 왔다.'하자니 군중이 두렵소.
그들이 모두 요한을 예언자로 여기니 말이오."
그래서 그들이 예수님께 "모르겠소."하고 대답하였다.
그러자 예수님께서 그들에게 말씀하셨다.
"나도 무슨 권한으로 이런 일을 하는지 너희에게 말하지 않겠다." (마태오 21:23-27)

오늘 복음을 읽으면서 수석사제와 평신도의 위상位相을 다시 한번 생각하게 되었다. 평신도나 비 신앙인은 평범한 사람들로 대안학교에 다니고 있는 학생들과 같다. 이른바 문제 아동들(?)인 셈이다. 하지만 성직자들은 사관학교를 졸업한 장교들이다. 어쩔 수 없이 성聖과 속俗이 화합을 이루면서 더불어 살아가야 하는 것이 우리 사회이다. 문제는 장교들이 대안학교 학생들을 어떻게 이끌고 가야 하느냐 하는 것이다.

수석사제와 같이 대안학교 학생들에게 정규과정을 가르치면 따라갈 수 있을까?

우리 인간은 우매愚昧하여 고통을 겪지 않고는 진리를 알지 못한다.

가르침을 받아서 진리를 터득하는 경우는 드물다.

그래서 **대안학교 학생들은 지금 고통학교에서 자율학습을 하고 있는 중이다.**

랍비 데이비드 울피David Wolpe, 1958년 생, 미국 LA에서 활동 중는 매일 숲 속을 헤매고 다니는 한 랍비의 아들 이야기를 했다. 처음에는 아버지가 일부러 아들을 숲 속으로 보내어 길을 잃게 했다. 그러나 숲 속은 위험하기도 했지만 아들이 숲 속으로 사라진 후 매일 길을 잃고 헤매자 아들이 어떻게 하고 있는지 무척 걱정이 되었다.

어느 날 아버지가 아들에게 물었다. "너 왜 매일 숲 속으로 가니?" 아들이 답했다. "하느님을 찾으러 갑니다." 그 말을 듣고 아버지가 말했다. "너는 참 기특한 아들이구나. 네가 하느님을 찾고 있다는 말을 들으니 무척 기쁘구나. 그런데 아들아, **하느님께서는 어디에 계시든 같은 하느님이란다.**"

아들이 말했다. "아버지, 저도 잘 알아요. **그러나 저는 어디로 가든 다른 저가 됩니다.**"

어디로 가든 회개하고 다른 사람이 된다는 것은 우리들이 죄인이라는 것을 실감하게 한다. 그리고 길을 잃고 헤매는 것과 목적지를 알고 가는 것은 다르다. 또 졸면서 길을 가는 것과 깨어 있으면서 길을 가는 것은 다르다. 호랑이에게 물려 가도 정신만 차리면 살게 된다.

이미 구원을 받은 사람은 죽어야만 하늘나라에 가는 것이 아니라는 것을 잘 안다. 그러나 죽어야만 하늘나라에 간다고 생각하는 사람은 길을 잃고 헤매고 있는 것이다.

66

사제가 악에 물들면

그때에 예수님께서 군중과 제자들에게 말씀하셨다.

"율법학자들과 바리사이들은 모세의 자리에 앉아 있다. 그러니 그들이 너희에게 말하는 것은 다 실행하고 지켜라. 그러나 그들의 행실은 따라 하지 마라. 그들은 말만 하고 실행하지는 않는다.

또 그들은 무겁고 힘겨운 짐을 묶어 다른 사람들 어깨에 올려놓고 자기들은 그것을 나르는 일에 손가락 하나 까딱하려고 하지 않는다.

그들이 하는 일이란 모두 다른 사람들에게 보이기 위한 것이다. 그래서 성구갑을 넓게 만들고 옷자락 술을 길게 늘인다. 잔칫집에서는 윗자리를, 회당에서는 높은 자리를 좋아하고, 장터에서 인사 받기를, 사람들에게 스승이라고 불리기를 좋아한다.

그러나 너희는 스승이라고 불리지 않도록 하여라. 너희의 스승님은 한 분뿐이시고, 너희는 모두 형제다. 또 이 세상 누구도 아버지라고 부르지 마라.

너희의 아버지는 오직 한 분, 하늘에 계신 그분뿐이시다. 그리고 너희는 선생이라고 불리지 않도록 하여라. 너희의 선생님은 그리스도 한 분뿐이시다.

너희 가운데에서 가장 높은 사람은 너희를 섬기는 사람이 되어야 한다.

누구든지 자신을 높이는 이는 낮아지고, 자신을 낮추는 이는 높아질 것이다." (마태오 23:1-12)

옛날의 한 그리스도인 작가가 말했다.

"잘못을 범한 평신도는 이내 잘못을 바로 잡지만
사제司祭가 악에 물들게 되면 거의 헤어나지를 못합니다."

아마 경험에서 우러난 말인 것 같다. 이 작가는 바리사이들이 앞 자리를 차지하고 있는 것을 두고 말한 것 같지만 모든 시대의 많은 성직자들도 바리사이와 거의 다름이 없다는 것을 꼬집은 것 같다. 이 작가가 이어서 말했다.

"자리가 사제司祭를 만드는 것이 아니라 사제가 자리를 만듭니다.
자리가 사람을 축성祝聖하는 것이 아니라 사람이 자리를 축성합니다.
모든 사제가 거룩하지는 않지만 거룩한 사람은 모두 사제입니다."

하느님의 현존, 하느님의 표시, 하느님의 흔적, 하느님의 업적, 하느님의 사람, 하느님을 만날 때 쓰는 물건, 그리스도의 표지 같은 것은 **하느님께 속하는 것이기에 '거룩한 것'으로 분류된다. 재료 자체는 비록 이 세상의 것이지만 하느님의 것으로 쓰려고, 또는 하느님의 거룩함을 드러내는 데 쓰려고 '거룩한 것'으로 구별한다. 이것을 '성별聖別'이라 하고, 특별히 '축성祝聖, consecration한다'고 말한다.**

교회에서 축성하는 것으로는, 미사 때 주님의 몸을 이루는 성체, 성전 봉헌 때 그리스도의 상징인 제대, 복음 삼덕을 실천하는 수도자의 삶, 그리고 세례와 견진, 사제서품 때 성령의 기름부음 받음을 표시하는 축성성유크리스마 등이 있다. 이 가운데 성사의 재료로 사용하는 '성유聖油'를 축성하는 것은 역시 그리스도의 사제직과 관련이 있다.

축성되었다는 것은 그 안에 하느님의 권위가 들어 있다는 뜻도 된다.
사제의 경우 하느님의 권위를 대신 활용하고 있다는 뜻도 된다.
그런데 사제가 거룩하지 못하면서 하느님의 권위를 남용하면 하느님을 모독하는 것이 되며 독성죄瀆聖罪를 짓는 것이 된다.

교부 오리겐Origen, 185~254은 섬김을 받고 앞 자리에 앉아 뭇사람들로부터 인사를 받는 기쁨에 대해서 다음과 같이 말했다.

"우리는 이런 기쁨을 율법학자나 바리사이들에게서 찾을 것이 아니라 교회 안에서 찾아야 하며 만찬을 하는 식탁에서 뿐만 아니라 교회의 앞자리에서도 찾아야 할 것입니다.

....

'자기 스스로를 높이는 사람은 낮아질 것입니다.'

나는 모든 사람들이 이 말에 귀를 기울이고 모든 부제와 사제와 주교들도 이 말에 귀를 기울이기를 간절히 바랍니다."

교부는 이어서 그리스도의 마음 비움에 관한 필리피서(3:6-9) 말씀을 인용했다. "그분께서는 하느님의 모습을 지니셨지만 하느님과 같음을 당연한 것으로 여기지 않으시고 오히려 당신 자신을 비우시어 종의 모습을 취하시고 사람들과 같이 되셨습니다.

이렇게 여느 사람처럼 나타나 당신 자신을 낮추시어 죽음에 이르기까지, 십자가 죽음에 이르기까지 순종하셨습니다.

그러므로 하느님께서도 그분을 드높이 올리시고 모든 이름 위에 뛰어난 이름을 그분께 주셨습니다."

크리소스토모 성인Chrysostom, 344/354?-407이 덧붙여 말했다.

"제자라면 그리스도께서 어린이를 군중 가운데 세우셨을 때나 오늘의 복음 말씀에서 보여주신 겸손의 덕을 끊임없이 생각해야 할 것입니다. 그리스도께서 산상山上에서 진복팔단眞福八端을 말씀하실 때에도 겸손부터 시작하셨습니다.

그리스도께서는 당신의 자존심을 뿌리째 뽑으시고 말씀하셨습니다.

'자기 스스로를 낮추는 사람은 높이 올려질 것이다.'"

도나 오쉐이(Donagh O'Shea) 신부님

67
신부님의 고백을 들으려고 왔습니다

그때에 [예수님께서 벙어리 마귀를 쫓아내셨는데] 군중 가운데 몇 사람은 "저자는 마귀 우두머리 베엘제불의 힘을 빌려 마귀들을 쫓아낸다."하고 말하였다. 다른 사람들은 예수님을 시험하느라고, 하늘에서 내려오는 표징을 그분께 요구하기도 하였다.

예수님께서는 그들의 생각을 아시고, 이렇게 말씀하셨다.

"어느 나라든지 서로 갈라서면 망하고 집들도 무너진다.

사탄도 서로 갈라서면 그의 나라가 어떻게 버티어 내겠느냐? 그런데도 너희는 내가 베엘제불의 힘을 빌려 마귀들을 쫓아낸다고 말한다.

내가 만일 베엘제불의 힘을 빌려 마귀들을 쫓아낸다면, 너희의 아들들은 누구의 힘을 빌려 마귀들을 쫓아낸다는 말이냐? 그러니 바로 그들이 너희의 재판관이 될 것이다.

그러나 내가 하느님의 손가락으로 마귀들을 쫓아내는 것이면, 하느님의 나라가 이미 너희에게 와 있는 것이다.

힘센 자가 완전히 무장하고 자기 저택을 지키면 그의 재산은 안전하다.

그러나 더 힘센 자가 덤벼들어 그를 이기면, 그자는 그가 의지하던 무장을 빼앗고 저희끼리 전리품을 나눈다.

내 편에 서지 않는 자는 나를 반대하는 자고, 나와 함께 모아들이지 않는 자는 흩어 버리는 자다.

더러운 영이 사람에게서 나가면, 쉴 데를 찾아 물 없는 곳을 돌아다니지만 찾지 못한다. 그때에 그는 '내가 나온 집으로 돌아가야지.'하고 말한다.

그러고는 가서 그 집이 말끔히 치워지고 정돈되어 있는 것을 보게 된다.

그러면 다시 나와, 자기보다 더 악한 영 일곱을 데리고 그 집에 들어가 자리를 잡는다. 그리하여 그 사람의 끝이 처음보다 더 나빠진다."

(루카 11:15-26)

사람들은 보통 지옥을 뜨거운 불바다로 생각하지만 옛날의 아일랜드 사람들은 차가운 것으로 생각했다고 한다. 뜨겁든 차갑든 고통을 겪게 마련이다. 그러나 가장 차가운 것은 기후적인 것이 아니라 감정적이고 영적인 것이다. 샤를르 드 푸코Charles de Foucauld 신부의 스승이었던 아베 후베린Abbè Huvelin, 1839~1910 신부가 말했다.

"악마가 성녀 브리지타St. Bridget에게 나타나자 성녀가 '당신의 이름이 무엇이오?'하고 묻자 악마는 '냉정함Coldness itself이오.'하고 답했습니다."

악마는 어둠의 왕자이며 자기애自己愛 외에는 사랑이 없었기 때문에 악마의 이름은 뜨거운 것보다 찬 것이 어울린다.

오늘의 복음에서 사람들이 예수님을 믿지 못하고 심지어는 시험하려고 들었다는 것을 말하고 있다. 그들은 신비 속으로 들어가지 못하고 도망치고 있었다. 어떤 사실을 알려고 하는 것은 모르기 때문이며 무지無知에서 달아나면 더 큰 무지에 빠지게 된다. 거짓 지식이나 얕은 지식은 단순히 모르는 것보다 더 나쁜 무지로 이해를 가로 막는다.

"나는 아무것도 모릅니다."는 말은 솔직하고 겸손한 자세에서 나온다. 배우는 자세는 그래야 한다. 우리들이 어린이처럼 "아무것도 모른다"는 맑은 마음을 가지면 금새 배우게 된다. 그러나 잡다한 지식이나 이론을 정리하지 못하고 혼돈 속에 있게 되면 아무것도 배울 수가 없게 된다. 오늘 복음에 나오는 사람들처럼 좋은 것을 보고도 그 가치를 모르는 사람이 되기 쉽다. 오늘날 많은 신자들이 다른 신자들을 헐뜯는 것을 본다. 자신의 행동을 뒤돌아볼 생각은 하지 않고 다른 사람의 행동만 비웃는 이른바 똥 묻은 개가 겨 묻은 개를 나무라는 식이다. 예수님을 해괴망측한 기적만 일으키는 베엘제불로 착각하고 있기 때문이다.

아베 후베린 신부님이 말했다.

"당신이 고통을 더 많이 당할수록 다른 영혼들을 더 잘 이해할 수 있게 됩니다. 즉 무엇보다도 고통 당하는 영혼들은 책망과 수정을 강요당하기보다 안도와 위로를 더욱 필요로 하고 있다는 사실을 더 잘 이해하게 될 것입니다."

루미의 『마스나비』에 다음과 같은 말이 나온다.

많은 사람들이 남의 잘못을 말하지만 세속을 초월하지 않은 사람은 진리를 모른다.

나름대로의 지혜와 확신 때문에 여론이 갈리게 된다.

이때부터 좌익左翼과 우익右翼으로 나누어진다.

그러나 마음 속에 진리의 시금석을 간직하고 있는 신성한 사람이 아니면 좌익이 무엇인지 우익이 무엇인지 아무것도 모른다.

두 의견 사이를 헤매는 사람들은 자신이 선호하는 둥지로 날아간다.

지혜는 두 날개를 갖고 있지만 여론은 한 날개밖에 없다.

여론은 연약하며 한쪽으로 기울어져 비스듬히 날아간다. 날개가 하나뿐인 새는 금방 떨어져서 두 걸음 정도 퍼덕거리며 날아간다. 여론의 새는 그의 둥지에 갈 희망을 갖고 한 날개로 오르락 내리락 하면서 날아간다.

여론의 새가 여론에서 벗어나서 지혜를 알게 되면 두 날개를 얻게 되어 여론과 지혜 사이를 오간다. 그 뒤로는 '비굴한 얼굴을 하지 않고 망설이지도 않고' 바른 길을 곧 바로 날아 오른다. 그는 마치 가브리엘 천사가 여론에 휩쓸리지 않고 표리부동하지 않고 헛소리를 하지 않듯이 두 날개로 힘차게 날아 오른다. 세상 사람들이 모두 다 그에게 "당신은 확고하게 신의 길을 가고 있소."하고 말해도 더욱더 정진하지 않을뿐

더러 고귀한 영혼을 망각하지도 않는다. 모든 사람들이 그에게 "당신은 잘못된 길을 가고 있소. 당신은 미풍에도 흔들리는 풀 잎사귀지만 당신 자신을 바위라고 생각하고 있소."하고 말해도 비난에 못 이겨 여론에 빠져들지도 않고 군중의 증오에도 아랑곳하지 않는다. 그는 조금도 나쁜 생각에 빠지지 않고 원수의 비난에도 슬퍼하지 않는다.

샤를르 드 푸코가 가르침을 받기 위하여 아베 후베린 신부님에게 가서 고백성사를 하게 되었다. "아베 신부님, 저에게는 믿음이 없습니다. 저는 신부님께서 저를 지도해주십사 하고 찾아 왔습니다." 그러자 고해소에 있던 아베 신부님이 말했다.

"무릎을 꿇고 하느님께 고백하십시오. 그렇게 하고 나면 믿게 될 것입니다."

그러나 당돌하게도 푸코는 "저는 그 때문에 오지 않았습니다. **신부님의 고백을 들으려고 왔습니다.**"하고 답했다.

푸코는 왜 믿어야 하는가? 신앙의 맛은 어떠한가를 듣고 싶었던 것이다.

68
하늘의 사냥개

엘리엇T. S. Elliot은 불가항력적 은혜를 주시는 하느님을 가리켜 "하늘의 사냥개hound of heaven"라 불렀다. 다소 불경스러운 표현을 썼으나 도망하는 여우를 끝까지 추격하는 사냥개처럼 하느님도 당신의 백성을 끝까지 쫓아가 붙잡으신다는 뜻에서 그렇게 말했다. 그래서 영국의 소설가 루이스C. S. Lewis가 회개했을 때 이 구절을 연상하면서

"잡혔을 때보다 더 행복한 순간은 없었다."고 털어 놓았다.

영국의 시인인 프랜시스 톰슨Francis Thompson, 1859~1907은 이 〈하늘의 사냥개〉란 제목의 명시名詩를 남겼다. 가톨릭 신자의 아들로 태어나 성직자가 되려고 하였으나 적임자가 아니라는 것을 알고 그것을 포기했고 뒤에는 의학을 공부하였으나 그것도 끝내지를 못했다. 그는 런던에서 떠돌이 생활을 하였는데 그의 빈곤은 말로 다 표현할 수가 없었다.

더욱이 아편 중독으로 그의 건강은 파멸 일보 직전이었다.

1888년 가톨릭 잡지의 편집자인 윌프레드 메이넬Wilfred Meynell과 그의 아내 앨리스Alice가 그를 구원해주어 주로 종교 시를 썼다.

하늘의 사냥개

나는 그로부터 도망쳤습니다.
오랜 세월 동안 밤낮으로 그로부터 도망쳤습니다.

내 마음의 얽히고 설킨 미로에서 눈물을 흘리면서 도망쳤습니다.
나는 웃음소리가 뒤쫓는 속에서 그를 피해 숨었습니다.
그리고 나는 푸른 희망을 향해 쏜살같이 날아 올라갔다가
그만 암흑의 수렁으로 떨어지고 말았습니다.
그리고 틈이 벌어진 공포의 거대한 어둠으로부터
힘찬 발자국 소리가 나를 끊임없이 뒤쫓아오는 것을 들었습니다.
서두르지 않고 흐트러짐이 없는 걸음으로
유유한 속도, 위엄있는 긴박감으로
그 발자국 소리가 울려왔습니다.
그 발자국 소리는 의도적으로 내게 다가와 절박한 궁지로 나를 몰아세웠습니다.
그때 그 발자국 소리보다 더욱 나를 꼼짝 못하게 만드는 음성이 들려왔습니다.
"나를 배신한 너는 모든 것에게 배신을 당할 것이다."

나는 법을 어기고서도 요리조리 잘 빠져나가는 얄미운 얌체답게,
빨간 커튼이 드리워지고, 헤아릴 수 없을 정도의 자선으로 수놓아졌으며 수많은 격자로 나누어진 마음의 창가에 기대어 자기합리화를 하려고만 했습니다. 왜냐하면, 나를 뒤쫓아오는 그분의 사랑을 알았지만, 그분을 모시고 나면 그분 이외의 다른 것은 아무 것도 가질 수 없을까 두려웠기 때문입니다.
그러나 일단 조그마한 창 하나라도 열리기만 하면,
그분은 질풍처럼 내 마음의 창문으로 달려 오실 것입니다.
두려움을 비켜 가시지 않고, 사랑은 끝까지 나를 추적해 오실 것입니다.

저는 세계의 변방 너머까지 도망쳐
별들의 황금 대문을 괴롭혔습니다.
숨겨 달라고 빗장들을 정신 없이 두드려댔습니다.
달의 창백한 성문城門을 긁어서

감미로운 불협화음과 부드럽고 맑게 달가닥거리는 소리를 냈습니다.
나는 말했습니다.
새벽에게는 "빨리 오라"고,
저녁에게는 "곧 바로 와서, 그대의 갓 피어난 밤하늘의 꽃으로 덮어 이 무서운 연인으로부터 나를 숨겨 다오!
그이가 보지 못하게 그대의 희미한 밤의 베일로 나를 감싸 다오!"하고 애원했습니다.

그분을 받들어 섬기는 종들에게 나를 숨겨달라고 유혹했지만,
그들의 충성심 때문에 나를 거들떠 보지도 않았습니다.
그들의 믿음은 나에게는 변덕스러운 것으로만 보였고,
그들의 진실됨과 충성심은 거짓처럼 보였습니다.

모든 빠른 것들에 빠름을 달고 호소했습니다.
휘휘 소리 내는 모든 바람의 말갈기에 매달려도 보았습니다.
그러나 바람 말이 매끄럽게 빠른 속도로
벽공碧空의 긴 평원을 휩쓸고 가듯이,
천둥 채찍질 받아 그가 탄 전차를 하늘을 가로질러 굉음 내며 달리게 하듯이,
발굽으로 걷어차 사방으로 날아가는 번개 물로 철썩거리게 하듯이,
두려움을 비켜 가시지 않고, 사랑은 끝까지 나를 추적해 오셨습니다.
힘찬 발자국 소리가 나를 끊임없이 뒤쫓아오는 것을 들었습니다.
서두르지 않고 흐트러짐이 없는 걸음으로
유유한 속도, 위엄 있는 긴박감으로
그 발자국 소리가 울려왔습니다.
그 발자국 소리는 의도적으로 내게 다가와 설박한 궁지로 나를 몰아세웠습니다.
그때 그 발자국 소리보다 더욱 나를 꼼짝 못하게 만드는 음성이 들려왔습니다.

"나에게 거처를 마련해주지 않은 너에게 아무도 은신처를 마련해주지 않을 것이다."

나는 방황하며 추구하던 것을 어른들의 얼굴에서는
더 이상 찾지 않았습니다.
그러나 조그마한 어린이들의 눈동자 속에는
언제나 응답하는 그 무엇이 있는 것 같았습니다.
그들이야말로 정말 내가 찾아 헤매던 것이었습니다.
나는 무척 부러운 눈초리로 그들의 눈을 바라보았습니다.
그러나 떠오르는 해답으로 그들의 어린 눈동자들이
갑자기 아름답게 반짝이는 순간,
그들의 수호천사가 그들의 머리채를 잡아 낚아채었습니다.

저는 말했습니다.
"그러면, 얘, 다른 어린이들인 자연아, 이리 와서
너희들의 부드러운 우정을 내게 베풀어주려무나.
입술을 맞대고 인사하게 해다오.
얼싸안고 애무하게 해다오.
어머니 대지의 흩날리는 머리채를 가지고 장난치며,
그녀의 바람 벽 궁전에서 그녀와 주연酒宴을 베풀며,
그녀의 파란 하늘 지붕 밑에서
햇빛 샘에서 나오는 빛난 광선을 흘리는 잔으로
그대처럼 청결하게 마시게 해다오."

마침내 저의 간청이 이루어졌습니다.
나는 그들의 부드러운 우정 속에서 그들과 하나가 되었습니다.
자연의 신비의 빗장을 잡아당겼습니다.
나는 고집 센 하늘의 얼굴에 나타나는 빠른 표정의 의미를 모두 눈치챘습니다.

나는 어떻게 구름이 일어나서
사나운 바다의 콧바람으로 파도를 부서지게 하는지도 알게 되었습니다.
생멸生滅하는 만물萬物과 함께 기가 살아 팔팔 날기도 하고, 풀이 죽기도 했습니다.
만물이 나의 기분을 슬프게 만들기도 하고 신성하게 만들기도 했습니다.
만물과 함께 즐거워하고, 슬퍼했습니다.

어둠이 깔리고 죽은 성물聖物들 주위에
반짝이는 촛불을 켜는 저녁이면 나의 마음은 더욱 무거워졌습니다.
나는 아침의 눈빛 안에서 활짝 웃기도 했습니다.
나는 모든 날씨와 함께 기뻐 날뛰고 슬퍼하기도 했습니다,
하늘과 함께 울기도 했습니다.
하늘의 감미로운 눈물은 나의 눈물과 섞여 짭짤해지기도 했습니다.
고동치는 빨간 서녘 하늘의 심장에
내 심장을 대고 뛰게 하며 온기溫氣를 나누기도 했습니다.

그러나 그것만으로는 인생고뇌는 풀리지 않았습니다.
하늘의 회색 볼에 나의 눈물을 적셔 보았지만 허사였습니다.
애석하게도 우린 서로의 언어를 알지 못했습니다.
내가 소리 내어 말하면 오히려 그들은 혼란스러워할 뿐 그들의 언어는 침묵이었습니다.

가련한 계모繼母인 자연은 내 갈증을 해갈시킬 능력이 없습니다.
자연이 나를 도우려면,
저 하늘 푸른 가슴에 두른 베일을 벗고,
저에게 그녀의 부드러운 젓가슴을 보여주게 해주십시오.
그녀의 젖이 내 목마른 입을 한번도 축복해주지 않았습니다.
힘찬 발자국 소리가 나를 끊임없이 뒤쫓아오는 것을 들었습니다.
서두르지 않고 흐트러짐이 없는 걸음으로

유유한 속도, 위엄 있는 긴박감으로
그 발자국 소리가 울려왔습니다.
그 발자국 소리는 의도적으로 내게 다가와 절박한 궁지로 나를 몰아세웠습니다.
그때 그 발자국 소리보다 더욱 나를 꼼짝 못하게 만드는 음성이 들려왔습니다.
"잘 들으라. 내게 만족을 주지 않는 네게 아무도 만족을 주지 않을 것이다."

벌거벗은 채 저는 당신이 높이 쳐든 사랑의 칼을 기다리나이다!
당신은 제 갑옷을 갈기갈기 찢어버리시고,
저를 쳐 무릎을 꿇게 하셨나이다.
저는 완전히 무방비 상태입니다.
제가 잠이 들었던가 봅니다.
깨어나 찬찬히 살펴보니, 벌거벗고 잠들어 있었습니다.
젊은 혈기가 넘친 나머지 경솔하게도 저는 시간의 기둥을 흔들어
제 머리 위로 지붕을 잡아당겼습니다.
저는 온몸에 먼지를 뒤집어 쓰고
퇴적된 세월의 먼지 가운데 서 있습니다.
저의 망가진 청춘이 그 더미 속에 묻혀 버렸습니다.
저의 날들은 황폐해져 연기로 사라지고 말았고,
시냇물 포말처럼 생겼다가 사라지고 말았습니다.

그렇습니다. 이제는 꿈꾸는 자에게 꿈도 쓸모 없이 되었고
류트lute를 연주하는 사람에게 류트도 쓸모 없이 되어 버렸습니다.
꽃사슬로 이 땅을 마치 팔찌처럼 마냥 흔들어대던
줄줄이 이어진 환상들마저 끊어지고 있습니다.
너무도 약한 류트줄들이 슬픔의 짐을 잔뜩 진 무거운 세상을 노래하고 있습니다.

아! 당신의 사랑은 비록 시들지 않는 불멸의 잡초이긴 하지만,
정녕 자기 꽃 이외에는 아무 꽃도 피지 못하게 하는 잡초이옵니까?
아! 기어코 그렇게 하셔야 하옵니까?
무한한 창조주시여!
당신은 나무를 태운 검정으로만 그림을 그릴 수 있사옵니까?

간헐적인 소나기로 먼지를 씻는데 저의 청순한 청춘을 낭비해 버렸습니다.
지금 저의 마음은 폐천廢泉과 같사옵니다.
한숨짓는 저 마음의 가지 위에 뚝뚝 떨어지고,
축축한 생각에 떰면서 흘러 떨어지는 눈물방울이
그 속에 고여 썩어가고 있사옵니다.
저는 어찌 할 바를 모르겠나이다.
속이 이렇게 쓰라리니 껍질이야 오죽하겠습니까?
세월이 운무 속에 흩트려 놓은 것을 어렴풋이 더듬어 봅니다.

그러나 가끔은 숨겨진 영원의 보루堡壘에서 나팔소리가 울려 옵니다.
안개가 흩날려 희미하게 보이던 탑들을 다시 천천히 둘러쌉니다.
그러나 이 보다 먼저 어두운 홍포紅布를 두르시고,
주목朱木 왕관 쓰시고 저를 부르시는 그분의 얼굴을 처음으로 보았습니다.
저는 그분의 이름도 익히 알고 있고 그분의 나팔소리의 뜻도 잘 알고 있습니다
당신께서 인간의 마음이나 생명에서 거두어들이시는,
당신의 전답田畓에 썩은 죽음의 분뇨를 쳐야만 하나이까?

이제 끈질기게 쫓아오던 큰 발자국소리가 가까이 들려옵니다.
그 소리는 마치 부서지는 파도처럼 내 주위를 에워쌉니다.
"네 땅이 그렇게 망가졌느냐?

그렇게 산산조각 났단 말이냐?
보라, 네가 내게서 도망치니까, 만물이 네게서 도망치느니라.
가련하고 헛일만 하는 도무지 알 수 없는 것아!
어찌하여 사람들이 네 몫으로 사랑을 따로 제쳐놓겠느냐?
나밖에는 아무도 그렇게 하지는 않을 것이다.
인간의 사랑은 그만한 공로功勞가 있어야 받느니라.
그런데 너는 무슨 공로가 있느냐?
바보 같은 인간 중에서도 가장 멍청한 바보인 네가 무슨 공로를 지었느냐?
애석하구나! 아직도 네가 아무런 사랑도 받을 자격이 없다는 걸 모르고 있다니!
비열한 너를 사랑할 사람이 어디 있겠느냐?
나밖에는, 단지 나밖에는 너를 구원할 분이 없다.
내가 네게서 빼앗았던 것은
너를 해치기 위해서가 아니라,
다만 네가 나의 품 안에서 그것을 찾도록 하기 위해서였느니라.
어린애 같은 무지로 잃었다고 네가 생각했던 모든 것을,
내가 너를 위해 나의 집에 잘 보관해 두었다.
일어나서, 내 손을 꼭 쥐고 함께 가자!"

저의 옆에서 발자국소리가 멎었습니다.
정녕코 저의 어두움이 저를 보듬으려고 내민 그분의 손 그림자였단 말입니까?

"아, 어리석고 앞 못보고, 약하기 짝이 없는 자여!
네가 찾는 사람은 바로 나야!
네가 사랑을 네게서 몰아 낸 것은 나를 쫓아내 버린 것이니라."

69
모세에게 동물의 말을 가르쳐달라고 조른 사람

어떤 사람이 모세에게 와서 동물의 말을 가르쳐 달라고 졸랐다.

사람들은 먹을 거리를 얻고 기만하는 데에만 말을 이용하기 때문에 틀림없이 동물들의 말도 그럴 것이라고 생각했기 때문이다.

모세는 그 사람이 동물의 말을 알아도 아무 쓸모가 없을 것이라는 것을 잘 알았지만 그 사람이 워낙 완고하므로 하느님께 여쭈어보고 난 다음 그의 청원을 받아들여 그에게 닭과 개의 말을 가르쳐주기로 했다. 그 사람은 모세에게서 동물의 말을 배운 다음 날 아침 닭들이 있는 데로 가서 수탉과 개가 다투는 것을 들었다.

닭은 주위에서 곡식을 얼마든지 찾을 수 있지만 개는 오로지 빵만 먹기 때문에 개가 주인의 식탁에서 떨어진 빵 조각을 주워 먹는 것을 비웃고 있었다. 닭이 개를 달래기 위하여 내일 주인의 말이 죽으면 실컷 먹고 남을 것이라고 말했다.

주인이 이 말을 듣고 갑자기 말을 팔아버려서 개는 무척 실망을 하고 또 다시 닭을 잡아 먹으려고 공격했다. 그리하여 닭이 개에게 내일 노새가 죽을 것이라고 귀띔 해주자 주인이 또 다시 노새를 팔아버렸다. 다음에는 닭이 종의 죽음을 예언하자 종을 팔아버렸다.

개가 참지 못하고 닭보고 사기꾼이라 비난하니까 닭은 자신의 예언대로 모두 죽었지만 주인이 손해를 남에게 떠넘기기 위해 그들을 팔아버렸다고 해명한 후 덧붙여 말했다. 내일 주인이 자신의 의리 없음을 벌하기 위해 자신을 죽일 테니 네가 실컷 먹을 수 있을 것이라고 말해주었다. 주인이 이 말을 듣고 겁이 나서 모세에게 가서 살려달라고 기도했다.

모세는 그가 하느님의 평화 안에서 죽을 수 있도록 해달라고 하느님께 청하였다.

인간의 양심은 선善하다.

하느님께서 말씀하셨다. "**인간의 진지한 간청을 들어주고 그의 자유의지대로 그의 능력을 키워주어라. 자유의지는 신심信心에 소금 같은 역할을 한다. 소금이 없었다면 하늘은 강제적인 방법을 택했을 것이다. 소금이 있음으로 해서 상급과 벌이 필요 없게 되었다.** 왜냐하면 최후의 심판 시에 자유의지를 보면 되기 때문이다. 온 세상 사람들이 하느님을 찬양하고 있다면 하느님을 찬양하는 것이 심판에 아무 도움이 되지 않을 것이다.

인간의 손에 칼을 쥐어주어 인간의 무능함을 잘라내게 한 후 그가 전사戰士였는지 도둑이었는지 보게 하라. 사람들이 아담에게 영광을 돌렸던 것도 자유의지였던 것처럼 벌들의 반은 꿀벌이 되고 반은 말벌이 되었다.

믿음이 깊은 사람은 꿀벌 같이 벌집을 만들지만 신앙심이 없는 사람은 말벌 같이 독침毒針을 만들게 된다. 꿀벌과 같이 믿음이 깊은 사람은 가장 좋은 허브를 먹고 자라므로 이들의 암죽은 생명을 주는 음식이 된다.

반면에 신앙심이 없는 사람은 오물과 쓰레기를 먹고 자라므로 독을 만들게 된다."

하느님의 계시를 받은 사람은 생명의 원천이 된다. 그러나 망상에 빠져 있는 사람은 죽음을 낳는다. 이 세상에서 "충실한 종 노릇을 했다"고 칭찬을 듣는 사람은 신중한 자신의 자유의지의 덕분이다. 방탕한 사람들이 모조리 감옥에 갇히게 된다면 온화하게 되고 경건하게 되면서 신앙심을 갖게 될 것이다. 사리분별이 없는 행동은 아무 가치가 없다.

죽음이 그대의 모든 자산을 가져가지 않도록 해야 한다. 사리분별이 있으면 그대의 자산을 불려줄 것이다. 항상 마지막 심판 날을 염두에 두고 살아야 한다.

루미의 『마스나비』 중에서

70

친부모와 양부모

캐나다의 대표적인 여류 소설가 마가렛 로렌스Margaret Laurence의 소설 『하느님의 장난A Jest of God』은 두 여인의 이야기를 하고 있는데 그 중 레이첼Rachel Cameron은 34세의 처녀로 초등학교 교사이며 다른 여인은 전업주부로 아이를 돌보면서 사는 평범한 여인이다. 레이첼은 나이가 들수록 자신에게 아이가 없는 것이 점점 걱정이 되었다. 그녀는 매일 아이들과 함께 시간을 보내지만 그 아이들은 아무도 자신의 아이가 아니다. 아이들은 그녀에게서 배운 다음 학년이 바뀌면 다른 선생님에게로 가버린다. 그녀는 무상함을 느끼면서 심한 상실감을 맛보았다. 그래서 자신의 아이를 갖기를 간절히 바랐다. 어느 날 전업주부인 언니에게 자신의 이런 마음을 털어놓았다.

그러나 언니는 시큰둥한 표정을 지으면서 친부모도 마찬가지라고 말했다. 자식들도 때가 되면 날개를 달고 둥지에서 떠나며, 친부모든 양부모든 선생님이든 아이들은 자신의 소유가 아니라고 말했다. 또 아이들은 자신의 인생을 살아가는 것이지 우리가 원하는 삶을 살아가는 것이 아니라고 말했다.

그렇다. 아이는 우리의 소유가 아니라 일시적으로 우리에게 맡겨진 것이다. 아이들은 우리들이 부모, 선생이 되도록 또는 멘토나 신부神父, 삼촌, 숙모가 되도록 맡겨진 데 불과하다. 그들의 생명은 자신의 것이고 하느님의 소유이다. 이러한 사실을 인정하게 되면 자식을 자신의 분신分身

으로만 생각하지 않게 되며 덤덤하게 사랑하고 돌보고 인도하게 된다. 그런데 이를 인정하는 것이 오히려 위안이 된다고 생각하는 사람은 드문 것 같다. 그러나 아이들을 키우는 사람이 나 혼자만이 아니라는 것을 깨닫고, 아이들은 우리의 아이들이 아니라 하느님의 자녀이며, 우리는 그들의 인도자에 불과하다고 생각하면 크나큰 위안이 된다. **우리들의 자식 사랑은 이기적인 사랑으로 하느님과 같은 참 사랑이 아니다. 하느님만이 진정한 부모이고 하느님의 그들에 대한 사랑은 우리들의 사랑과 비교도 할 수 없다고 생각하고, 걱정을 해도 하느님께서 더 걱정하신다고 생각하면 마음이 그리 편할 수 없다.**

하느님께서는 우리들이 아이들에게 주지 못하는 감동을 주시어 바른 길로 가게 해주신다. 아이들은 부모의 말을 듣지 않고 등을 돌리고 존경하지 않기도 하지만 그 아이들 곁에는 언제나 친부모가 계신다. **요셉 성인이 예수님의 양아버지였던 것처럼 우리는 양부모養父母에 지나지 않는다.** 우리들은 자식에게서 "존경한다."는 말을 듣고 싶어하지만 좀처럼 그런 말을 듣지 못한다. 우리들도 조상들처럼 바르게 살지 못하고 자식들에게 나쁜 악습과 부조리만 가르쳐주었기 때문이다. **'바보'처럼 살라고 말씀하셨는데 '바보'가 되기를 거부하고 살았던 것이다.**

책의 마지막에 미국의 작가 칼 샌드버그Carl Sandburg, 1878~1967의 시 〈패배자들Losers〉을 인용하고 있다. 레이첼의 입을 통하여 말한다.

"만일 내가 요나의 무덤을 지나게 된다면 거기 멈추어 잠시 앉아 있으리라.

나도 한 때는 어둠 속 깊은 곳으로 빠졌다가 다시 살아 나왔기에."

요나처럼 레이첼도 어두운 절망의 나락에 빠졌다가 그곳으로부터 광명의 세계로 탈출하여 나온 것이다. 그리고 이 작품의 말미에서 레이첼이 애써 기억해내는 "기쁨과 즐거움을 제가 맛보게 해 주소서. 당신께서 부수셨던 뼈들이 기뻐 뛰리이다."라는 시편(51:10)의 내용에서도 음울한 땅을 벗어나려는 그녀의 마음이 기쁨과 희망에 차 있다는 것을 알 수 있다.

이제 그녀는 미지의 땅에서 그녀에게 닥쳐올 어떠한 어려움도 직면할 용기를 지니고 있다. 중요한 것은 이 용기이다. 요나는 말과 침묵 사이의 갈등을 구현한 인물이다.

그는 니네베로 가서 그곳이 죄악으로 가득 차 있기 때문에 큰 재앙이 닥칠 것이라는 예언을 하라는 하느님의 말씀을 듣고는 정 반대 방향으로 가는 배를 탔다. **그가 예언을 전하면 니네베 사람들이 자신을 그냥 두지 않을 것도 같고 회개하여 구원을 받을 것도 같았지만 어느 쪽이든 하느님의 명령을 거부한 자신은 입장이 곤란해질 것이라고 생각했기 때문이었다.** 그는 결국 큰 물고기에게 먹힌 후 사흘을 보낸 후 다시 살아나서 하느님의 말씀을 전했다.

칼 샌드버그가 말했다.

"하느님께서는 아이가 태어날 때마다 당신을 본받아 살기를 간절히 바라신다A baby is God's opinion that the world should go on.**"**

예수님께서 "사실 하느님의 나라는 이 어린이들과 같은 사람들의 것이다."라고 말씀하셨는데 이 '어린이'는 '나와 네'가 없는 순진무구純眞無垢한 즉 때묻지 않은, '하느님과 하나'인 어린이를 말씀하신 것이다. (마태오 19:19)

'하느님과 하나'라는 것은 하느님처럼 행동하고 하느님처럼 생각하는 것을 말한다. 그래서 어떤 사람은 아이가 태어나서 낯을 가리는 순간부터 이미 어린이가 아니라고 말한다.

샌드버그는 하늘나라가 아니라 이 세상의 '패배자'를 고발했다. '패배자'는 까마귀를 먹으면서 자신의 잘못을 시인하지 않은 사람이다. 즉 회개하지 않은 사람이다.

내가 아는 지인 중에 주님의 일만 하다가 병으로 선종한 신명우요셉형제는 두 딸이 태어난 순간부터 주님이 맡겨주신 아이들임을 깨닫고 언제나 그들에게 "나는 양아버지이고 하느님 아버지가 진짜 너희들 아버지다."고 가르쳤다. 우리 모두 잊고 살아온 지혜를 그는 일찍부터 알고 있었던 것이다.

패배자들

만일 내가 요나의 무덤을 지나게 된다면
거기 멈추어 잠시 앉아 있으리라.
나도 한 때는 어둠 속 깊은 곳으로 빠졌다가
다시 살아 나왔기에.

내가 네로Nero가 묻힌 곳을 지나간다면
바람에게 "아무려면 어때, 아무려면 어때!"하고 말하리라.
나는 하찮은 것에 정열을 다 바치고
아무 가치도 없는 것들을 위하여 그 잘난 재주를 부렸기에.

나는 신밧드의 무덤도 찾고 있다.
나는 그 유령의 손을 잡고
"우리 중 아무도 그리 빨리 죽지 않겠지?"하고 말하고 싶기에.

그리고 바벨론의 폭군 느부갓네살Nebuchadnezzar이 영원히 잠든 곳에서
바람에게 말하리라.
"당신은 풀을 먹었지만 나는 까마귀를 먹었다.
그런데 지금은 또는 내년에는 누가 더 나을까?"

나는 잭 케이드Jack Cade, 존 브라운John Brown, 제시 제임스Jesse James
의 무덤에도 잠시 앉아 있으려고 한다.
그리하여 그들의 묘석墓石에
"하느님, 모든 훌륭한 패배자들을 기억하게 해주소서."하고 말하고
싶다.

벨로 우즈Belleau Woods 전투의 집중 포화 속에서
부하들에게 "영원히 살고 싶으면 빨리 와!"하고 외쳤던 그 상사의 이름
으로 나는 사람들에게 그들의 머리에 재를 뿌리라고 말하고 싶다.

71

첫 단추가 잘못 끼워졌는지도 모른다

"이제 주님, 제발 저의 목숨을 거두어 주십시오. 이렇게 사느니, 죽는 것이 낫겠습니다." 주님께서 이렇게 말씀하셨다.

"너는 네가 수고하지도 않고 키우지도 않았으며, 하룻밤 사이에 자랐다가 하룻밤 사이에 죽어 버린 이 아주까리를 그토록 동정하는구나!

그런데 하물며 오른쪽과 왼쪽을 가릴 줄도 모르는 사람이 십 이만 명이나 있고, 또 수많은 짐승이 있는 이 커다란 성읍 니네베를 내가 어찌 동정하지 않을 수 있겠느냐?" (요나 4:3, 10-11)

요나는 니네베 사람들이 회개하여 하느님께서 그들을 돌보시는 것을 보고 언짢아서 죽여 달라고 기도했다. 또 벌레가 아주까리 나무 잎을 먹어 햇빛을 피할 수 없을 때도 죽여달라고 기도했다. 요나는 자비심이 없었고 개인의 안녕에만 신경을 썼다.

이 두 사건은 아무 관계가 없어 보이지만 주님께서 말씀하신 대로 보물이 있는 곳에 마음을 쏟은 점은 같다. (루카 12:34)

우리들은 마음을 열고 있느냐 닫고 있느냐, 마음이 따뜻하냐 차가우냐에 따라 우리들의 가치관, 기쁨, 생활양식이 달라지게 된다. 주님께서 분명히 말씀하셨다.

"여러분은 세상도 또 세상 안에 있는 것들도 사랑하지 마십시오.

누가 세상을 사랑하면, 그 사람 안에는 아버지 사랑이 없습니다." (1요한 2:15)

이는 아우구스티노 성인이 한 말과 같은 뜻이다.

"당신은 당신을 위해 우리를 만드셨습니다.

그래서 우리의 마음은 당신 안에서 안식을 찾기 전에는 늘 불안할 뿐입니다."

우리들이 하느님의 사랑을 받지 못하고 있으면 다른 사람들에게 사랑을 줄 수가 없게 된다. 그러면 완고하게 되어 자비심이 없어지게 된다. 우리들의 생활양식이 복잡하게 되고 돈이나 쾌락이나 편안함을 추구하면 할수록 집착이 강해지고 자비심이 없어지게 된다.

"우리들이 이기적으로 살수록 많은 사람들을 양심이 없고 신의가 없고 비정하고 무자비하게 만든다"는 것을 알아야 한다. (로마 1:31) 우리들은 낙태를 하고 노인을 죽이고 범죄를 저지르고 가난한 사람을 도외시하고 환락과 돈의 신에게 사람들을 희생시켜서 더욱 더 끔찍하고 무자비한 사회를 만들기 전에 우리들의 생활양식을 바꾸어야 한다.

루이스C. S. Lewis가 말했다.

"그분께 저항하여 내 마음대로 인생을 살려고 발버둥칠수록, 나는 물려받은 유전과 성장배경, 환경과 자연적인 욕망에 더욱 지배당하게 된다는 것을 깨달았습니다. 사실상 내가 그처럼 자랑스럽게 생각하던 '나 자신 Myself'은, 내가 시작하지도 않았고 중단시킬 수도 없는 수많은 사건들이 만나는 지점에 불과했습니다."

만약에 우리가 태어나자 마자 '말씀'으로부터 교육을 받고 자랐다면 이 세상에는 악이 없었을 것이라는 생각이 든다. 루이스는 자신의 유전과 성장배경, 환경과 욕망 때문에 하느님을 놓쳐버렸다는 것을 간접적으로 고백했다.

이런 맥락에서 보면 우리들 모두 어쩌면 첫 단추가 잘못 끼워졌는지도 모른다.

사도 바오로가 우리들의 이런 처지를 너무나 잘 표현하였다.

"그러나 나는 우리 주 예수 그리스도의 십자가 외에는 어떠한 것도 자랑하고 싶지 않습니다. **그리스도의 십자가로 말미암아, 내 쪽에서 보면 세상이 십자가에 못 박혔고 세상 쪽에서 보면 내가 십자가에 못 박혔습니다.**" (갈라티아 6:14)

72
주님의 친구분은 많지 않다

루이 에블리 신부님의 『사랑의 회복』에 다음과 같은 대목이 나온다. 그리스도교 집회에서 희생犧牲이란 단어가 나오기만 하면 회중의 얼굴에는 구름이 끼면서 갑자기 분위기가 차가워진다. 자기가 즐기는 것들, 돈지갑, 담배, 오락과 식도락 등을 빼앗기지 않을까 겁부터 먹는다. 그래서 되도록 하느님 생각은 안 하려고 애쓴다.
그 어른이 불쑥 무엇을 요구해 오실지 모른다는 마음에서다.
'희생'이란 단어는 박탈이나 손실, 또는 파괴의 의미가 아니다.
쉽게 풀이 하자면 **'봉헌'**, 즉 **'성스러운 것으로 만들다'**, **'무한의 가치를 부여하다'**는 뜻이다.

또 고통을 맛보기 위하여 금욕禁慾하는 것은 아니다. 그와 반대다. 현대적 금욕은 잠을 넉넉히 자고 노동시간과 직장활동을 적당히 조설함으로써 정신적 안정을 유지하는 것이라야 한다. 고된 일을 피하고 선선한 오락을 취하면서 괴기를 돌이켜보고 심신의 여유가 있어야 한다.

광신자狂信者들은 고행苦行으로 불우한 인생을 삶으로써 천국을 보장 받는 것으로 믿는다.
또 자유의 아들들은 마음껏 현세現世를 누리기로 하고 그 대신 하늘은 포기하겠다는 생활철학을 앞세우고 있다.

어떻게 된 셈인지 우리 그리스도교인들은 '기쁨'이란 것을 못미더워 한다. 의무와 노동조차도 그것이 마음에 들 때에는 당장 의심을 한다. 정말 '의무'라면 그렇게 마음에 들 리가 없다는 생각이 떠 오르기 때문이다. **심신이 밝고 쾌활해지면 왠지 불안해져, 알맞게 우울해질 때까지 '하느님 눈에 찰 만큼' 아플 때까지 자꾸만 자신을 꼬집고 때리고 못살게 군다.**

엄마가 주는 음식을 점잖게 사양하는 것이 엄마를 기쁘게 해드린다는 생각이 도대체 어떻게 나왔을까?
행복이 한 아름 주어지면 어쩔 줄 몰라 불안해 하고 거북한 태도를 짓는 것은 하느님을 잔인하고 오기가 많은 분으로 여기는 소치다.
따라서 무엇을 '금욕'하여 그 어른께 바치겠노라는 심리의 밑바닥에는 일종의 공포증, 그 어른에게서 자신을 보호해야겠다는 초조감이 흐르고 있다.

고생 그 자체가 하느님 마음에 든다면야 "너희는 서로 괴롭혀라!"고 하실 것이지 구태여 "너희는 서로 사랑하라!"하셨을 까닭이 없지 않은가?
자기의 희생을 손가락 꼽아 가며 셈하는 것은 하느님을 잔인한 신으로 대접하는 불손이며, 자기의 도덕적 수도에 하느님을 수단으로 부리는 어리석음이다.
자기가 바친 희생을 계산하는 사람은 결코 하느님을 만나 뵙지 못할 것이다. 그분은 우리가 당신 솜씨를 보고 좋아하는 모습만으로 기뻐하신다.
그 어른 솜씨가 훌륭하다고 한다면 찬미가가 된다. 당신의 바람은 우리가 좋아라 뛰놀며 당신 업적 안에서 당신이 얼마나 선하신지를 거울처럼 들여다 보는 것이다.
"아버지, 아버지께서는 언제나 제 말을 들어주심을 저는 알고 있나이다!"
이보다 더 자녀다운 기도는 없다. 그러나 우리 가운데 누가 감히 이런 기도를 올릴 엄두를 낼까? 그렇지만 이런 기도를 바치게 되기 전에는 진정 하느님의 아들이라 자부하지 마라.
"아버지, 아버지의 것은 모두 제 것입니다." 이 기도야말로 아름다운 태도에서 우러나오는 기도다. 이러한 기도에다 **"아버지, 제 모든 것은 모두 아버지의 것입니다."**하고 덧붙이게까지 되려면 하느님 아버지의 사랑에 철저히 젖고 철저히 관통된 다음일 것이다.

우리의 첫째 가는 본분은 좋아라 날뛰고 고마워 어쩔 줄 모르며 울다가 웃고 고함을 지르다가 돌연 그 어른의 손에 입맞추며 무엇인가 골똘히 생각하다가 또 다시 티없는 웃음을 터뜨리는 일들이다.

하느님을 위해 무엇을 희생한다는 것은 우리에게 가장 값나가는 귀중품을 그 어른께 맡길 만큼 되었다는 뜻이다. 그 귀중품이 영원하신 하느님 손 안에 있어 비로소 이제 안심이 된다는 뜻이다. 사람에 대해서도 같은 말을 하면 안 될까? 그 사람을 위하여 '희생'하고 그 사람을 거룩하고 영원하게 한 것보다 더 잘 사랑하는 길이 있을까?"

"지상의 재물을 하느님이 어떻게 보시는지 알고 싶거든 그걸 누구한테 주시는가 잘 보시오. 그리고 당신이 극진히 위해주시는 사람들에게 무엇을 주시는가도 잘 보아 두시오."

열 두 사도도 순교하거나 귀양가서 죽었다.
아빌라의 데레사에게 멋진 일화가 있다
강을 건너다가 하마터면 빠져 죽을뻔한 사고가 생겼다.
그녀가 그 일을 두고 주님께 역정을 내자 주님 말씀이 천연덕스러웠다.
"데레사, 그게 내가 내 친구를 대하는 버릇임을 모르는가?"
데레사가 당장 받아 넘겼다.
"압니다. 그래서 주님께서는 그처럼 친구분이 적으시답니다."
영국의 오스왈드 챔버스Oswald Chambers, 1874-1917 목사가 솔직히 털어놓았다.

"우리는 처음 제자가 되었을 때는 마치 예수님에 관해 모든 것을 안다고 생각합니다.

그분을 위해 모든 것을 버리는 것을 신선한 기쁨으로 여깁니다.

그러나 세월이 흐르면 점점 확신이 약해집니다.

그분께서는 앞서 가고 계시며 그분의 표정은 낯설게 느껴집니다.

예수님에게는 제자의 마음 깊은 곳을 서늘하게 만들고

영적인 삶 전체를 숨막히게 하는 면이 있습니다.

얼굴이 '석고石膏처럼 굳어버린' 이 낯선 존재와 그의 단호한 결단력은 나를 당혹스럽게 합니다. 그분은 더 이상 위로자나 친구가 아닙니다. 그분은 내가 지금까지 전혀 알지 못했던 모습으로 다가오시기에 나는 너무 놀랐습니다.

처음에는 그분을 잘 안다고 자신만만했지만 이제는 그런 확신이 사라졌습니다.

나는 이제 예수 그리스도와 나 사이의 거리를 깨닫기 시작했습니다.

더 이상 그분과 친밀한 관계가 아니었습니다.

그분께서는 나보다 앞서 가시지만 결코 방향을 바꾸지 않으십니다.

그분이 어디로 가시는지 전혀 알 수 없었으며, 목표점은 이상할 정도로 멀어져 버렸습니다."

73
저는 아니겠지요

예수님께서 제자들에게도 말씀하셨다. "어떤 부자가 집사를 두었는데, 이 집사가 자기의 재산을 낭비한다는 말을 듣고 그를 불러 말하였나. '자네 소문이 들리는데 무슨 소린가? 집사 일을 청산하게. 자네는 더 이상 집사 노릇을 할 수 없네.'

그러자 집사는 속으로 말했다. '주인이 내게서 집사 자리를 빼앗으려고 하니 어떻게 하지? 땅을 파자니 힘에 부치고 빌어먹자니 창피한 노릇이다. 옳지, 이렇게 하자. 내가 집사 자리에서 밀려나면 사람들이 나를 저희 집으로 맞아들이게 해야지.' 그래서 그는 주인에게 빚진 사람들을 하나씩 불러 첫 사람에게 물었다. '내 주인에게 얼마를 빚졌소?'

그가 '기름 백 항아리요.'하자, 집사가 그에게 '당신의 빚 문서를 받으시오. 그리고 얼른 앉아 쉰이라고 적으시오.'하고 말하였다. 이어서 다른 사람에게 '당신은 얼마를 빚졌소?'하고 물었다. 그가 '밀 백 섬이오.'하자, 집사가 그에게 '당신의 빚 문서를 받아 여든이라고 적으시오.'하고 말하였다. 주인은 그 불의한 집사를 칭찬하였다. 그가 영리하게 대처하였기 때문이다. 사실 이 세상의 자녀들이 저희끼리 거래하는 데에는 빛의 자녀들보다 영리하다."

"내가 너희에게 말한다. 불의한 재물로 친구들을 만들어라. 그래서 재물이 없어질 때에 그들이 너희를 영원한 거처로 맞아들이게 하여라. 아주 작은 일에 성실한 사람은 큰일에도 성실하고, 아주 작은 일에 불의한 사람은 큰일에도 불의하다.

그러니 너희가 불의한 재물을 다루는 데에 성실하지 못하면, 누가 너희에게 참된 것을 맡기겠느냐?

또 너희가 남의 것을 다루는 데에 성실하지 못하면, 누가 너희에게 너희의 몫을 내주겠느냐?"

"어떠한 종도 두 주인을 섬길 수 없다. 한쪽은 미워하고 다른 쪽은 사랑하며, 한쪽은 떠받들고 다른 쪽은 업신여기게 된다. **너희는 하느님과 재물을 함께 섬길 수 없다.**" (루카 16:1-13)

대부분의 사람들은 이 우화를 보고는 이해를 하지 못하여 "어렵다", "이해하지 못하겠다", "비도덕적이다"하고 말한다. 옛날의 성경학자들도 이해하지 못하여 끙끙댔다.

그러나 아우구스티노 성인은 "집 주인이 불의한 집사를 칭찬한 것을 예수님께서 비꼬아서 하신 말씀이었습니다."하고 말했다. 성경학자들은 도덕적인 면에만 신경을 썼기 때문에 전체적인 맥락을 이해하지 못했다. 심지어 초대교회의 성경학자들도 오늘의 이 복음 말씀을 제대로 해석하지 못했다.

이 우화는 아주 서글픈 이야기를 하고 있다. 세상에 어둠만 있고 아무런 빛이 없음을 개탄하고 있는 것이다. 그 당시 팔레스타인 지방에서는 부채를 돈이 아니라 친절로 갚는 수가 많았다. 집사는 사기꾼이었지만 채권자는 그런 사기꾼과 함께 일하는 것을 좋아했다.

집사는 '친절'을 앞세워 자신의 위기를 모면했지만, 채권자는 충격을 받기는커녕 악한처럼 오히려 사기꾼의 총명함을 칭찬하였다. 아예 돈을 못 받는 것보다 조금이라도 받는 것이 이익이었기 때문이었다.

이를 어떻게 받아들여야 할까?

어떤 사람은 이 세상에는 착한 사람과 악한 사람의 두 종류의 사람만 있다고 말했다.

그는 많은 사람들이 서양영화에서 보는 것처럼 **세상에는 하얀 모자를 쓴 착한 사람과 검은 모자를 쓴 악한만 있다**고 말했다.

그들은 스스로를 항상 착한 사람이라고 생각하고 하느님과 예수님을 가까이 모시고 살고 있다고 자부하고 있었다. "저는 악한 사람이 아니겠지요?"하고 생각하고 있었던 것이다.

모든 복음에서는 예수님께서 살아계실 때에도 '착한' 사람들 편을 들지 않는다는 것을 그들에게 보여주고 있다. 예수님께서는 아무 편도 들지 않았다. 그러나 그 당시에 "십자가에 못박으시오!"하고 외치던 사람들만 있었던 것처럼 오늘날에도 '착한' 사람은 거의 없는 것이 현실이다.

그들은 하느님께서는 덕德이 있는 사람들을 사랑하시고 죄인들은 미워하신다고 생각하고 있었다. 죄인들이 하느님의 적敵이었으므로 죄인들은 덕이 있는 사람들의 적도 되었다. 어떤 종교든 악한들과 선한 사람들을 다루고 있다.

그러나 예수님께서 죄인들과 함께 하신 것은 죄인들을 두둔하거나 종교를 파괴하려고 했던 것이 아니라 죽음으로 대가를 치르셨다. 예수님께서 "원수를 사랑하라"고 하셨다. 성직자들은 이를 "하느님의 적을 사랑하라"는 말씀으로 해석했다. 그런데 전혀 회개할 기미가 없는 사람도 사랑할 수 있을까? 예수님께서는 오히려 이방인들과 죄인들에게서 '착함'을 보셨다. 그 당시에 이는 이단異端의 소치였다. 그러나 예수님께서는 실제로 죄인들과 함께 지내셨다. 그런데 이 우화에서 예수님께서는 왜 집사 대신에 죄인들을 말씀하시지 않았을까? 예수님께서는 비록 지금은 죄인이지만 언제까시나 죄인이 아닐 것이라는 것을 믿으셨던 것이다. 얼렁뚱땅 얼버무리면서 시나가려고 하셨던 것이 결코 아니었다.

이는 "가거라. 그리고 이제부터 다시는 죄짓지 마라."고 하신 말씀을 보면 잘 알 수 있다. (요한 8:11)

그러나 예수님의 진정한 제자라면 죄인이나 '사람이 아닌 짐승'으로부터 아무것도 배울 것이 없다고 말하지 않을 것이다.

한 스승이 수백명의 제자들을 거느리고 있었다. 기도 시간이 되면 술주정뱅이였던 한 제자만 빼놓고 모든 제자가 기도를 했다. 그런데 스승이 죽어가면서 술주정뱅이 제자를 곁으로 불러서 그의 심오한 지혜를 전수해주었다. 그리하여 다른 제자들이 몹시 반발하자 스승이 말했다. "나는 내가 잘아는 사람에게 나의 지혜를 넘겨줄 수밖에 없었다. 나머지 너희들도 모두 덕이 있게 보였지만 **너희들은 허영과 교만과 편협함을 숨기고 있었을 뿐이다.** 그래서 **내가 보기에 결점이 있어보이는 제자는 이 사람밖에 없어 보이길래 그를 선택했다.**"

이 스승은 루미의 『마스나비』에 나오는 '타산지석他山之石의 진리'를 말한 것이다.

> 의사는 부상당한 사람이 부러진 뼈를 붙여 주기를 바라기 때문에 부상당한 곳을 고쳐준다. 상처가 없다면 어느 누가 다른 사람의 도움을 바라겠는가? 상처가 없으면 약도 아무 소용이 없는 법이다. 동전의 흠을 아무도 발견하지 못한다면 누가 연금술의 가치를 말하겠는가?
> **결함은 완전함의 가장 순수한 빛을 생각하게 만든다. 결함은 하느님의 영광과 권능을 비춰준다. 이와 같이 만물은 반대되는 것 때문에 드러나게 된다. 벌꿀의 맛이 있기 때문에 식초는 신 맛을 드러내게 된다.**
>
> 자신의 잘못을 아는 사람은 완전함을 찾아 급히 뛰어가지만, 너희들처럼 자신이 완전하다고 생각하면 하느님을 떠나 너무나 멀리서 방황하게 되므로 멀리 계신 하느님에게 손을 내밀 생각을 하지 못하게 된다. 자신이 완전하다고 생각하는 것이 가장 나쁜 것이다.
>
> **잘못이 있으면 자랑하여라. 이것을 가장 먼저 배워야 한다. 자만심을 완전히 없애기까지는 너희의 마음과 눈에서 많은 피를 흘리게 될 것이다. 사탄은 하느님의 명령에 복종하지 않은 자신의 잘못을 인정하지 않고 "자신이 잘났다"고 주장했지만 모든 창조물에게도 이와 같이 뻔뻔스러운 면이 있다.**
> 모든 창조물은 자신을 유순하게 보이려고 하지만 그들의 안에는 똥이 있어서 악취를 풍기고 있다. 만약 시험 삼아 주님께서 그들을 빙빙 돌

리신다면 그들의 몸은 즉시 갈색으로 변하고 말 것이다. 너희 안에는 보이지 않는 똥이 깊숙이 자리잡고 있다.

그러나 너희 눈에는 그것이 깨끗하게 보일 것이다.

모든 것을 알고 있는 스승은 속인俗人들을 우주의 영혼으로 인도하는 특별한 역할을 한다. 속인들은 스스로를 깨끗하게 하지 못한다. 따라서 하느님의 지혜로부터 많은 도움을 받아야 한다. 칼이 자신의 칼자루에 어떻게 흠을 낼 수 있겠는가? 외과의사는 너희가 적으로부터 받은 상처를 꿰매어 준다. 파리들이 사람들의 상처에 몰려들지만 아무도 자신의 상처의 더러운 곳을 보지 않으려고 한다. 파리들은 상처를 즐기지만 상처는 너희의 내면에 어둠을 만든다. 스승은 너희를 치료하기 위하여 너희가 아파하고 비통하게 생각하는 상처에 고약을 발라준다. 그러나 고통이 영원히 사라졌다고는 생각하지 말아라! 고약은 마치 한 줄기의 빛처럼 일시적으로 붙여진 데 불과하다. 그러나 어리석은 자여, 고약으로부터 다시는 도망치지 말아라. 너희가 아니라 스승의 빛이 고통을 어루만져줄 것이다.

"건강한 이들에게는 의사가 필요하지 않으나, 병든 이들에게는 필요하다.

나는 의인이 아니라 죄인을 부르러 왔다." (마르코 2:17)

74
용서에 관한 14가지 질문

1. 용서란 무엇인가?

용서란 우리들에게 해악을 끼친 다른 사람의 죄 때문에 입은 **상처를 없애주시는 하느님의 은총을 받아 들이도록 우리들이 결심하는 것**이며, 죄를 저지른 사람에게 **자비와 사랑의 행동으로 표현하는 것**이다. (루카 15:20-24 참조)

"용서란 잃었던 자유를 되찾는 것이다.

이는 마치 자신의 마음 속에 있는 지옥문의 열쇠를 자신의 손에 쥐고 있는 것과 같다." (교황 요한 바오로 2세)

2. 얼마나 많이 용서해야 하는가?

7×70, 즉 무한하게 그리고 항상 용서해야 한다. (마태오 18:22 참조)

3. 내가 용서하지 못할 죄가 있는가?

없다. 주님께서는 우리들이 성폭행, 살인, 욕설, 간음까지도 용서하기를 바라신다.

죄를 지은 사람의 성격이나 태도 동기를 보고 그 사람을 용서해서는 안 된다.

우리는 이러한 죄를 판단하려고 해서는 안 된다.

4. 용서한다는 것은 죄를 묵과한다는 것인가?

아니다. 주님께서는 우리들의 모든 죄를 용서하지만 묵과하지는 않는다. 시쳇말로 봐주시는 것은 없다. (요한 8:11 참조)

5. 나에게 상처를 주고도 사과하지 않는 사람도 용서해야 하는가?

그렇다. **용서는 먼저 주는 것이다before-giveness.**

즉 용서를 구하기 전에 용서를 하거나 용서를 구하지 않아도 용서해 주어야 한다.

6. 나에게 끊임 없이 상처를 주어도 용서해야 하는가?

그렇다. 예수님께서 십자가에 매달려 계실 때 계속하여 침을 뱉고 신성모독을 하는 원수조차도 용서하셨다. (루카 23:34)

7. 용서할 때 가시 돋친 말을 해도 되는가?

아니다. 자유의지로 하느님의 말씀에 순종하고 적대감이 없어야 한다.

용서하지 않으면 그 사람이 무책임한 행동을 하도록 만드는 협조자가 된다.

8. 어떻게 용서해야 하는가?

아무도 자신만의 힘으로는 용서할 수 없다.

"잘못을 저지를 수밖에 없는 것이 인간이므로 신성하게 용서해야 한다."

그러나 우리는 절대로 신성할 수는 없다.

그러나 주님께서는 당신의 신성한 권능으로 손수 용서해 주신다.

따라서 **용서는 하느님께서 용서해 주는 은총을 받아들일 것을 결심하는 것이다.**

9. 용서하고 싶지 않을 때는 어떻게 해야 하는가?

기도하면서 주님께 우리들의 마음을 바꾸게 해달라고 요청해야 한다.

10. 바로 용서해주어야 하는가?

즉시 용서해주어야 한다. (마태오 5:25)

우리는 스스로 만든 감옥 안에 있다.

용서하지 않으면 하느님과의 관계를 유지할 수가 없다.

11. 용서하고도 잊지 못하면 어떻게 되는가?

잊지 못한다는 것은 건망증이 없다는 뜻이 아니고
상처를 잊지 못하는 가시가 남아 있다는 뜻이다.

잊지 못하면 치유를 받아야 하며 진정으로 용서하도록 해야 한다.

12. 자기 자신을 어떻게 용서해야 하는가?

성경에는 자기 자신의 용서에 대한 구절이 없다.
자신을 용서하지 못한다는 것은 다른 사람을 진심으로 용서하지만
그 사람으로부터 치유의 기도를 받지 못하여 걱정하는 병이다.

13. 용서하지 못하면 어떻게 되는가?

① 우리 안에 악마가 날뛸 수 있는 기회를 주는 것이 된다. (에페 4:27)

② 고문하는 사람에게 자신을 넘겨주는 것이 된다. (마태오 18:34)
두려움, 외로움, 우울, 동요, 걱정, 자기 증오는 일종의 고문이다.

③ 용서 받지 못하게 되고(마태오 6:12, 15), 치유 받지 못하게 되고(집회서 28:3), 기도하지 못하게 되고(마르코 11:25), 믿지 못하게 되고(마태오 5:23-24), 공동체에 참여하지 못하게 된다.

④ 기도할 의욕과 성경을 읽으려는 열정이 사라지고 미사참례를 게을

리하게 되고 그리스도인이라는 연대의식이 희미하게 된다. 그리하여 **영적인 불감증에 걸리게 된다.**

⑤ 용서를 하지 않으면 하나님과 영원히 헤어지게 되며 파멸하게 된다.

14. 용서 받았다는 것을 어떻게 알 수 있는가?

용서는 감정이 아니라 결심이다.

더구나 용서는 우리를 해친 사람을 위하여 기도하는 것도 아니요 그들을 정중하게 대하는 것도 아니다.

우리들이 용서하기로 결심하고 우리를 해친 사람에게 사랑과 자비의 행동을 보일 때 비로소 용서 받은 것을 알 수 있다.

예를 들면 탕자의 아버지는 그가 집으로 돌아 왔을 때 탕자를 껴안고 키스하고 선물을 주고 존중하고 잔치를 해주었다. (루카 15:20-24)

우리들은 하나님의 은총에 따라 탕자의 아버지처럼 해야 한다.

용서 받을 사람이 죽었을 때에는 그의 유가족에게 사랑과 자비를 베풀어야 한다.

지금 당장 당신을 해친 사람을 용서하는 은총을 하나님께 구하는 결심을 하라.

하느님의 은총에 따라 나는 XX를 용서한다고 말하여라.

모든 사람을 용서할 때까지 이 말을 계속하여라.

그리고 난 다음에 **용서의 기적에 대하여 예수님께 영원히 감사하라.**

출처 www.presentationministries.com

75

세상에서 가장 어려운 일 - 용서

그때에 베드로가 예수님께 다가와, "주님, 제 형제가 저에게 죄를 지으면 몇 번이나 용서해 주어야 합니까? 일곱 번까지 해야 합니까?"하고 물었다. 예수님께서 그에게 대답하셨다.

"내가 너에게 말한다. **일곱 번이 아니라 일흔 일곱 번까지라도 용서해야 한다.**" (마태오 18:21-22)

만나도 아무 말도 하지 않는 두 사람을 생각해보자.

그들은 만나자마자 서로 노려보면서 얼굴이 굳어지고 몸이 경직되어 마치 시체처럼 되어버린다. **용서를 하지 않으면 영원한 생명이 멈추게 되어 마치 죽은 사람처럼 되기 때문이다.**

우리는 예수님께서 말씀하신 대로 무한히 용서해야 한다. 예수님께서 양들이 생명을 얻고 또 얻어 넘치게 하려고 이 세상에 오셨다고 말씀하셨기 때문이다. (요한 10:10)

어떤 사람들은 용서하지 않으면 힘이 센 것 같아 보이고 용서하면 약하게 보이는 것 같다고 말한다. 그러나 이는 반대이다.

간디는 "약한 사람은 용서를 할 수가 없습니다. 용서는 강한 사람만이 할 수 있습니다."하고 말했다.

용서는 하느님만이 하실 수 있는 것이다. 용서는 하느님의 권능에 속하며 사람은 할 수가 없는 것이다. 누구의 잘못인가는 오직 하느님만이 판단할 수 있다. 벌罰도 하느님만이 줄 수 있는 것이다.

그래서 불교에서는 사람이 어떻게 사람을 용서할 수 있느냐고 말한다.

따라서 용서를 하려면 하느님께서 용서해주시기를 청하는 수밖에 없다.

그래서 미국의 시인 롱펠로우Longfellow는 "머뭇거리면서 하는 감미로운 말로 쓰여진 이 영원한 말씀의 편지.

땅에서는 이를 용서라 부른다!"고 노래했다.

또 예수님께서는 죄인을 해방시키기 위하여 이 세상에 오셨다고 말씀하셨다. (루카 4:18)

나의 것은 죄밖에 없기 때문에 우리 모두 죄인이다. 용서는 적의敵意를 품고 있는 사람을 자유롭게 하는 것이기도 하지만 자기 자신을 해방시키는 일이기도 하다.

이기적으로 생각해도 용서하는 것이 자신에게 이익이다. 용서하지 않아 쌓인 분노는 고스란히 자신에게 화禍를 미치기 때문이다. 벌을 주고 용서할 수 있는 분은 하느님밖에 없다.

하느님을 무시하고 설치는 우愚를 범하지 말아야 한다.

아우구스티노 성인은 오늘 복음에 나오는 "일흔 일곱"이라는 숫자를 독특하게 해석했다. 성인은 루카 복음(3:23-38)에 나오는 예수님의 족보族譜에 예수님으로부터 아담에 이르기까지 오름차순으로 이름이 나오는 것을 일일이 세어보고 말했다.

"루카 저자는 그리스도부터 우리들의 조상이며 우리들을 죄인으로 만든 첫 번째 죄인인 아담까지 나열했습니다. 자그마치 일흔 일곱 세대를 거슬러 올라 갔습니다!

따라서 복음서에 기술되지 않은 세대가 없다면 우리는 당연히 일흔 일곱 세대의 죄인들을 용서해야 합니다."

이 숫자는 많은 것 같지만 모든 후손들이 조상들이 지은 죄에 대한 용서의 은총을 받아야 한다는 것을 말하고 있다. 용서하지 못하고 죽은 조상들이 많다는 말도 된다.

땅에서도 풀지 못하고 하늘에서도 풀지 못한 그 업業이 어디로 가겠는가?

실제로 많은 사람들이 부모나 조상으로부터 물려받은 가정교육이나 악습惡習들을 모르고 사는 경우가 많다. 이른바 업業으로 제2의 본능처럼 되어 있기 때문에 자신도 모르게 가족이나 다른 사람에게 상처를 주거나 죄를 짓는다.

대부분 육체적, 정신적으로 건강하지 못한 몸으로 태어났기 때문이다.

칼 융이 말했다. "우리는 스스로 거부한, 안에 숨겨놓고 싶은 그림자를 다른 사람들에게 투사投射하면서 그것을 자신과 분리시킨다. 그리고 분리된 그림자로 나타나는 타인들을 두려워하고 싫어하고 불편해한다. 그러다 두 번째 단계로 넘어가는데, 이러한 타자他者들을 극단적으로 소외시키다 악마화하는 과정이다."

사람들은 '단지 자신과 다르다'는 이유로 다른 사람을 두려워하고 미워하고 불편해 한다. 용서하지 못하고 점점 더 미워한다. 자기 자신은 떳떳하고 남은 그렇지 못하다는 편견이 굳어진다. 그리하여 이웃이 되지 못하고 남을 만들면서 악마로 둔갑시키기도 한다.

과연 자기 자신은 떳떳한가?

예수님께서는 "너희 가운데 죄 없는 자가 먼저 저 여자에게 돌을 던져라."고 하셨다. (요한 8:8) 그러나 아무도 돌을 던지는 사람이 없었다. 그러나 국회의원들은 청문회에서 마구 돌을 던지고 있다.

76

우연은 없었다

후고後考

태고엔 고요함만 있었으나
보시기에 좋을 것 같아
바람도 지으시고
비구름도 지으시고
웃음도 지으시고
고통과 함께 기쁨과 평화를 지으셨지만
이 모든 것을 우연으로 착각하게 만드셨다.

한참 후
인간을 만드신 것을 후회하시고
인간으로 하여금 악을 만들게 하시고
지옥을 만들게 하셨다.
그리고 슬픔과 눈물을 만드신 다음
하늘나라의 존재를 다시금 일깨워주셨다.

고통을 통하여 기쁨을 드러내도록
괴로움을 통하여 감추어진 것들을 드러내도록 하셨지만,
끝내 기쁨을 알지 못하고
다른 피조물에는 악惡이 없다는 것을
하늘나라에 가서야 깨달았다.

새가 울지 않고 노래한다는 것과
섭리가 사실로만 남는다는 것을 그제서야 깨달았다.
섭리에 굳이 신神을 개입시킨 것을 후회하기도 했다.
그리고 이 모든 것들이 시간 밖에서 이루어졌음도 알았다.

77

세발 자전거

우리들은 왜 그토록 현상유지status quo만 하려고 할까?

에고가 가장 싫어하는 것이 '변화'이므로, 대부분 사람은 그냥 살아남기 위하여 죽치고 앉아있는 것 같다.

그리하여 어린 시절 폭행을 당했거나 억압을 당했거나 어떤 이유로든 일단 자기를 지켜야 했던 사람들은 변화만 아니면 무엇이든지, 심지어는 자기가 가장 좋아하는 것을 포기하는 일까지, 감수하려고 한다.

중독자 또는 규율이 엄한 어떤 집단에 속한 사람들을 눈여겨보아라.

'에고ego'는 '눈멂blindness'을 뜻하는 다른 말이다.

나는 에고를 '눈에 띄지 않은 자아the unobserved self'라고 부른다.

일단 에고의 정체가 발각되면 게임은 끝나고 말기 때문이다.

에고는 눈에 띄지 않아야 한다.

자신을 지키려면 위장을 잘해야 한다.

악惡은 언제나 거부와 위장에 의존한다.

그래서 항상 그럴듯하게 "천사의 탈을 쓰고 나타난다." (2코린토 11:14)

에고 자체가 악한 것은 아니다. 그러나 자신도 모르게 우리를 악으로 이끌 수 있다.

바오로 사도는 '에고'를 '육肉'이란 말로 표현했다.

악이 성공하려면 어떻게든지 근사한 덕목처럼 보여야 한다.

자신의 착각을 보지 못하게 하고 오히려 스스로 완벽하게 보고 있다고

확신하게 만든다.

바로 여기에 회심과 영적 변화를 가로막는 결정적 장애가 있다.

대부분 회개했다는 사람들에게 주어진 것은 '**새로운 마음**different mind'이 아니라 다른 행위, 다른 신조, 다른 체제들이다. 그런데 우리를 먹여 살리는 건 그것들이 아니다.

우리를 바꿔놓는 건 더욱 아니다. 하지만 그것들은 우리가 이미 있는 곳에서 우리를 변함없이 안전하게 하고 힘 있게 한다. 그것을 일컬어 '**인생 전반부**前半部**의 임무**the task of the first half of life'라고 말하는 이들이 있다. 그렇다.

마땅히 지켜야 하는 것으로서 주어지는 일정한 행동거지와 신조들은 좋은 것이고 출발점에서는 필요한 것들이다. 그러나 그것들을 너무 떠받들면 머잖아, 유사시에 숨는 곳으로 되고 만다.

바오로의 말에 따르면 그것들은 우리로 하여금 하느님의 길을 가지 못하게 하는 '감시자'에 지나지 않는다. (갈라티아 3:24)

나는 그것을 '**세발 자전거**training wheels'라고 부른다.

너무 오래 동안 타게 되면 자전거의 가치와 위력을 알지 못하여 '두발 자전거'를 탈 수 없게 되고 만다.

많은 사람들이 세발 자전거에서 내려오지 못하고 있다.

세발 자전거를 타고 있는 어른들의 모습이란 꼴불견이 아닐 수 없다.

리처드 로어(Richard Rohr) 신부님의 『The Naked Now』 중에서

사람들은 누구나 무사안일無事安逸을 바라고 위험을 떠 안으려고 하지 않는다. '쟁기를 잡고 자꾸 뒤를 쳐다 보는' 우리들은 '세발 자전거'를 타고 다니는 것과 다름이 없다. 그러나 하느님께서는 자신이 원하지 않는 곳으로 끌고 가신다. 이제 그만 '세발 자전거'를 버리고 '두발 자전거'를 타라고 하신다.

바오로 사도는

'모든 인간은 죄를 지어 하느님의 영광을 잃었지만

그리스도의 은총으로 의롭게 되고 속죄는 믿음으로만 얻어진다'고 했다. (로마 3:23-25 참조)

성모 마리아는 하느님의 말씀을 거부하지 않고 항상 "제게 이루어지소서Fiat."함으로써 하느님의 은총을 받고 의롭게 되었다.

마리아는 굴러온 복을 결코 차버리지 않았다.

78

징검다리

그때에 율법학자 한 사람이 예수님께 다가와,

"모든 계명 가운데에서 첫째가는 계명은 무엇입니까?"하고 물었다. 예수님께서 대답하셨다.

"첫째는 이것이다. '이스라엘아, 들어라. 주 우리 하느님은 한 분이신 주님이시다.

그러므로 **너는 마음을 다하고 목숨을 다하고 정신을 다하고 힘을 다하여 주 너의 하느님을 사랑해야 한다.**'

둘째는 이것이다. '**네 이웃을 너 자신처럼 사랑해야 한다.**' 이보다 더 큰 계명은 없다."

그러자 율법학자가 예수님께 말하였다.

"훌륭하십니다, 스승님. '그분은 한 분뿐이시고, 그 밖에 다른 이가 없다.'하시니,

과연 옳은 말씀이십니다. 또 '마음을 다하고 생각을 다하고 힘을 다하여 그분을 사랑하는 것'과 '이웃을 자기 자신처럼 사랑하는 것'이 모든 번제물과 희생 제물보다 낫습니다."

예수님께서는 그가 슬기롭게 대답하는 것을 보시고 그에게,

"너는 하느님의 나라에서 멀리 있지 않다."하고 이르셨다.

그 뒤에는 어느 누구도 감히 그분께 묻지 못하였다. (마르코 12:28-34)

오늘의 복음에서는 예수님과 율법학자가 다정스럽게 대화하는 모습을

보여주고 있는데 바로 앞의 사두가이들과 예수님의 부활논쟁(마르코 복음 12:18-27)과는 전혀 딴 판이다. 예수님과 율법학자가 서로 칭찬하고 있다.

부활논쟁이 우리들의 기우杞憂였음을 보여주고 있다.

그러나 부활논쟁은 오늘 복음의 징검다리 역할을 한다.

징검다리를 만드는 것은 매우 중요한 일이다.

징검다리는 다른 편으로 건너갈 수 있게 해주며 소망을 갖게 해준다.

징검다리는 돌을 사람의 보폭步幅에 맞게 듬성듬성 놓아 개울을 건널 수 있게한 가장 원시적인 다리였다.

과거에는 이 징검다리가 **사람들이 소통하고 왕래하기 위한 가장 기본적인 것이었으며 마을과 마을을 연결해주는 역할을 했다.**

시에나의 성녀 카타리나St. Catherine of Siena는 그리스도를 징검다리로 표현했다.

성녀는 하느님 아버지께서 "나의 아들이 너희들과 함께 살 수 있게 내 아들로 징검다리를 만들었다. 그 살아있는 다리가 보이지 않더라도 나의 권능과 내 아들의 지혜와 성령의 자비가 담겨져 있는 그의 가르침의 징검다리는 **영원히** 남아 있을 것이다."고 하는 말씀을 들었다.『Dialogue』 중에서

징검다리는 연결하는 역할을 할뿐더러 단절하는 역할도 한다.

마음이 다리를 건너는 것은 식은 죽 먹기다. 단절은 부정적인 모습을 나타낸다.

오늘날 많은 사람들이 부정적인 마음으로 살고 있다.

모험을 하지 않고 현상유지만 하려고 하기 때문이다.

징검다리를 만들어서 주님께 건너가고 주님께서 건너 오시도록 해야 한다.

"나에게 구원을 청하여라. 그러면 내가 너에게 대답해 주고, 네가 몰랐던 큰일과 숨겨진 일들을 너에게 알려 주겠다. Call to me, and I will answer you; I will tell to you things great beyond reach of your knowledge)." (예레미야 33:3)

79
눈치를 보고 사는 사람들

사랑을 모르고 사랑하지 않고 살면 다른 사람의 눈치를 보고 살게 되는 것 같다.

이렇게 눈치를 보고 사는 사람을 만나고 오면 무척 피곤하다.

카릴 하우스랜더Caryl Houselander 1901-1954)가 그녀의 책 『Wood of the Cradle, Wood of the Cross』에서 그 이유를 잘 설명하고 있다.

그래서 나는 이 책을 무척 좋아한다.

많은 사람들이, **"단순함은 어리석음이 아니다"**고 생각하며 그렇게 가르치기도 한다. **단순함은 '복잡하지 않는 것', '이중적이지 않은 것', '자기 자신이나 남을 속이는 것'이 아니다.**

남에게 단순하게 보이려면 무엇보다도 먼저 자기 자신을 있는 그대로 보아야 한다. **단순하게 되면, 겸손하게 되고, 다른 사람들이 우리의 있는 그대로를 받아들이게 되고, 자비를 베풀게 된다.**

다른 사람에게 단순하기를 즉 복잡하지 않기를 바라는 사람들은 결과적으로 다른 사람의 삶을 풍요롭게 만든다.

사람들이 삶을 포기하거나 낙담하거나 정신적으로 피곤하게 느끼게 되는 주된 이유는 우리가 그들에게 복잡한 요구를 하기 때문이다.

많고 적음의 차이는 있지만 모든 사람들은 다른 사람으로부터 에너지를 받는다. 마찬가지로 모든 사람들은 우리와 관계에서 그 에너지를 요구한다.

사람들과의 관계에는 공평하게 서로 주고 받게 하는 정상적인 요구와, 손해를 느끼게 하는 비정상적인 요구가 있다.

많은 에너지를 쓰게 만드는 사람들도 있게 마련이다.

이런 사람을 아는 데에는 비싼 대가를 치를 수밖에 없다.

비정상적일 정도로 많은 심리적 에너지를 갖고 있지 않으면 이내 지쳐 버리게 되기 때문이다. 반면에 어떤 사람은 거의 요구하지도 않으며 어떤 사람은 주기만 한다.

이렇게 비싼 대가를 요구하는 사람들은 단순하지 않아 복잡한 요구를 하기 때문에, 이런 사람들을 만나게 되면 고민해 보지 않고 즉각적으로 또 단순하게 응답을 할 수가 없게 된다. 이들은 복잡한 요구를 하는 것을 당연하게 여긴다.

이들은 믿을 수도 없고, 성 잘 내고, 지나치게 예민하고, 자기 자신을 과장하거나, 제2의 천성이 되어버린, 결코 자신의 모습이 아닌, 허식을 보이는 사람들이다.

이러한 사람들과 관계를 맺고 살 수밖에 없을 때가 많다.

그들은 자신이 말하는 것을

다른 사람들이 확신하지 못하는 모습을 보게 되면 무척 당황한다.

이러한 사람들과의 관계는 오래 지속되지 못한다.

그들의 감정을 상하게 하거나 그들의 권위를 거스르게 되었을 때나, 그들이 했던 모든 말이나 행동을 곰곰이 생각하는 모습을 보이게 되면, 또는 그들의 허식을 옹호하기 위하여 그들에게 가식을 보이면, 그들의 사회에서 추방해 버린다.

단순한 사람은 자신을 있는 그대로 받아들이며, 다른 사람에게 최소한의 요구만 한다. 단순함은 인간성에 고유한 아름다움을 줄뿐만 아니라 참사랑의 행동을 하게 만든다.

동시에 자신의 영혼을 희생시킴으로써, 살아가면서 만나는 모든 사람들을 이롭게 만드는, 진리의 본보기를 보이게 된다.
우리 자신을 있는 그대로 보게 되면 단순하게 되어, 온 세상 사람들이 추구하는 칭송을 기대하지 않고 아무 가치도 없는 목표를 세우지도 않게 된다.
대신에 자신의 행복에 공헌하게 되고 또 온 세상 사람들을 위해 일해야 한다는 것을 알게 된다.
예를 들면 부자 되기를, 성공하기를, 인기 있기를 바라지 않고, 집에서 손수 무엇을 만들거나 세상의 아름다움을 보고 경탄하거나, 서로 사랑하고 사랑을 받는, 우리 내면 깊은 곳에 있는 본능을 만족시키려 하게 된다. 진정한 행복을 위하여 일한다는 것은 이 세상의 일을 하는 것이 아니라, 예술가의 특성이기도 한, 손해라는 것을 알면서도 가난한 것을 더 좋아하여 세상의 맛이나 표준에 맞추려 하지 않고, 그들이 느낀 대로 사물을 아름답게 표현하는, 속세를 떠난 삶을 사는 것을 뜻한다.

있는 그대로의 우리를 받아들이려면 삶을 있는 그대로 받아들여야 한다.
어린이 같은 단순함과 겸손의 삶을 살아야 한다.
무엇보다도 먼저 우리 안에 있는 비현실적인 것들을 버려야 한다.
그러면 우리들이 자신을 직시하여 우리들이 애써 만든 모든 가식을 뿌리 채 뽑아내어 버리고 난 후에 생기는 텅 빔과 허탈을 어떻게 견뎌낼 수 있을까?
답은 간단하다.
우리가 자신이 누구인지를 알기를 두려워하는 것은 자신에게 닥친 시련의 의미가 무엇인가를 모르기 때문이다.
진리에 가까운 가식假飾이란 있을 수 없다. 또 진실과 비슷한 거짓도 있을 수 없다.

우리 모두 '또 한 사람의 그리스도'이다. 우리의 운명은 그리스도의 삶을 사는 것이다. 그리스도의 삶을 이 세상에 옮겨 놓는 것이다.
이 세상에 그리스도의 사랑을 증가시키는 것이다.
이 세상에 그리스도의 평화를 주는 것이다.
그러나 우리들이 떠 받치고 있는 야망이나 환상과 같은, 경멸할 만한 사소한 것들이 항상 그리스도 곁에 있다.
현실로 존재하고 있다!
삶을 있는 그대로 받아들이려면 믿음과 겸손을 배워야 한다.
하느님을 경험한다는 것은 곧 우리들의 삶을 경험하는 것이기 때문이다.
하느님을 경험할 때마다 우리들은 자신의 왜소함을 알게 되고, 자신이 왜 필요한가와 자신이 아무것도 아니라는 것을 알게 될 뿐만 아니라 동시에 그리스도의 기적이 우리 안에 있다는 것도 알게 된다.

우리들은 하느님의 창조물 중의 하나이기도 하지만 그리스도이기도 하고 하느님의 외아들이기도 하고 하느님의 무한한 사랑의 유일한 목적이기도 하다.
우리들이 아무것도 아니라는 것과 우리들이 완전하다는 사실이 믿음의 저울의 균형을 이루고 있는 것이다.
이 진리의 빛 안에서 아무것도 눈치보지 말고 삶을 살아야 하며 그렇게 함으로써 우리들은 어린이 마음 같은 천국으로 인도되게 된다.

시에나의 성녀 카타리나 동정 학자Saint Catherine of Sienna는 "하늘에 이르는 모든 길은 하늘에 있다."고 말했지만 어린이 마음 같은 천국에서는 지극히 당연한 말이기도 하다.
어린이가 되지 않으면, 생명이고 영혼의 하늘인, 그리스도 어린이가 될 수 없음을 뜻하기 때문이다.

징검다리

2011년 4월 26일 교회인가(저 낮은 곳에서)
2011년 5월 2일 초판 인쇄
2011년 5월 4일 초판 발행

지은이 | 김 용 대
발행인 | 오 영 환
발행처 | 사회와연대 · 세명서관
등 록 | 1989. 2. 20. 제2-409호

주 소 | 서울특별시 중구 신당4동 333번지(2층 111호)
전 화 | (02) 2238-9055, 2235-9601
FAX | (02) 2234-9291
E-mail | semyoungbook@hanmail.net

값 15,000원

ISBN 978-89-89097-37-2 03230